Möglichkeiten und Grenzen zum vertraglichen Schutz eines haftpflichtigen Dritten im Rahmen einer Sachversicherung

Europäische Hochschulschriften

European University Studies

Publications Universitaires Européennes

Reihe II **Rechtswissenschaft**

Series II Law

Série II Droit

Band/Volume **5930**

Ioannis Bonis

Möglichkeiten und Grenzen zum vertraglichen Schutz eines haftpflichtigen Dritten im Rahmen einer Sachversicherung

Dargestellt am Beispiel der Sachversicherung

Zugleich ein Beitrag zur versicherungsrechtlichen Regressabwicklung auf Grund eines Regressverzichts in der Gebäudeversicherung unter besonderer Berücksichtigung der Rechtsstellung Dritter

PL ACADEMIC RESEARCH

Bibliografische Information der Deutschen Nationalbibliothek
Die Deutsche Nationalbibliothek verzeichnet diese Publikation in der Deutschen Nationalbibliografie; detaillierte bibliografische Daten sind im Internet über http://dnb.d-nb.de abrufbar.

Zugl.: Marburg, Univ., FB Rechtswissenschaften, Diss., 2016

D 4
ISSN 0531-7312
ISBN 978-3-631-72485-9 (Print)
E-ISBN 978-3-631-72486-6 (E-PDF)
E-ISBN 978-3-631-72487-3 (EPUB)
E-ISBN 978-3-631-72488-0 (MOBI)
DOI 10.3726/b11251

PL Academic Research ist ein Imprint der Peter Lang GmbH.
Peter Lang – Frankfurt am Main · Bern · Bruxelles · New York · Oxford · Warszawa · Wien

Diese Publikation wurde begutachtet.

www.peterlang.com

Inhaltsverzeichnis

Abkürzungsverzeichnis

AHB	Allgemeine Versicherungsbedingungen für die Haftpflichtversicherung (in der jeweils angegebenen Fassung)
AKB	Allgemeine Bedingungen für die Kraftfahrtversicherung (in der jeweils angegebenen Fassung)
BGH	Bundesgerichtshof
BGHZ	Entscheidungen des Bundesgerichtshofs in Zivilsachen
DAR	Zeitschrift Deutsches Autorecht
DB	Zeitschrift Der Betrieb
FPR	Familie Partnerschaft Recht (Fachzeitschrift)
GDV	Gesamtverband der Deutschen Versicherungswirtschaft e. V.
JA	Juristische Arbeitsblätter
JR	Juristische Rundschau
JRPV	Juristische Rundschau für die Privatversicherung
Jura	Juristische Ausbildung
KfzPflVV	Kraftfahrzeug-Pflichtversicherungsverordnung
LG	Landgericht
MDR	Monatsschrift für Deutsches Recht
NJW	Neue Juristische Wochenschrift
NJW-RR	Neue Juristische Wochenschrift-Rechtsprechungs-Report
NVersZ	Neue Zeitschrift für Versicherung und Recht
NZ	Neumanns Zeitschrift für Versicherungswesen
NZV	Neue Zeitschrift für Verkehrsrecht
OLG	Oberlandesgericht
PflVG	Gesetz über die Pflichtversicherung für Kraftfahrzeughalter
r + s	Recht und Schaden (Zeitschrift)
RVA	Regressverzichtsabkommen
SozVers	Die Sozialversicherung (Zeitschrift)
SVT	Sozialversicherungsträger
TA	Teilungsabkommen
VerBAV	Veröffentlichungen des Bundesaufsichtsamtes für das Versicherungswesen
VersR	Zeitschrift für Versicherungsrecht, Haftungs- und Schadensrecht
VF	Versicherungsfall
VN	Versicherungsnehmer

VR	Versicherer
VuR	Verbraucher und Recht. Zeitschrift für Wirtschafts- und Verbraucherrecht
VV	Versicherungsvertrag
VVG	Versicherungsvertragsgesetz
VW	Zeitschrift Versicherungswirtschaft
WuM	Zeitschrift für Wohnungswirtschaft und Mietrecht
zfs	Zeitschrift für Schadensrecht
ZMR	Zeitschrift für Miet- und Raumrecht
ZPO	Zivilprozessordnung
ZVersWiss	Zeitschrift für die gesamte Versicherungswissenschaft
ZWE	Zeitschrift für Wohnungseigentumsrecht

Kapitel 1: Einleitung

A. Einführung in die Problematik und Zielsetzung

Gegenstand der vorliegenden Untersuchung ist die für die Versicherungspraxis sowie die Rechtsdogmatik sehr wichtige und aktuelle Frage der Regressabwicklung im Falle einer vertraglichen Regressbeschränkung, die den Schutz eines haftpflichtigen Dritten im Rahmen einer bestehenden Sachversicherung bezweckt.

Folgendes Beispiel soll dabei die gegebene Problematik veranschaulichen: Die gegen Feuer versicherte Wohnung des VN[1]/Vermieters wird durch eine leicht fahrlässige Handlung des Mieters in Brand gesetzt und beschädigt. Der Geschädigte ist nach dieser Konstellation Gläubiger von zwei Ansprüchen: Er hat erstens Schadensersatzanspruch gegen den schädigenden Mieter nach §§ 280 Abs. 1 i. V. m. 535 und nach 823 ff. BGB und zweitens Anspruch auf die Versicherungsleistung nach dem VV gegen den Schadens-VR. Wenn der Schadens-VR dem VN Versicherungsdeckung gewährt, indem er die Versicherungsleistung erbringt und den VN entschädigt, stellt sich die Frage, wie mit dem zweiten Anspruch des Geschädigten, dem Schadensersatzanspruch gegen den Mieter, zu verfahren ist. Bliebe der VN nach seiner Entschädigung durch den VR weiter Gläubiger des Schadensersatzanspruchs gegen den Dritten, bedeutete das eine ungerechtfertigte Bereicherung, denn er stünde nach dem Versicherungsfall besser da als vorher: Sein Schaden könnte zweimal kompensiert werden. Darüber hinaus ist zu hinterfragen, ob der Schädiger auf Grund der Versicherungsleistung von seiner Haftung befreit werden könnte, indem er sich diese dem bürgerlichrechtlichen Schaden anrechnen lässt.

Diese Problematik wurde vom Gesetzgeber durch Statuierung eines gesetzlichen Forderungsübergangs geregelt. Zentrale Regelung in dem Zusammenhang ist § 86 Abs. 1 VVG: „Steht dem VN ein Ersatzanspruch gegen einen Dritten zu, geht dieser Anspruch auf den VR über, soweit der VR den Schaden ersetzt. Der Übergang kann nicht zum Nachteil des VN geltend gemacht werden." Das heißt, der VN verliert seinen Ersatzanspruch gegen den schädigenden Dritten, soweit er vom VR entschädigt worden ist. Das wiederum bedeutet allerdings keine Befreiung des Dritten, denn dieser bleibt nach der Versicherungsleistung nunmehr

1 Abkürzungsversalien stehen im Folgenden für alle Fälle der Deklination im Singular und Plural.

gegen den VR passiv legitimiert. Die Regelung entspricht weitgehend derjenigen der a. F. des VVG (§ 67 VVG a. F.).[2]

Nicht selten gibt es dennoch Lebenskonstellationen, die die versicherungsrechtliche „cessio legis" (Regress) gegen den haftpflichtigen Dritten trotzdem als unbillig erscheinen lassen. Das trifft z. B. im obigen Beispiel zu, wo die leicht fahrlässige Herbeiführung des Schadens als Erscheinung des allgemeinen Lebensrisikos jederzeit mehr oder weniger jeden treffen kann. Ein Regress gegen den leicht fahrlässigen Mieter, der meistens zugleich auch die Kosten für die Sachversicherung des Vermieters mitträgt, könnte dann existenzbedrohende Dimensionen erreichen. Dies legt es nahe, im Rahmen einer bestehenden Sachversicherung nicht nur den Eigentümer der Sache zu schützen, sondern auch außenstehende Dritte in den Schutz der Sachversicherung einzubeziehen, wenn sie schutzwürdig sind. Dies geschieht meistens durch eine Regressbeschränkung.

Der Forderungsübergang nach § 86 Abs. 1 VVG ist somit nicht unbeschränkt. Vielmehr unterliegt er diversen normativen und vertraglichen Beschränkungen. Es handelt sich nämlich bei § 86 VVG gemäß § 87 VVG um eine halbzwingende Regelung, von der lediglich nicht zum Nachteil des VN abgewichen werden darf. Der Regress des VR gegen den schädigenden Dritten kann also bisweilen ausgeschlossen bzw. beschränkt sein, selbst wenn im konkreten Fall die Voraussetzungen des Anspruchsübergangs nach § 86 Abs. 1 VVG erfüllt sind. Eine Regressbeschränkung gestaltet sich dabei auf unterschiedliche Art und Weise. Ist der Schädiger beispielsweise selbst im VV des Geschädigten mitversichert, ist der Regress gegen ihn ausgeschlossen, da er nicht mehr als Dritter i. S. v. § 86 VVG angesehen werden kann.[3] Ferner darf ein ausdrücklicher Regressverzicht im Rahmen von Teilungs- oder Regressverzichtsabkommen vereinbart werden.[4] Eine Regressbeschränkung lässt sich weiterhin auf eine vertragliche

---

2 Die Neuregelung (§ 86 VVG) ist in wenigen Punkten modifiziert worden. Das Aufgabeverbot des § 67 VVG a. F. wurde nun erweitert und um ein Unterstützungsgebot ergänzt (§ 86 Abs. 2 VVG n. F.). Während der Übergang des Ersatzanspruchs auf den VR nach § 67 Abs. 2 VVG a. F. ausgeschlossen war, sieht § 86 Abs. 3 VVG vor, dass der Übergang stattfindet, der VR ihn aber nicht geltend machen kann. In § 86 Abs. 3 VVG n. F. ist das Familienprivileg nunmehr ausgedehnt und durch den Begriff der häuslichen Gemeinschaft ersetzt. Privilegiert sind also jetzt nicht nur die Familienangehörigen des VN, sondern auch jede Person, die beim Eintritt des VF mit dem VN in häuslicher Gemeinschaft lebt.

3 *Möller/Segger*, in: Langheid/Wandt, § 86 VVG, Rdn. 109; *Voit*, in: Bruck/Möller, § 86 VVG, Rdn. 70 ff., 183; *Baumann*, in: BK, § 67 VVG, Rdn. 52.

4 Zur versicherungsrechtlichen Regressabwicklung im Rahmen eines Teilungs- oder Regressverzichtsabkommens siehe unten Kapitel 4 und Kapitel 5.

Absprache zwischen VN und Schädiger zurückführen, in der eine Haftung des Schädigers von vornherein ausgeschlossen oder beschränkt wird. Dann kann der Dritte vom VR nicht in Regress genommen werden, weil gegen ihn kein Ersatzanspruch mehr besteht. Eine Regressbeschränkung – meistens in Form eines Regressverzichts – kann gleichermaßen zwischen dem Schadens-VR und dem VN im Rahmen des VV vereinbart werden. In diesem Falle wird der Regressverzicht zu Gunsten des Schädigers entweder ausdrücklich im VV festgelegt[5] oder durch Auslegung des VV bejaht[6]. Und schließlich sieht das Gesetz diverse normative Regressbeschränkungen vor, die unter der Rubrik der unzulässigen Rechtsausübung (§ 242 BGB) zusammengefasst werden können. So ist nach § 86 Abs. 3 VVG der Regress des Schadens-VR gegen den schädigenden Dritten ausgeschlossen, wenn der Dritte bei Eintritt des Schadens in häuslicher Gemeinschaft mit dem Geschädigten VN lebt.

Die nachfolgenden Ausführungen nehmen vor allem die vertraglichen Regressbeschränkungen in den Blick, denn ein Regressverzicht kann ex definitionem nicht anders als durch Vertrag zwischen den betreffenden Parteien vereinbart werden. Aus diesem Grunde soll auf die normativen Regressbeschränkungen lediglich am Rande, sofern es für die weitere Entwicklung der Untersuchung notwendig ist, eingegangen werden.

Da ein Regressverzicht des Schadens-VR die Rechtsstellung des Dritten direkt beeinflusst, stellen diese einen zentralen Bestandteil der vorliegenden Arbeit dar. So berührt ein Regressverzicht des Schadens-VR zu Gunsten des schädigenden Dritten nicht nur unmittelbar die Rechtsposition des Schädigers, sondern mittelbar auch die eines Haftpflicht-VR, im Falle, dass der Schädiger haftpflichtversichert war. Zu prüfen ist ferner, welche Auswirkungen ein Regressverzicht des Schadens-VR auf die Rechtspositionen Dritter hat, wenn an einem Schadensfall mehrere Personen auf der Schädiger- oder Gläubigerseite beteiligt sind (Mehrheit von Gläubigern oder Schuldnern).

Die Art und Weise, wie der haftpflichtige Dritte vom Bestehen einer Sachversicherung des Geschädigten profitieren kann, war und bleibt immer noch eine der kontroversesten Fragen in der Schadensversicherung. Zur dogmatischen Begründung und Legitimierung der unterschiedlichen Schutzmechanismen zu

---

5 So ist nach A.2.15 AKB 2008 der Regress gegen den berechtigten Fahrer und andere in der Haftpflichtversicherung mitversicherte Personen auf Vorsatz und grobe Fahrlässigkeit beschränkt.

6 Der BGH (VersR 2006, 1530) nimmt in der Gebäudeversicherung zu Gunsten des leicht fahrlässigen Mieters einen konkludenten Regressverzicht des Gebäude-VR durch ergänzende Auslegung des VV an.

Gunsten des Dritten gibt es mittlerweile eine Fülle von wissenschaftlichen Abhandlungen. Nicht ausreichend berücksichtigt wurde allerdings dabei die für die Versicherungspraxis sehr wichtige Frage der Regressabwicklung nach der Statuierung einer Regressbeschränkung. Ziel der vorliegenden Untersuchung ist, ausgehend von einer vereinbarten Regressbeschränkung die Systematik der versicherungsrechtlichen Regressabwicklung zu beleuchten. Es soll dabei versucht werden, anhand von Beispielen aus Rechtsprechung und Literatur und basierend auf der Gesetzessystematik geeignete Rechtsprinzipien zu entwickeln, die die Regressabwicklung erleichtern sollen.

Die nachfolgenden Ausführungen konzentrieren sich auf den Fall der Gebäudeversicherung, die in den letzten Jahren den Mittelpunkt der dogmatischen Kontroverse hinsichtlich der Regressfrage in der Sachversicherung darstellte. Ausgangspunkt der Betrachtung ist der Schutz des Dritten vor einem bestehenden Haftpflichtrisiko, nicht mit Haftpflichtverbindlichkeiten gegen den Geschädigten belastet zu werden. Nicht berücksichtigt werden dabei die Möglichkeiten zum Schutz eines sachbesitzenden Dritten, dessen Rechte aus dem Gebrauch der Sache (z. B. Nutzungsrechte) beeinträchtigt wurden.[7]

B. Gang der Untersuchung

Zu Beginn der Untersuchung werden die Grundlagen des gesetzlichen Forderungsübergangs nach § 86 Abs. 1 VVG analysiert. Da ein Regressverzicht des Schadens-VR zwangsläufig voraussetzt, dass der Ersatzanspruch des VN auf den Schadens-VR nach § 86 Abs. 1 VVG übergegangen ist, damit Letzterer auf ihn verzichten kann, sind die Voraussetzungen des Forderungsübergangs in Konturen zu erläutern. Dabei konzentrieren sich die Ausführungen auf zentrale Begriffe des gesetzlichen Forderungsübergangs, die für die weitere Betrachtung von wesentlichem Interesse sind. Dies trifft unter anderem auf die Bezeichnungen des „Quotenvorrechts" des VN, der Mitversicherung des „Sachersatzinteresses" oder der Übergangsfähigkeit des Ersatzanspruchs zu.

Anschließend soll auf die versicherungsrechtliche Regressabwicklung auf Grund eines Regressverzichts in der Gebäudeversicherung eingegangen werden. Da in den letzten Jahrzehnten die Thematik des Mieterregresses besonders lebhaft diskutiert worden ist, bildet sie infolge ihrer Relevanz den Kern der nachfolgenden Ausführungen. Zwar wurden einzelne Rechtsfragen im Zuge der

---

7 Zum Schutz fremder Nutzungsinteressen aus dem Gebrauch einer Fremdsache im Rahmen einer bestehenden Sachversicherung siehe eingehend: *Heinicke*, Sachversicherung und fremde Interessen, S. 200 ff.

grundlegenden Entscheidung des BGH[8] vom 13.9.2006 zum Mieterregress beantwortet, dennoch blieben zahlreiche Punkte offen. Desgleichen sind die Konsequenzen der VVG-Reform hinsichtlich des Mieterregresses noch zu klären. Der BGH hält den Mieter, der einen Schaden an der gemieteten Wohnung durch leichte Fahrlässigkeit herbeigeführt hat, für schutzwürdig, und nimmt zu Gunsten des Mieters einen konkludenten Regressverzicht durch Vertragsauslegung des VV des Geschädigten an. Der grob fahrlässige Mieter bleibt aber voll regresspflichtig. Da die Unterscheidung zwischen leichter und grober Fahrlässigkeit in der Praxis Schwierigkeiten bereitet, wurde am 1.1.2009 das TA-Mieterregress zwischen den Gebäude- und Haftpflicht-VR geschlossen, das auch als Reaktion auf die Rechtsprechung des BGH zum Mieterregress die Regressabwicklung erleichtern sollte. Diesem Umstand, auf den im entsprechenden Kapitel eingegangen wird, wird also in Zukunft eine große praktische Bedeutung beizumessen sein. Abschließend erfolgt die Betrachtung der versicherungsrechtlichen Regressabwicklung, welche in Fällen eines Regressverzichts des Gebäude-VR im Rahmen von Regressverzichtsabkommen stattfindet.

8 BGH, VersR 2006, 1530 ff.

Kapitel 2: Grundlagen

A. Funktion und Rechtsnatur von § 86 VVG –Die Abgrenzung des § 86 VVG von anderen Ausgleichsmechanismen

Mit der Statuierung des gesetzlichen Forderungsübergangs verfolgte der Gesetzgeber, wie in der Einleitung erwähnt, zwei Ziele: Trotz der Leistung des VR an den Geschädigten darf der schädigende Dritte von seiner Verpflichtung zum Schadensersatz zum einen nicht befreit werden. Zum anderen soll vermieden werden, dass die Ersetzung seines Schadens dem Geschädigten zweimal gewährt, er also bereichert wird.[9]

Nachdem im Versicherungsvertragsrecht ein allgemeines Bereicherungsverbot von den Gerichten[10] aber verworfen worden war, wird der Forderungsübergang nach einhelliger Auffassung[11] als Präzisierung der Leistung des VR verstanden. Das heißt, zum Inhalt der Versicherungsleistung gehört auch der Erwerb des Drittanspruchs (Zahlung gegen Anspruchserwerb), die „versicherungsrechtliche Vorteilsausgleichung".[12] Dies bedeutet des Weiteren, dass auch der Schädiger durch die Versicherungsleistung nicht entlastet wird. Der Schadensersatzanspruch gegen ihn besteht, nur der Anspruchsgläubiger wechselt.

Wenn aber der Schädiger durch die Versicherungsleistung nicht befreit werden kann, so bleibt der Weg über den Grundsatz der bürgerlich-rechtlichen Vorteilsausgleichung durch Anwendung des § 86 VVG versperrt.[13] Dies führt

---

9 Vgl. Motive zum VVG S. 139; BGHZ 13, 28 ff.; BGH, VersR 1983, 462; *Möller/Segger*, in: Langheid/Wandt, § 86 VVG, Rdn. 17; *J.Prölss*, in: Prölss/Martin, § 86 VVG, Rdn. 2; *Hormuth*, in: Beckmann/Matusche-Beckmann, § 22, Rdn. 2; *Baumann*, in: BK, § 67 VVG, Rdn. 1; *Sieg*, in: Bruck/Möller[8], § 67 VVG, Anm. 5; *Voit*, in: Bruck/Möller[9], § 86 VVG, Rdn. 3, 6; *Giese*, VW 2009, 1105 (1108).

10 BGH, VersR 1998, 305 f.; BGH, VersR 2001, 749; BGH, VersR 1997, 1231; vgl. auch *Baumann*, in: BK, § 67 VVG, Rdn. 4; *Möller/Segger*, in: Langheid/Wandt, § 86 VVG, Rdn. 28, 29; *Hormuth*, in: Beckmann/Matusche-Beckmann, § 22, Rdn. 2.

11 J. Prölss, in: Prölss/Martin, § 86 VVG, Rdn. 2; Hormuth, in: Beckmann/Matusche-Beckmann, § 22, Rdn. 2; Baumann, in: BK, § 67 VVG, Rdn. 7.

12 *Hormuth*, in: Beckmann/Matusche-Beckmann, § 22, Rdn. 2; *Möller/Segger*, in: Langheid/Wandt, § 86 VVG, Rdn. 21; *Baumann*, in: BK, § 67 VVG, Rdn. 3; *Sieg*, in: Bruck/Möller[8], § 67 VVG, Anm. 5; *v. Koppenfels-Spies*, in: Looschelders/Pohlmann, § 86 VVG, Rdn. 1.

13 *Möller/Segger*, in: Langheid/Wandt, § 86 VVG, Rdn. 21; *Sieg*, in: Bruck/Möller, § 67 VVG, Anm. 7; *Hormuth*, in: Beckmann/Matusche-Beckmann, § 22, Rdn. 2; *Baumann*, in: BK, § 67 VVG, Rdn. 3.

zwangsläufig dazu, dass der Forderungsübergang nach § 86 VVG entgegen einer vereinzelten Auffassung[14] auch nicht als ein Fall des Anspruchsausgleichs unter Gesamtschuldnern nach § 426 Abs. 2 BGB angesehen werden kann. Umgekehrt wird durch Ausschluss des Grundsatzes der bürgerlich-rechtlichen Vorteilsausgleichung erreicht, dass die Schuld des Schädigers infolge der Versicherungsleistung nicht getilgt ist.[15] Demgegenüber wird der Mitschädiger nach § 422 BGB durch Zahlung des anderen Mitschädigers von seiner Haftung gegen den Geschädigten enthoben und nur dem Ausgleichsanspruch des zahlenden Mitschädigers gemäß der internen Haftungsquote ausgesetzt.

Obendrein muss der gesetzliche Forderungsübergang des § 86 VVG vom Regressanspruch zwischen den VR in der Mehrfachversicherung abgegrenzt werden.[16] In der Mehrfachversicherung ohne eine Subsidiaritätsklausel wird die Ausgleichspflicht der VR nach § 78 VVG geregelt; § 86 ist demnach nicht anwendbar. Nur wenn ein subsidiär haftender VR die Versicherungsleistung statt des primär haftenden erbringt, geht der Anspruch gegen den primär haftenden VR nach § 86 VVG auf den subsidiär haftenden über.[17]

B. Anwendungsbereich des § 86 VVG

I. Allgemeines zum Anwendungsbereich

Aus der systematischen Stellung des § 86 VVG im Gesetz (unter dem ersten Titel „Vorschriften für die gesamte Schadensversicherung") folgt, dass der gesetzliche Forderungsübergang für die gesamte Schadensversicherung gilt und nicht für die Summenversicherung.[18] Die beiden Versicherungsarten unterscheiden

---

14 *Maas*, Rückgriff, S. 24 ff.; vgl. auch *Ebel*, VersR 1978, 1083 (1086) für den Fall des § 67 Abs. 2 VVG a.F.

15 Vgl. *Möller/Segger*, in: Langheid/Wandt, § 86 VVG, Rdn. 22, 25; *Bayer*, VersR 1989, 1123 (1124); vgl. auch die Kritik von *Sieg*, in: Bruck/Möller[8], § 67 VVG, Anm. 8 an der Auffassung von *Maas*. VR und Dritter seien keine Gesamtschuldner, weil es an der Gleichstufigkeit der Verpflichtungen fehle. Etwas anderes gilt aber für die Haftpflichtversicherung. Nach § 115 Abs. 1 S. 4 haften der VR und der ersatzpflichtige VN gegenüber dem Geschädigten als Gesamtschuldner. Ist der VR gegenüber dem VN leistungsfrei, aber dem Direktanspruch des Geschädigten ausgesetzt, wird der Ausgleichsanspruch des VR gegen den VN nicht nach § 86 VVG, sondern nach § 426 Abs. 2 BGB geregelt.

16 Vgl. *Sieg*, in: Bruck/Möller, § 67 VVG, Anm. 120.

17 *Hormuth*, in: Beckmann/Matusche-Beckmann, § 22, Rdn. 5; *Baumann*, in: BK, § 67 VVG, Rdn. 114.

18 Statt vieler *J.Prölss*, in: Prölss/Martin, § 86 VVG, Rdn. 3.

sich in der Art und Weise der „Bedarfsdeckung". Während in der Schadensversicherung eine konkrete Bedarfsdeckung bezogen auf einen genau messbaren Vermögensschaden stattfindet, bezieht sich die Summenversicherung auf einen nur abstrakten Bedarf, indem sie eine im Voraus fixierte Geldleistung für die Deckung des abstrakten, nicht messbaren Bedarfs voraussetzt.[19] Käme der gesetzliche Forderungsübergang auch für die Summenversicherung zur Anwendung, wäre das Kongruenzprinzip[20], das in § 86 VVG verankert ist, überflüssig bzw. kaum erfüllbar, da ein äquivalenter Vergleich der abstrakten, summenmäßigen Versicherungsleistung mit den konkreten Schadensposten des Ersatzanspruchs gegen den Schädiger nicht zu realisieren ist.

Im Umkehrschluss zum soeben Gesagten folgt jedoch, dass der Forderungsübergang bei Personenversicherungen, die in Form einer Schadensversicherung für die Deckung eines konkreten Schadens betrieben werden, analog zum Einsatz gebracht werden kann.[21] Das wird in § 194 Abs. 1S. 1 VVG für die Krankheitskostenversicherung sogar ausdrücklich angeordnet, wenn der Versicherungsschutz nach den Grundsätzen der Schadensversicherung gewährt wird.

II. Anwendbarkeit des § 86 VVG bei Personenversicherungen mit pauschalierter Deckung eines konkreten Bedarfs

Streitig[22] ist, ob das Gleiche, nämlich eine analoge Anwendung des § 86 VVG, auch für Personenversicherungen gelten soll, bei denen zwar Deckung eines konkreten Bedarfs gewährt wird, aber die Deckung sich auf eine pauschal vereinbarte Summe bezieht. Zu nennen ist hier z. B. die Kranken(haus)tagegeldversicherung.

Die ablehnende Meinung beruht auf dem Gedanken, die Kranken(haus) tagegeldversicherung sei formal eine Summenversicherung, bei welcher der Anspruchsübergang ausgeschlossen sei. Maßgeblich für die Anwendbarkeit des § 86 VVG aber ist, wie oben[23] ausgeführt, nicht die äußere Form der jeweiligen Versicherungssparte, sondern der Inhalt der vertraglichen Vereinbarung. Wenn die pauschal festgelegte Summe einer konkret messbaren Vermögenseinbuße angerechnet werden würde, wäre des Weiteren der VN beim Ausschluss des

---

19 Statt vieler *Möller/Segger*, in: Langheid/Wandt, § 86 VVG, Rdn. 34.

20 Zum Kongruenzprinzip siehe unten Kapitel 2: C.IV.1.

21 Statt vieler *J.Prölss*, in: Prölss/Martin, § 86 VVG, Rdn. 3.

22 Ablehnend: BGH, VersR 1976, 757; BGH, VersR 1984, 690; OLG Hamm, zfs 1988, 309. Bejahend: *Wilmes/Müller-Frank*, VersR 1990, 345 (354); *J.Prölss*, in: Prölss/Martin, § 86 VVG, Rdn. 3; *Schimikowski*, Versicherungsvertragsrecht, Rdn. *Sieg*, in: Bruck/Möller[8], § 67 VVG, Anm. 21; *Baumann*, in: BK, § 67 VVG,

23 Siehe oben Kapitel 2: B.I.

Anspruchsübergangs ungerechtfertigt begünstigt, weil sein Schaden doppelt erstattet werden würde.[24] Demzufolge ist der Auffassung zuzustimmen, die den Forderungsübergang auch bei Personenversicherungen mit pauschalierter, konkreter Bedarfsdeckung für anwendbar hält.

C. Voraussetzungen des Forderungsübergangs nach § 86 VVG

I. Leistung des VR

Der Übergang des Ersatzanspruchs des VN/Versicherten auf den Schadens-VR setzt voraus, dass der VR den versicherten Schaden ersetzt.

Nach h. M.[25] ist aber eine Leistungspflicht des VR nicht Voraussetzung für den Forderungsübergang. Das bedeutet, dass der Anspruchsübergang auch dann stattfindet, wenn der VR aus bewusster Liberalität (Kulanz) heraus leistet, ohne dazu verpflichtet gewesen zu sein. In all diesen Fällen behält der VN die Versicherungsleistung endgültig, er muss daher den Ersatzanspruch gegen den Dritten verlieren, damit er nicht ungerechtfertigt bereichert wird.[26] Der § 86 Abs. 1 VVG greift aber auch dann ein, wenn der VR irrtümlich gezahlt hat, obwohl er dem VN gegenüber nicht leistungspflichtig war (z. B. wegen Obliegenheitsverletzung des VN).[27] Hierbei steht dem VR trotz des Anspruchserwerbs ein Bereicherungsanspruch nach § 812 Abs. 1S. 1 BGB gegen den VN zu. Dieser schuldet dann die Herausgabe der Bereicherung nur Zug um Zug gegen Rückabtretung des Ersatzanspruchs.[28]

---

24 *Baumann*, in: BK, § 67 VVG, Rdn. 26.

25 BGH, VersR 1989, 250 (251); BGH, VersR 1963, 1192 (1193); *Baumann*, in: BK, § 67 VVG, Rdn. 80 ff.; *Raiser*, VersR 1967, 312 (315); *Voit*, in: Bruck/Möller[9], § 86 VVG, Rdn. 104; *J.Prölss*, in: Prölss/Martin, § 86 VVG, Rdn. 20, 23; *Möller/Segger*, in: Langheid/Wandt, § 86 VVG, Rdn. 114; *Wandt*, Versicherungsrecht, Rdn. 963; *ders.*, in: Halm/Engelbrecht/Krahe, Handbuch FA, 1. Kapitel, Rdn. 940; *Sieg*, in: Bruck/Möller[8], § 67 VVG, Anm. 53–56; a. A. *v. Koppenfels-Spies*, in: Looschelders/Pohlmann, § 86 VVG, Rdn. 24; *Schneider*, in: Staudinger/Halm/Wendt, FA-Kommentar, § 86 VVG, Rdn. 8.

26 Statt aller *Sieg*, in: Bruck/Möller, § 67 VVG, Anm. 53.

27 *Sieg*, in: Bruck/Möller, § 67 VVG, Anm. 55–56; *Voit*, in: Bruck/Möller, § 86 VVG, Rdn. 105, 108.

28 *J.Prölss*, in: Prölss/Martin, § 86 VVG, Rdn. 23; *Voit*, in: Bruck/Möller, § 86 VVG, Rdn. 105, 108.

II. Übergangsfähige Ersatzansprüche

Der Anspruchsübergang nach § 86 VVG setzt des Weiteren voraus, dass der VN über einen Ersatzanspruch gegen einen Dritten verfügt. Welche dabei übergangsfähig sind, ist der Vorschrift des § 86 VVG nicht zu entnehmen. Nach einhelliger Auffassung – und das galt gleichermaßen auch für die alte Fassung der Regelung (§ 67 VVG a. F.) – ist jeder Anspruch übergangsfähig, der dem Ausgleich der die Versicherungsleistung auslösenden Vermögenseinbuße dient.[29] Der Begriff des Ersatzanspruchs muss daher im § 86 VVG so weit gefasst werden, dass darunter auch Ansprüche fallen, die nicht auf Schadensersatz zielen, wohl aber eine Kompensation des versicherten Risikos erreichen.[30] In diesem Sinne sind beispielsweise auch Erfüllungs- und Gewährleistungsansprüche übergangsfähig.[31]

Uneinheitlich sind jedoch die Meinungen über die Übergangsfähigkeit von Garantie- und Bereicherungsansprüchen.

1. Ansprüche aus Garantie

Hinsichtlich der Geltung eines Garantieanspruchs des VN gegen den Garanten spalten sich die Meinungen in der Frage, ob der Garantieanspruch auf den VR nach § 86 VVG übergeht.

Sieg nimmt an, dass der Garantievertrag im Verhältnis zur Versicherungsleistung in der Regel nur subsidiär greife, ein Anspruchsübergang nach § 86 VVG somit ausscheide.[32] Aber auch beim Fehlen der Subsidiarität des Garantievertrags lehnt *Sieg* die Anwendbarkeit des § 86 VVG ab. Der VR stehe dem Schaden nicht ferner als der Garant, weshalb eine Analogie zu § 59 VVG a. F. gerechtfertigt sei.[33] Insofern finde eine Aufteilung der Verpflichtungen nach Maßgabe des

29 *J.Prölss*, in: Prölss/Martin, § 86 VVG, Rdn. 4; *Baumann*, in: BK, § 67 VVG, Rdn. 27; *Möller/Segger*, in: Langheid/Wandt, § 86 VVG, Rdn. 57; *Voit*, in: Bruck/Möller[9], § 86 VVG, Rdn. 47; *van Bühren*, in: Handbuch Versicherungsrecht, § 1, Rdn. 300.

30 *Voit*, in: Bruck/Möller, § 86 VVG, Rdn. 47; *Baumann*, in: BK, § 67 VVG, Rdn. 27; *Möller/Segger*, in: Langheid/Wandt, § 86 VVG, Rdn. 57.

31 Statt vieler *Möller/Segger*, in: Langheid/Wandt, § 86 VVG, Rdn. 55; a.A. *Müller*, DB 1981, 2589 (2591) für Gewährleistungsansprüche, die nicht auf Schadenersatz gerichtet sind.

32 *Sieg*, in: Bruck/Möller[8], § 67 VVG, Anm. 35.

33 *Sieg*, in: Bruck/Möller, § 67 VVG, Anm. 35; *ders.*, ZVersWiss 1973, 319 (326).

§ 78 VVG (§ 59 VVG a. F.) zwischen VR und Garanten statt.[34] Für die Analogie spreche die nahe Verwandtschaft solch einer Garantie mit dem VV.[35]

Zuzustimmen ist der Gegenauffassung[36], die § 86 VVG im Falle des Zusammentreffens von Versicherungsanspruch und Ansprüchen aus einer Garantie für einschlägig hält, den Garanten also allein haften lässt. Die Regeln der Mehrfachversicherung sind auf diesen Fall nicht übertragbar, weil es an der Gleichstufigkeit der Versprechensinhalte mangelt, die eine Aufteilung der Verpflichtungen nach § 78 VVG rechtfertigen könnte.[37] Ferner ist eine „größere Sachnähe des Garanten" zum versicherten Risiko nicht zu leugnen.[38] Er steht dem versicherten Umstand deswegen näher als der VR, weil der konkrete versicherte Umstand auch Objekt seiner Garantiezusage ist. Diese erteilt er, da er weiß, dass er den garantierten Umstand in gewissem Maße positiv beeinflussen kann. Ansonsten wäre die Zusage ein Gefälligkeitsversprechen. Auf Grund dessen berührt das versicherte Risiko auch seine Einflusssphäre. Das Gleiche gilt jedoch nicht für den VR, der nicht in der Lage ist, den Versicherungsfall zu beeinflussen.

Eine analoge Anwendung der Mehrfachversicherung wäre wegen der dann vorhandenen Gleichrangigkeit der Vertragsinhalte nur im Ausnahmefall möglich, nämlich dem der doppelten Garantiezusage: Verpflichtet sich z. B. ein Garant, dem VN Schadensersatz zu leisten, wenn der primär haftende Garant sein Versprechen (bei subsidiärer bzw. doppelter Garantiezusage) nicht einhält, liegt die soeben erwähnte Sachnähe des subsidiär haftenden Garanten am versicherten Risiko nicht mehr vor, denn er kann den Versicherungsfall nicht beeinflussen. Somit sind der VR und der subsidiär haftende Garant gegenüber dem VN nach Maßgabe des § 78 VVG verantwortlich, denn die Gleichstufigkeit der Versprechensinhalte ist im vorliegenden Fall gegeben.

---

34 *Sieg*, in: Bruck/Möller, § 67 VVG, Anm. 35; ähnlich argumentiert auch *Baumann*, in: BK, § 67 VVG, Rdn. 31, er geht aber von einer Aufteilung der Verpflichtungen nach § 426 BGB (Gesamtschuld) aus.

35 *Sieg*, in: Bruck/Möller, § 67 VVG, Anm. 35; vgl. auch *J.Prölss*, in: Prölss/Martin, § 86 VVG, Rdn. 7; *Wandt*, Versicherungsrecht, Rdn. 966.

36 *Martin*, VersR 1975, 101 (104); *Möller/Segger*, in: Langheid/Wandt, § 86 VVG, Rdn. 66; *Langheid*, in: Römer/Langheid/Rixecker, § 86 VVG, Rdn. 17; vgl. auch *Hormuth*, in: Beckmann/Matusche-Beckmann, § 22, Rdn. 19.

37 *Möller/Segger*, in: Langheid/Wandt, § 86 VVG, Rdn. 65; *Hormuth*, in: Beckmann/Matusche-Beckmann, § 22, Rdn. 19; *Martin*, VersR 1975, 101 (103).

38 *Möller/Segger*, in: Langheid/Wandt, § 86 VVG, Rdn. 65.

2. *Bereicherungsansprüche*

Nach *Sieg* sind Bereicherungsansprüche vom gesetzlichen Forderungsübergang schlechthin nicht erfasst, auch wenn sie auf Wertersatz gerichtet sind.[39] Während die Kondiktion auf die Verhältnisse beim Schuldner abstelle, sei der Schadensersatzanspruch an den Verhältnissen des Gläubigers orientiert.[40] Schadensersatz und Bereicherungsansprüche seien wesensverschieden.[41]*Baumann* differenziert zwischen Bereicherungsansprüchen, die an die Stelle eines Schadensersatzanspruchs treten, und solchen ohne schadensersatzrechtlichen Charakter. Nur für Erstere billigt er den Anspruchsübergang nach § 86 VVG.[42]Die herrschende Meinung[43] wendet dagegen § 86 VVG auch für den Fall der Bereicherungsansprüche an.

Ein Grund für die Ausschließung des Übergangs von Bereicherungsansprüchen ist – entgegen der Meinung von *Sieg* – nicht ersichtlich. Für den Anspruchsübergang ist eine dogmatische Gleichheit der jeweiligen Forderungen mit einem Schadensersatzanspruch unwesentlich. Vielmehr muss der Ersatzanspruch darauf gerichtet sein, eine Vermögenseinbuße des VN zu kompensieren, und die ist auch im Fall eines Bereicherungsanspruchs gegeben. Wenn der VN einen Bereicherungsanspruch gegen einen Dritten äußert, bedeutet das, dass der Dritte zu Ungunsten des VN ungerechtfertigt bereichert wird, das heißt, der VN hat grundlos eine Vermögenseinbuße erlitten, unabhängig davon, ob der Bereicherungsanspruch auf Wertersatz oder Herausgabe gerichtet ist. Die h. M., die Bereicherungsansprüche von § 86 VVG erfassen lässt, verdient also Zustimmung.

III. Ersatzanspruch gegen einen Dritten und Möglichkeiten zum Schutz des Dritten

1. *Allgemeines*

Die Anwendung des § 86 Abs. 1 VVG setzt voraus, dass der Ersatzanspruch des VN bzw. Versicherten gegen einen Dritten gerichtet ist. Dritter i. S. der Vorschrift ist jeder Ersatzpflichtige, es sei denn, dass auch ihm die Versicherung

---

39 *Sieg*, in: Bruck/Möller, § 67 VVG, Anm. 27; *ders.*, ZVersWiss 1973, 319 (326).

40 *Sieg*, in: Bruck/Möller, § 67 VVG, Anm. 27; *ders.*, ZVersWiss 1973, 319 (326).

41 *Sieg*, in: Bruck/Möller, § 67 VVG, Anm. 27; *ders.*, ZVersWiss 1973, 319 (326).

42 *Baumann*, in: BK, § 67 VVG, Rdn. 33; So auch *Hofmann*, PVR, S. 243.

43 *Möller/Segger*, in: Langheid/Wandt, § 86 VVG, Rdn. 55, 72; *J.Prölss*, in: Prölss/Martin, § 86 VVG, Rdn. 4; *Hormuth*, in: Beckmann/Matusche-Beckmann, § 22, Rdn. 21.

zugutekommen soll.[44] Möglich ist demnach, dass der Ersatzpflichtige vom Schadens-VR nicht in Regress genommen werden darf, und zwar dann, wenn in der Sachversicherung des Geschädigten auch das Haftpflichtrisiko (Sachersatzinteresse)[45] des Schädigers mitversichert ist.[46] Außer der Mitversicherung des Sachersatzinteresses in der Sachversicherung wurden im Laufe der Zeit von der Rechtsprechung und Literatur weitere juristische Konstruktionen zum Schutz des Dritten entwickelt, die im Folgenden kurz anzuführen sind. Welche Interessen in der Sachversicherung im Einzelfall versichert sind, kann im VV ausdrücklich vereinbart oder durch Vertragsauslegung festgestellt werden.

2. *Die Mitversicherung des Sachersatzinteresses des potentiell Haftpflichtigen im Rahmen einer Wohnungseigentümergemeinschaft (WEG)*

Insbesondere für den Fall der WEG ist strittig, ob auch die Sachersatzinteressen der Wohnungseigentümer im VV mitversichert sind.[47] Die Ausgangslage in der vorliegenden Problematik ist Folgende: Der Verwalter einer WEG schließt im Namen aller Wohnungseigentümer/VN einen Gebäude-VV, der das

---

44 BGHZ 33, 97, 100.

45 Das Sachersatzinteresse besteht darin, nicht mit Verbindlichkeiten oder Aufwendungen belastet zu werden, die aus Schäden an fremden Sachen herrühren (Haftpflichtrisiko). Davon zu unterscheiden ist das Sacherhaltungsinteresse, das darin besteht, den Schaden an eigenen Sachen der VN bzw. Versicherten ersetzt zu bekommen (statt aller *Martin*, Sachversicherungsrecht, J I, Rdn. 1, 6 f.). In der Sachversicherung wird in erster Linie das Sacherhaltungsinteresse der Versicherten versichert. Ob auch das Sachersatzinteresse in einem VV mitversichert ist, kann manchmal, wie ausgeführt, eine Frage der Auslegung sein. Zu den Auslegungsgrundsätzen für die Abgrenzung von Fremd- und Eigenversicherung siehe eingehend: *J. Prölss/D. Klimke*, in: Prölss/Martin, § 43 VVG, Rdn. 2 ff.

46 Der BGH (VersR 1991, 462) hat seine frühere Auffassung aufgegeben, wonach das Sachersatzinteresse in der Sachversicherung nicht versicherbar ist. Nunmehr hat sich die Auffassung durchgesetzt, dass auch das Sachersatzinteresse in der Sachversicherung mitversichert werden kann (BGHZ 145, 393, 398), allerdings nur dann, wenn konkrete Anhaltspunkte für die Mitversicherung im Vertrag vorhanden sind. Zum Streit über die Versicherbarkeit des Sachersatzinteresses in der Sachversicherung siehe eingehend: *Armbrüster*, Der Schutz von Haftpflichtinteressen, S. 40 ff.; *Naumann*, Schutz des Mieters, S. 34 ff.; *Heinicke*, Sachversicherung und fremde Interessen, S. 18 ff.

47 Bejahend: BGH, ZMR 2001, 717 f.; *Armbrüster*, ZMR 2001, 718 f.; *ders.*, ZWE 2000, 204 ff.; ablehnend: OLG Düsseldorf, r + s 1998, 337; *Günther*, Regreß, S. 10; *Schirmer*, r + s 1999, 335.

Sacherhaltungsinteresse der VN sowohl am Gemeinschafts- als auch am Sondereigentum der einzelnen Eigentümer deckt. Verursacht einer der Eigentümer am Sondereigentum eines anderen Miteigentümers leicht fahrlässig einen Schaden, stellt sich die Frage, ob der leistungspflichtige Gebäude-VR gegen ihn nach § 86 Abs. 1 VVG regressieren kann. Wäre in der Gebäudeversicherung auch das Sachersatzinteresse der Wohnungseigentümer mitversichert, wäre dem Gebäude-VR der Regress gegen den schädigenden Miteigentümer verwehrt, weil der Schädiger nicht mehr als Dritter i. S. d. § 86 Abs. 1 VVG angesehen werden könnte.

Bei einer WEG ist mit dem BGH[48] davon auszugehen, dass auch das Sachersatzinteresse der Miteigentümer mitversichert ist. Die von der WEG abgeschlossene Gebäudeversicherung stellt demnach „ein einheitliches Versicherungsverhältnis" und nicht eine Vielzahl von einzelnen Versicherungsverhältnissen mit unterschiedlichen Risiken dar.[49] Diese Verbundenheit der Wohnungseigentümer erzeugt, so der BGH, bei jedem Eigentümer das berechtigte Interesse, nicht im Wege des Rückgriffs trotz des gemeinschaftlichen Vertrages über das gesamte Gebäude für Schäden am Gemeinschafts- oder Sondereigentum einstehen zu müssen.[50] Diese Formulierung verdient Zustimmung.

3. *Die Rechtsstellung des ersatzpflichtigen Dritten bei Vereinbarung eines Regressverzichts in der Sachversicherung*

Wie soeben ausgeführt, kann das Sachersatzinteresse[51] (Haftpflichtrisiko) des schädigenden Dritten in der Sachversicherung des Geschädigten nur dann als mitversichert angesehen werden, wenn dafür konkrete Anhaltspunkte im VV ersichtlich sind.

Wird durch Vertragsauslegung nicht ersichtlich, dass das Sachersatzinteresse des Schädigers in der Sachversicherung des Geschädigten mitversichert ist, wäre der Ersatzpflichtige dem Regressanspruch des Sachversicherers nach § 86 Abs. 1 VVG ausgesetzt. Viele Sachversicherungen sehen aber in ihren AVB eine Reihe von Regressverzichtsmöglichkeiten vor, die den Schutz des Sachersatzinteresses

---

48 BGH, ZMR 2001, 717.

49 BGH, ZMR 2001, 717.

50 BGH, ZMR 2001, 717 (718).

51 Es ist aber darauf hinzuweisen, dass der potentielle Ersatzpflichtige nur dann ein Sachersatzinteresse besitzt, soweit seine Haftung zivilrechtlich besteht. Ist dagegen seine Haftung von vornherein außer Acht zu lassen (z. B. Haftungsausschluss auf Grund einer vertraglichen Abrede zwischen dem Geschädigten und dem Schädiger), so entfällt auch das Haftpflichtrisiko des Schädigers und deshalb sein Sachersatzinteresse. Eines besonderen Schutzes bedarf er somit nicht.

der in ihrer Wirkungsweite potentiellen Haftpflichtigen bezwecken, wenn die potentiellen Ersatzpflichtigen schutzwürdig sind. Der Regressverzicht kann im Versicherungsvertrag entweder ausdrücklich oder konkludent vereinbart werden.[52]

Wird in der Sachversicherung des Geschädigten ein Regressverzicht zu Gunsten des Ersatzpflichtigen bejaht, handelt es sich hierbei trotzdem nicht um eine Mitversicherung des Sachersatzinteresses des Ersatzpflichtigen.[53] Dieser bleibt „Dritter" im Sinne von § 86 VVG, nur der Regressanspruch des Sachversicherers gegen ihn kann auf Grund des Regressverzichts nicht realisiert werden. Durch den vereinbarten Regressverzicht wird also der Schädiger nicht zu einem Mitversicherten. Der Dritte wird in seinem Sachersatzinteresse durch den Regressausschluss nur mittelbar geschützt, ohne aber einen eigenen materiellen Anspruch auf Freistellung von seiner Haftpflichtverbindlichkeit gegen den Sachversicherer zu besitzen. Er ist nur dann gedeckt, wenn sich der Geschädigte an seinen Schadensversicherer hält. Dann scheidet der Regress des Schadensversicherers gegen den Schädiger aus. Nimmt der Geschädigte stattdessen den Schädiger zuerst in Anspruch, hat Letzterer keinen Freistellungsanspruch gegen den Versicherer, als wenn er Mitversicherter wäre. Dann muss er für den Schaden selbst bzw. sein Haftpflichtversicherer aufkommen. Die Sachversicherung kann also bei einem Regressverzicht zwar wie eine Haftpflichtversicherung wirken,[54] wird dadurch aber nicht zu einer Versicherung des Sachersatzinteresses des Dritten. Die Schutzwirkungen seien nicht versicherungsrechtlicher, sondern materiellrechtlicher Natur.[55] Der Regressverzicht gestattet dem Schädiger nur eine Einrede gegen den Haftpflichtanspruch, keinen eigenen versicherungsrechtlichen Anspruch gegen den Versicherer.[56]

4. *Haftungsbeschränkungen*

Die zwei soeben genannten Möglichkeiten (Mitversicherung des Sachersatzinteresses und Regressverzicht) zum Schutz des potentiell haftpflichtigen Dritten vor einer Regressnahme des regressberechtigten Schadens-VR basieren auf der versicherungsrechtlichen Ebene. Denn sowohl eine Mitversicherung des Sachersatzinteresses des

52 Für die Gebäudeversicherung sieht der BGH (VersR 2006, 1398) zu Gunsten des leicht fahrlässigen Mieters einen konkludenten Regressverzicht vor.

53 *Armbrüster*, Der Schutz von Haftpflichtinteressen, S. 98 ff.; *J. Prölss/D. Klimke*, in: Prölss/Martin, § 43 VVG, Rdn. 19 f.; *Schirmer*, ZVersWiss 1981, 637 (682).

54 BGHZ 67, 138 (149).

55 *Schirmer*, ZVersWiss 1981, 637 (683).

56 *Schirmer*, ZVersWiss 1981, 637 (682).

Dritten als auch ein Regressverzicht zu dessen Gunsten setzen ein bestehendes Versicherungsverhältnis voraus. Der Dritte kann aber auch auf der haftungsrechtlichen Ebene auf Grund einer ausdrücklichen oder konkludenten Haftungsbeschränkung geschützt werden. Im Falle eines bestehenden Mietverhältnisses würde das z. B. bedeuten, dass die Haftung des schädigenden Mieters auf Vorsatz oder grobe Fahrlässigkeit beschränkt würde. Für leicht fahrlässig verursachte Schäden bestünde von vornherein keine Haftung, so dass ein Regress des Schadens-VR gegen den Mieter mangels Ersatzanspruchs gegen ihn ausgeschlossen wäre.

Abgesehen von den dogmatischen Bedenken[57] gegen den Schutz des Dritten auf der haftungsrechtlichen Ebene behandeln die nachfolgenden Ausführungen nur den Fall des bestehenden Ersatzanspruchs gegen den Dritten. Denn die versicherungsrechtliche Regressabwicklung setzt zwangsläufig einen bestehenden Ersatzanspruch gegen einen Dritten voraus. Wäre der Ersatzanspruch gegen den schädigenden Dritten von vornherein ausgeschlossen, wäre auch die Frage der Regressabwicklung überflüssig.

5. *Schutz des haftpflichtigen Dritten im Rahmen der Versicherung des Sacherhaltungsinteresses für fremde Rechnung?*

Zu prüfen ist des Weiteren, ob der potentiell Haftpflichtige mittelbar dadurch geschützt werden kann, dass er als VN eine Sachversicherung für fremde Rechnung zu Gunsten des Vermieters abschließt, die das Sacherhaltungsinteresse (Eigentümerinteresse) des Vermieters/Versicherten abdeckt. Dann könnte man argumentieren, dass der Regress des leistenden Sach-VR gegen den VN/Haftpflichtigen ausscheide, weil die Fremdversicherung mittelbar auch ihm zugutekommen solle.[58] Der VN sei nämlich nicht als Dritter im Sinne des § 86 VVG anzusehen.

Dem ist nicht zuzustimmen. Dass der Haftpflichtige im konkreten Fall der VN ist, bedeutet nicht automatisch, dass die Versicherung auch ihm zugutekommen soll.[59] Vor allem in der Fremdversicherung, wie im hier betrachteten Fall, werden in der Regel nur fremde Interessen der Versicherten abgedeckt. Fehlen konkrete Anhaltspunkte im VV, dass die Fremdversicherung zugleich auch als Versicherung für eigene Rechnung des VN funktionieren soll, kann bzw. muss der VN als Dritter im Sinne des § 86 VVG angesehen werden und ist somit dem Regress des leistenden

57 Siehe unten Kapitel 3: B.II.

58 Vgl. BGHZ 30, 40 (42); *E. Prölss*, NJW 1960, 1903 (1904); *Koch*, VersR 1967, 306 (309).

59 Vgl. *Armbrüster*, Der Schutz von Haftpflichtinteressen, S. 34.

Sachversicherers ausgesetzt.[60] Es bleibt somit festzuhalten, dass der haftpflichtige Dritte durch den Abschluss einer Versicherung des Sacherhaltungsinteresses für fremde Rechnung zu Gunsten des Geschädigten nicht ausreichend geschützt ist.

6. *Eigenversicherung des Haftpflichtrisikos durch den potentiell Haftpflichtigen*

Der potentiell Haftpflichtige kann sein eigenes Sachersatzinteresse durch den Abschluss einer privaten Haftpflichtversicherung ausreichend absichern. Dann wird er dem Regress des Schadens-VR nicht mehr ausgesetzt sein, denn der Regressfall wird zwischen den Versicherungsunternehmen abgewickelt. Entweder wird der haftpflichtige Dritte bei berechtigten Ansprüchen von seinem Haftpflicht-VR freigestellt oder es wird ihm ein Rechtsschutz bei unberechtigten Ersatzansprüchen gewährt.

7. *Schutz des Dritten infolge Verzichtsabkommen*

Ein vertraglicher Schutz des Dritten kann schließlich durch den Abschluss von Individualabreden (Verzichtsabkommen[61]) zwischen Versicherungsunternehmen stattfinden, die den Regressanspruch gegen den Dritten aus Praktikabilitätsgründen ausschließen bzw. beschränken. Die Rechtsstellung des Dritten ist dann die gleiche wie bei Vereinbarung eines Regressverzichts im Rahmen der Sachversicherung des Geschädigten.

IV. Umfang des Anspruchsübergangs

1. *Allgemeines – Das sog. Kongruenzprinzip*

Sind die Voraussetzungen für die cessio legis nach § 86 VVG erfüllt (übergangsfähiger Ersatzanspruch gegen einen Dritten und Leistung des VR an den VN), geht der Ersatzanspruch des VN auf den VR über, „soweit" Letzterer den Schaden ersetzt. Gemäß dem Wortlaut („soweit") der Vorschrift gehen daher nur diejenigen Ersatzansprüche über, die mit dem versicherten Interesse im Zusammenhang stehen.[62] Mit anderen Worten muss der Ersatz- mit dem

---

60 Vgl. *Armbrüster*, PVR, Rdn. 1350.

61 Zum Schutz des Dritten infolge von Verzichtsabkommen siehe unten Kapitel 4 und Kapitel 5.

62 *Baumann*, in: BK, § 67 VVG, Rdn. 89; *Langheid*, in: Römer/Langheid/Rixecker, § 86 VVG, Rdn. 9; *Möller/Segger*, in: Langheid/Wandt, § 86 VVG, Rdn. 59; *Sieg*, in: Bruck/Möller[8], § 67 VVG, Anm. 59.

Versicherungsanspruch kongruent sein, damit Ersterer übergangsfähig sein kann, was als „Kongruenzprinzip“ bezeichnet wird.[63] In Bezug auf die inkongruenten Ersatzansprüche bleibt der VN auch nach der Leistung des VR aktivlegitimiert.[64] Dies illustriert folgendes Beispiel: Bei einem Autounfall wird das kaskoversicherte Auto des VN durch die schuldhafte Handlung eines Dritten beschädigt. Der VN selbst erleidet Personenschaden. Ersetzt der VR nur den Fahrzeugschaden, wie im VV vorgesehen ist, geht nur der Ersatzanspruch hinsichtlich des Sachschadens auf ihn über.

Deckt die Versicherungsleistung den Schaden des VN voll ab, geht der Ersatzanspruch des VN gegen den Dritten auf den VR in voller Höhe über bzw. so weit, wie der Ersatzanspruch gegen den Dritten besteht. Schwierigkeiten bereitet aber die Konstellation, dass der Ersatzanspruch des VN gegen den Dritten – z. B. wegen Mitverschuldens – geringer ist als der entstandene Schaden und außerdem die Versicherungsleistung – etwa wegen eines Selbstbehalts – ebenfalls nicht den vollen Schaden abdeckt. Hier besteht eine Konfliktsituation zwischen VR und VN. Dies soll exemplarisch folgender Fall veranschaulichen: Der Schaden des kaskoversicherten Autos beträgt 5.000 € und der Anspruch des VN gegen den Dritten wegen hälftigen Mitverschuldens 2.500 €. Die Versicherungsleistung beläuft sich auf 4.000 € (1.000 € Selbstbehalt). Da in diesem Beispiel der Drittanspruch (2.500 €) nicht hoch genug ist, um die Ansprüche sowohl des VR (4.000 €) als auch des VN (1.000 €) zu decken, stellt sich die Frage, in welchem Umfang der Ersatzanspruch des VN gegen den Dritten auf den VR übergeht.

Diese Konfliktsituation wird nach der herrschenden Auffassung durch das „Quotenvorrecht“ des VN zu Ungunsten des VR gelöst.[65] Die Anwendung und Begründung des Quotenvorrechts ist aber nicht unumstritten. Am Quotenvorrecht des VN ist in den letzten Jahren Kritik vonseiten der Wissenschaft erhoben worden.[66]

---

63 Statt vieler *Sieg*, in: Bruck/Möller, § 67 VVG, Anm. 59.

64 *Hormuth*, in: Beckmann/Matusche-Beckmann, § 22, Rdn. 49.

65 Zum Quotenvorrecht siehe: *Müller*, VersR 1989, 317; *Lachner*, zfs 1998, 161; *Hoffmann*, zfs 1999, 45; *Groß*, DAR 1999, 337 (338 ff.); *Kamps*, Jura 1981, 410; *Schütz*, VersR 1980, 121; *Heß*, NJW-Spezial 2007, 63 f.; *Reinicke*, NJW 1954, 1103 ff.

66 Zur Kritik an der Differenztheorie siehe: *Ebert/Segger*, VersR 2001, 143 ff.; *Sblowski*, r + s 1985, 313 ff.; *Günther*, Regreß, S. 18 ff.; *Langheid*, in: Römer/Langheid/Rixecker, § 86 VVG, Rdn. 41 ff.; *Möller/Segger*, in: Langheid/Wandt, § 86 VVG, Rdn. 127 ff.; *v. Koppenfels-Spies*, in: Looschelders/Pohlmann, § 86 VVG, Rdn. 39, 41; *dies.*, cessio legis,

2. *Differenztheorie und Quotenvorrecht*

a) *Allgemeines zur Funktion der Differenztheorie*

Die Anwendung des Quotenvorrechts bzw. der Differenztheorie auf das soeben erwähnte Beispiel führt dazu, dass nur der Ersatzanspruch auf den VR übergeht, der nach voller Befriedigung des VN verbleibt, also nur ein Anspruch in Höhe von (€): 2500 – 1000 = 1500. Das heißt, der VN darf auf Grund des geltenden Quotenvorrechts verlangen, dass ihm sein materieller Schaden zu Ungunsten des VR voll ersetzt wird, obwohl er wegen des vereinbarten Selbstbehalts nicht voll versichert war.[67]

b) *Kritik am Quotenvorrecht des VN*

Wie bereits erwähnt, ist das Quotenvorrecht des VN in der Literatur nicht unumstritten.[68] Auch in der Rechtsprechung wird es vereinzelt nur mit Einschränkungen angewandt.[69]

So wird kritisiert, die Differenztheorie lasse die Regeln des Selbstbehaltes und der Unterversicherung wirtschaftlich leerlaufen.[70] Das Quotenvorrecht

---

S. 307 ff.; *Hormuth*, in: Beckmann/Matusche-Beckmann, § 22, Rdn. 56; *Voit*, in: Bruck/Möller[9], § 86 VVG, Rdn. 124; *Muschner*, in: HK-VVG, § 86 VVG, Rdn. 29.

67 Der Vollständigkeit wegen soll an dieser Stelle darauf hingewiesen werden, dass das Quotenvorrecht des VN nur in Bezug auf die kongruenten Ansprüche gilt („Kongruenz vor Differenz"). Angenommen, der materielle Schaden von 5.000 € wäre im obigen Beispiel in kongruente (3.000) und inkongruente Schäden (2.000) aufgeteilt. Wegen des Selbstbehalts würde der VR 2.000 € zahlen müssen (3000 1000). Ohne das Prinzip „Kongruenz vor Differenz" hätte dann der VR gegen den Dritten gar nichts verlangen können: 2500 – 3000 = -500. Stattdessen muss das Quotenvorrecht des VN nur für den kongruenten Teil des Schadens (3.000) gelten. Die Berechnung sieht dann wie folgt aus: Es wird so verfahren, als betrage der gesamte materielle Schaden 3.000 €. Dann wäre der Drittanspruch 1.500 (50 % von 3.000). Auf den VR würden €: 1500 – 1000 = 500 übergehen. Der VN hätte deshalb hinsichtlich des kongruenten Teils des Schadens vom Dritten 1.000 € fordern, während er für seinen inkongruenten Schaden (2.000) ebenfalls 1.000 € (50 % von 2.000) hätte verlangen können. Kritisch gegenüber dem Grundsatz „Kongruenz vor Differenz": *Matz*, VersR 2008, 1451 ff. Allerdings laufen seine Ausführungen im Ergebnis wieder auf die Devise „Kongruenz vor Differenz" hinaus, nur mit unterschiedlicher Argumentation.

68 Siehe Fn. 66.

69 BGH, VersR 1964, 966; OLG Hamm, MDR 1974, 943.

70 *Ebert/Segger*, VersR 2001, 143; *Sblowski*, r + s 1985, 313 (315 f.); *Möller/Segger*, in: Langheid/Wandt, § 86 VVG, Rdn. 132 f.

des VN führe insbesondere zu einer ungerechtfertigten Benachteiligung des VR, da dieser trotz der, wegen des Selbstbehaltes, vereinbarten geringeren Prämie die gleiche Belastung zu tragen habe wie ohne Selbstbehalt und bei höherer Prämie.[71] Dieser wirtschaftlichen Benachteiligung des VR stehe eine contra legem Bereicherung des VN gegenüber, wenn der VN mehr realisiere, als ihm zivil- und versicherungsrechtlich gebühre.[72] Gleiches, nämlich eine unberechtigte Bereicherung des VN, gelte auch für den Fall einer Neuwertversicherung, in der ein Selbstbehalt festgelegt worden ist.[73] Der VN werde durch sein Quotenvorrecht privilegiert, weil er die Neuwertspitze vom Dritten verlangen kann, obwohl sie ihm zivilrechtlich nicht zusteht.[74]

Weiter wird gegen das Quotenvorrecht des VN eingewandt, dass es nicht Sinn und Zweck des § 86 VVG entspreche. Dieser bestehe darin, den bürgerlich-rechtlichen Ersatzanspruch des VN dem VR zuzuweisen.[75] „Außervertragliche Vorteile" kämen nach dem Gedanken der versicherungsrechtlichen Vorteilsausgleichung vielmehr dem VR zu, so dass der VN den Ersatz des nach dem VV nicht gedeckten Teils seines Schadens nicht zu Ungunsten des VR vom Dritten verlangen könne.[76] Dies führe dazu, dass der Wortlaut des § 86 VVG für die absolute Theorie spreche.[77] Schließlich sei ein Quotenvorrecht des VN nicht aus § 86 Abs. 1S. 2 VVG zu entnehmen, dort werde lediglich ein „Befriedigungsvorrecht" des VN statuiert, welches mit dem Umfang des Anspruchsübergangs in keinem Zusammenhang stehe; das Befriedigungsvorrecht setze vielmehr einen schon erfolgten Übergang voraus.[78]

---

71 *Möller/Segger*, in: Langheid/Wandt, § 86 VVG, Rdn. 134; *Ebert/Segger*, VersR 2001, 143 ff.

72 *Möller/Segger*, in: Langheid/Wandt, § 86 VVG, Rdn. 134; *Ebert/Segger*, VersR 2001, 143 ff.; *v. Koppenfels-Spies*, in: Looschelders/Pohlmann, § 86 VVG, Rdn. 39, 41.

73 *Voit*, in: Bruck/Möller, § 86 VVG, Rdn. 124; *Hormuth*, in: Beckmann/MatuscheBeckmann, § 22, Rdn. 56.

74 *Voit*, in: Bruck/Möller, § 86 VVG, Rdn. 124; *Hormuth*, in: Beckmann/MatuscheBeckmann, § 22, Rdn. 56.

75 *Möller/Segger*, in: Langheid/Wandt, § 86 VVG, Rdn. 139 f.

76 *Möller/Segger*, in: Langheid/Wandt, § 86 VVG, Rdn. 139; *Ebert/Segger*, VersR 2001, 143 (145 f.).

77 *Möller/Segger*, in: Langheid/Wandt, § 86 VVG, Rdn. 141, 149; *Ebert/Segger*, VersR 2001, 143 (145); *Günther*, Regreß, S. 20.

78 *Sieg*, in: Bruck/Möller, § 67 VVG, Anm. 66; *Möller/Segger*, in: Langheid/Wandt, § 86 VVG, Rdn. 143; *Voit*, in: Bruck/Möller[9], § 86 VVG, Rdn. 136.

c) *Eigene Auffassung*

Der soeben ausgeführten Kritik an der Differenztheorie ist nicht zuzustimmen.[79] Die Tatsache, dass der VR durch das Quotenvorrecht des VN trotz der Vereinbarung einer geringeren Prämie wirtschaftlich gleich hoch belastet wird wie bei einer höheren Prämie, kann noch nicht zur Aufgabe der Differenztheorie führen. Denn der VR erbringt gerade wegen der determinierten geringeren Prämie auch eine wegen des Selbstbehaltes gekürzte Versicherungsleistung. Warum der Vorrang bei der Aufteilung des Ersatzanspruchs ausgerechnet dem VR beizumessen sein soll, lassen die Argumente der Vertreter der absoluten Theorie nicht erkennen. Rechtspolitisch entscheidender ist vielmehr die Zuweisung des verbleibenden Ersatzanspruchs derjenigen Person, der er dem Grunde nach zusteht, und das ist der VN.[80]

Überdies verstößt das Quotenvorrecht des VN auch nicht gegen Sinn und Zweck des § 86 VVG. Der Gedanke der versicherungsrechtlichen Vorteilsausgleichung bringt zum Ausdruck, dass der VN durch die Versicherungsleistung nicht bereichert wird. Der VN gewinnt aber bei Anwendung der Differenztheorie nicht mehr, als dass sein Schaden einmal ersetzt wird.[81] Von einer Bereicherung kann daher nicht die Rede sein. Gegen den Wortlaut der Vorschrift verstößt gleichwohl die von den Gegnern der Differenztheorie vertretene absolute Theorie. Dieser zufolge hätte der VN nicht einmal Ersatz seines materiellen Schadens verlangen können, obwohl der Ersatzanspruch dem Wortlaut der Vorschrift nach auf den VR übergeht, „soweit" er den Schaden ersetzt.

Ebenso abzulehnen ist der Einwand, dass die Differenztheorie zu unbefriedigenden Ergebnissen im Falle einer Neuwertversicherung führe, da sich der VN durch sein Quotenvorrecht einen über den Zeitwert hinausgehenden Vorteil verschaffen und somit eine eventuelle Unterversicherung oder Selbstbeteiligung leerlaufen könne. Zur Verdeutlichung dient folgendes, von *Hormuth* angeführtes Beispiel[82]: Der Neuwertschaden beziffert sich auf 120.000 €, der Zeitwertschaden auf 100.000 €. Die Versicherungsleistung wegen Unterversicherung macht 80.000 € aus und der Drittanspruch wegen Mitverschuldens

---

79 So auch die herrschende Meinung in Literatur und Rechtsprechung: BGHZ 13, 28; *Baumann*, in: BK, § 67 VVG, Rdn. 105 ff.; *J. Prölss*, in: Prölss/Martin, § 86 VVG, Rdn. 25; *Bost*, VersR 2007, 1199 (1201); *Sieg*, in: Bruck/Möller[8], § 67 VVG, Anm. 66; *Tribess*, Leistungsfreiheit, S. 69 ff.

80 Vgl. auch *J. Prölss*, in: Prölss/Martin, § 86 VVG, Rdn. 25.

81 Vgl. auch *Baumann*, in: BK, § 67 VVG, Rdn. 106; *Müller*, VersR 1989, 317; *Wandt*, Versicherungsrecht, Rdn. 978.

82 *Hormuth*, in: Beckmann/Matusche-Beckmann, § 22, Rdn. 55.

50.000 €. Wendet man in diesem Beispiel vereinfachend die Differenztheorie an, kommt man, wie *Hormuth*, zum Ergebnis, dass der Anspruch des VN gegen den Dritten nur in Höhe von 10.000 € auf den VR übergeht. Dem VN verbleibt gegen den Dritten ein Anspruch von 40.000 €, und er erlangt zusammen mit der Versicherungsleistung (80.000 €) zum vollen Ersatz seines Neuwertschadens (120.000 €), obwohl eine Unterversicherung vorlag. Bei näherer Betrachtung ist jedoch folgende Differenzierung vorzunehmen: Die über den Zeitwert hinausgehende Neuwertspitze gehört zum inkongruenten Teil des Schadens[83], so dass sich das Quotenvorrecht des VN nur auf den Zeitwertschaden bezieht, nach dem Grundsatz „Kongruenz vor Differenz". Bezogen auf das Beispiel bedeutet das: kongruenter Zeitwertschaden (100.000 €); (fiktive) Versicherungsleistung wegen der vorhandenen Unterversicherung und der proportionalen Aufteilung der Unterversicherung zwischen Neu- und Zeitwertschaden (66.667 €)[84]; Drittanspruch (50.000 €). Leistet der VR, gehen auf ihn nach der Differenztheorie statt 10.000 € (ohne Kongruenz vor Differenz) 30.000 € [16667 (50000 – 33333) + 13333 (80000 – 66667) = 30000] über. Der VN erhält dann vom Dritten den Rest, genau 20.000 € (50000–30000 = 20000). Das heißt, nach richtiger Anwendung der Differenztheorie wird der VN auch im Falle der Neuwertversicherung im Zusammenhang mit einer Unterversicherung nicht privilegiert, da er im Ergebnis nicht mehr erhält als den Ersatz seines zivilrechtlichen Schadens (20000 + 80000 = 100000).

---

83 Vgl. auch *Möller/Segger*, in: Langheid/Wandt, § 86 VVG, Rdn. 156; *v. Koppenfels-Spies*, in: Looschelders/Pohlmann, § 86 VVG, Rdn. 28; *Theda*, DAR 1984, 201 (202); *Hormuth*, in: Beckmann/Matusche-Beckmann, § 22, Rdn. 50. Obwohl Hormuth die Neuwertspitze zum inkongruenten Teil zählt, wendet er in seinem Beispiel den Grundsatz „Kongruenz vor Differenz" in Bezug auf die Neuwertversicherung dennoch nicht an; a. A. *J.Prölss*, in: Prölss/Martin, § 86 VVG, Rdn. 27. Dieser hält die Neuwertspitze für kongruent, weil die Kongruenz rein gegenständlich und nicht summenmäßig zu bestimmen sei. Der Grund aber, warum die Neuwertspitze nicht kongruent ist, liegt nicht in der summenmäßigen Überschreitung des Zeitwertschadens, sondern im Fehlen eines bürgerlich-rechtlichen Äquivalentes. Das heißt, der bürgerlich-rechtliche Schaden ist gegenständlich enger als die versicherungsrechtliche Neuwertspitze.

84 Da sich eine Unterversicherung sowohl auf den Zeit- als auch auf den Neuwertanteil bezieht, muss der Zeitwertanteil der Unterversicherung berechnet werden, damit die Differenztheorie nur auf den kongruenten Zeitwertanteil angewandt werden kann. Der Zeitwertanteil kann nach folgender Formel berechnet werden: Zeitwertanteil = Versicherungsleistung * Zeitwert/Neuwert. Vgl. auch *Möller/Segger*, in: Langheid/Wandt, § 86 VVG, Rdn. 157.

Zwar ist den Gegnern der Differenztheorie darin zuzustimmen, dass das Quotenvorrecht des VN nicht mit dem Befriedigungsvorrecht des § 86 Abs. 1S. 2 VVG deckungsgleich ist. Das Quotenvorrecht ist aber im Befriedigungsvorrecht zwangsläufig enthalten. Mit anderen Worten das Befriedigungsvorrecht des VN setzt auch dessen Quotenvorrecht voraus. Würde das Quotenvorrecht aufgegeben, wäre auch § 86 Abs. 1S. 2 VVG überflüssig. Zur Erhellung der Problematik kann folgendes Beispiel dienen: Der Sachschaden des VN beläuft sich auf 10.000 €, sein Anspruch gegen den schädigenden Dritten wegen Mitverschuldens umfasst 6.000 €. Die Versicherungsleistung wegen Unterversicherung beträgt 5.000 €. An dieser Stelle soll herausgestellt werden, wie die Aufteilung des Ersatzanspruchs unter Anwendung der jeweiligen Theorie und unter gleichzeitiger Heranziehung des Befriedigungsvorrechts (§ 86 Abs. 1S. 2 VVG) ausfällt. 1. Auf der Basis der *Differenztheorie* hätte der VR vom Dritten 1.000 € (6000–5000) verlangen können, während der VN 5.000 € hätte fordern können. 2. Nach der *absoluten Theorie* würden dem VR dagegen 5.000 € zustehen, dem VN 1.000 €. – Angenommen, der Dritte ist insolvent und sein Vermögen reicht nicht aus, um die Ansprüche des VR und des VN gleichzeitig zu decken; zur Zeit der Eröffnung des Insolvenzverfahrens betrage das gesamte Vermögen des Dritten 1.000 €. In diesem Fall greift das Befriedigungsvorrecht des § 86 Abs. 1S. 2 VVG, so dass der VN als einziger Gläubiger des Ersatzanspruchs (1.000 €) gegen den Dritten angesehen werden muss. Dies zeigt aber zugleich, dass der VR im Ergebnis auf Grund des geltenden Befriedigungsvorrechts des VN die gleiche wirtschaftliche Belastung zu tragen hat, auch wenn man dabei die absolute Theorie anwendet. Mit anderen Worten das Befriedigungsvorrecht des VN führt unausweichlich wieder zu seinem Quotenvorrecht zurück. Auf das obige Bespiel bezogen bedeutet das: 1. Als wirtschaftliche Belastung des VR nach der Differenztheorie und wegen des Befriedigungsvorrechts des VN ergeben sich 5.000 € (5000 – 0 = 5000; Versicherungsleistung abzüglich des Drittanspruchs). 2. Nach der absoluten Theorie erhält man als wirtschaftliche Belastung wiederum 5.000 € (5000 – 0 = 5000; Versicherungsleistung abzüglich des Drittanspruchs).

Auf der anderen Seite gelangt der VN wegen seines Befriedigungsvorrechts zum vollständigen Ersatz seines Drittanspruchs 6.000 € (5000 + 1000 = 6000; Versicherungsleistung zuzüglich des Drittanspruchs), auch wenn man dabei die absolute Theorie heranziehen würde. Die vorangegangenen Ausführungen zeigen daher, dass das Befriedigungsvorrecht des VN schlussendlich auf sein Quotenvorrecht hinausläuft. Auf Grund der systematischen Stellung des Befriedigungsvorrechts (im zweiten Satz des ersten Absatzes des § 86 VVG) bleibt für die Anwendung der absoluten Theorie kein Raum.

Kapitel 3: Die versicherungsrechtliche Regressabwicklung bei Vereinbarung eines Regressverzichts in der Gebäudeversicherung

A. Allgemeines

Zu den meist diskutierten Fragen in der Sachversicherung gehört der Regress des Gebäude-VR gegen den Mieter, der einen Schaden in der gemieteten Wohnung schuldhaft herbeigeführt hat. Die Diskussion wurde angeregt durch eine Vielzahl von uneinheitlichen Gerichtsurteilen, die entsprechend zahlreiche Streitfragen hervorgebracht haben. Streitgegenstand ist dabei der Schutz des schädigenden Mieters, wenn im VV des VN/Vermieters Anhaltspunkte für die Schutzwürdigkeit des Mieters bestehen. Ist der Mieter schutzwürdig, muss der Gebäude-VR auf die Geltendmachung seines Regressanspruchs gegen den schädigenden Mieter verzichten. Die nachfolgenden Ausführungen befassen sich mit der versicherungsrechtlichen Regressabwicklung, wenn der Gebäude-VR im Rahmen des VV mit dem VN auf seinen Regressanspruch gegen den schädigenden Mieter verzichtet.

B. Der Mieterregress

I. Haftungssituation

Im Mietrecht gibt es die für den Mieter ungünstige Situation, dass die Beweislast für den Ersatzanspruch nach Verantwortungsbereichen zu bestimmen ist.[85] Kann nachgewiesen werden, dass die Schadensursache dem Obhutsbereich des Mieters entstammt, findet eine Umkehr der Beweislast statt. Der Vermieter muss nicht mehr die Pflichtwidrigkeit und das Verschulden des Mieters aufzeigen; der Mieter hat sich vielmehr umfassend zu entlasten.[86] Diese für den Mieter nachteilige Beweislage kommt auch dem Sach-VR auf Grund des gesetzlichen Anspruchsübergangs (§ 86 VVG) zugute. Die Haftungssituation im Zusammenhang mit der Regressmöglichkeit des VR gegen den Mieter erschien aber zu Recht unbefriedigend, zumal dann, wenn man sich vergegenwärtigt, dass der Mieter häufig durch die Mietzahlung an der Prämie für die Gebäudeversicherung des Vermieters beteiligt ist. Insofern bemühten sich die Gerichte seit Jahrzehnten,

85 *Weidenkaff*, in: Palandt, § 538 BGB, Rdn. 4.
86 BGH, NJW-RR 2005, 381.

eine akzeptable Lösung zu finden, um den Regress des Gebäude-VR gegen den leicht fahrlässig handelnden Mieter auszuschließen.

Die Rechtsprechung war dennoch in Bezug auf den Mieterregress inkonstant, uneinheitlich[87] und gekennzeichnet von einem Hin-und-her-Wechseln zwischen zwei Lösungsansätzen: 1. der *haftungsrechtlichen* Lösung[88] und 2. der *versicherungsrechtlichen* Lösung.[89]

II. Der haftungsrechtliche Lösungsansatz

Nach der haftungsrechtlichen Lösung liegt eine stillschweigende Beschränkung der Haftung des Mieters auf Vorsatz und grobe Fahrlässigkeit vor für den Fall, dass die Sachversicherungsprämie im Mietvertrag ausdrücklich auf den Mieter anteilig umgelegt wurde.[90] Dieser Lösungsansatz stieß allerdings auf Kritik.[91] Insbesondere gegen die angenommene stillschweigende Haftungseinschränkung im Mietvertrag wurde eingewandt, dass der Schutz des Mieters nicht davon abhängig gemacht werden könne, ob der Vermieter die Prämienkalkulation im Mietvertrag offengelegt und der Mieter die Prämie ganz oder teilweise finanziert hat.[92]

III. Die versicherungsrechtliche Lösung

Mit einer grundlegenden Entscheidung[93] vom 8.11.2000 hat der BGH die haftungsrechtliche Lösung aufgegeben und ist in einer Kehrtwende wieder auf die versicherungsrechtliche Lösung zurückgekommen.[94] Danach kann eine ergänzende Auslegung des VV ergeben, dass ein konkludenter Regressverzicht des VR für die Fälle anzunehmen sei, in denen der Wohnungsmieter einen Schaden durch einfache Fahrlässigkeit verursacht hat. Der Regressverzicht sei also nicht aus dem Mietvertrag abzuleiten, sondern dem VV zu entnehmen. Der Regressverzicht gelte auch, wenn der Mieter seinerseits haftpflichtversichert ist (Ablehnung der Subsidiaritätslösung); in diesem Falle könne ein Ausgleich

---

87 Zur Entwicklung der Rechtsprechung zum Mieterregress siehe: *Möller/Segger*, in: Langheid/Wandt, § 86 VVG, Rdn. 204 ff.; *Günther*, Regreß, S. 163 ff.

88 RGZ 122, 292; BGH, VersR 1991, 462; BGH, VersR 1992, 311; BGH, VersR, 320 ff.

89 BGH, VersR 1990, 625; BGH, NVersZ 2001, 84; BGH, VersR 2006, 1530.

90 BGHZ 131, 288 = VersR 1996, 320 = NJW 1996, 715.

91 Zur Kritik an der haftungsrechtlichen Lösung siehe: *Armbrüster*, NJW 1997, 177; *ders.*, PVR, Rdn. 1275; *Huber*, VersR 1998, 265 ff.; *J.Prölss*, r + s 1997, 221 (223 ff.); *Ihne*, r + s 1999, 89 ff.; *Schwarzer*, r + s 1996, 86.

92 BGH, VersR 2005, 498; *Armbrüster*, NJW 1997, 177; *Ihne*, r + s 1999, 89 ff.

93 BGHZ 145, 393 = VersR 2001, 94 = NJW 2001, 1353.

94 Zur Entwicklung der Rechtsprechung siehe Fn. 87.

zwischen den VR entsprechend den Regelungen über die Mehrfachversicherung (§ 78 Abs. 2 VVG) stattfinden.[95] Nach dem versicherungsrechtlichen Ansatz ist aber der Mieter nicht als Mitversicherter im VV anzusehen.[96]

Mit vier Urteilen[97] vom 13.9.2006 hat der BGH inzwischen die versicherungsvertragsrechtliche Lösung gestützt. Obwohl nach dieser Bestätigung Rechtsklarheit wieder hergestellt zu sein scheint, ist die Diskussion über die Konsequenzen weiter im Gange. Die versicherungsrechtliche Lösung bringt eine Vielzahl offener Fragen mit sich.[98] Aber auch ihre dogmatische Begründung ist in der Literatur und Rechtsprechung nicht unumstritten.[99]

---

95 BGHZ 169, 86, (96 f.).

96 BGHZ 145, 393, (396). Der BGH hat aber seine frühere Auffassung (BGH, VersR 1991, 462) aufgegeben, wonach das Sachersatzinteresse in der Sachversicherung nicht mitversichert werden darf. Nach jetziger Rechtslage kann das Sachersatzinteresse des Mieters in der Gebäudeversicherung des Vermieters mitversichert werden, wenn dafür Anhaltspunkte im VV vorliegen. Ohne solche konkreten Anhaltspunkte kann aber der Mieter trotz konkludenten Regressverzichts nicht als Mitversicherter angesehen werden. Zur dogmatischen Unterscheidung des Regressverzichts von der Mitversicherung des Sachersatzinteresses des Dritten siehe: *Armbrüster*, Der Schutz von Haftpflichtinteressen, S. 98 ff. Die Vereinbarung eines konkludenten Regressverzichts zu Gunsten des Mieters führt nicht zu einer Mitversicherung seines Haftpflichtrisikos, denn er hat gegen den Gebäude-VR keinen eigenen Anspruch; anders, als wenn er selbst versichert wäre; a. A. *Honsell*, VersR 1985, 301 (303 f.).

97 IV ZR 26/04 (VersR 2006, 1398), IV ZR 378/02 (VersR 2006, 1530), IV ZR 116/05 (VersR 2006, 1534) und IV ZR 273/05 (VersR 2006, 1536). Nach dem BGH findet der Regressverzicht nicht nur auf entgeltliche Nutzungsverhältnisse Anwendung, sondern auch auf unentgeltliche, wenn diese von einiger Dauer und Gewicht sind; a.A. *Armbrüster*, NJW 2006, 3868. Der BGH führt weiter aus, dass der Regressverzicht sich auch auf den durch die Gebäudeversicherung gedeckten Mietausfall erstreckt, weil die Interessenlage bei diesem die gleiche ist, wie beim Gebäudeschaden.

98 Zu den offenen Fragen siehe unten Kapitel 3: B.III.3 und 4. Außerdem Kapitel 3: B.IV.5 und Kapitel 3: C.

99 Zur Kritik an der versicherungsrechtlichen Lösung siehe: *Günther*, Regreß, S. 169 ff.; *ders.*, VersR 2010, 536 (537); *Breideneichen*, VersR 2005, 501; *Hormuth*, in: Beckmann/Matusche-Beckmann, § 22, Rdn. 93 f.; *Gaul/Pletsch*, NVersZ 2001, 490 (497); *Möller/Segger*, in: Langheid/Wandt, § 86 VVG, Rdn. 218; *Wolter*, VersR 2001, 98 ff. Zur Kritik an der Ablehnung der Subsidiaritätslösung siehe: OLG Köln, VersR 2004, 593; *J. Prölss*, ZMR 2001, 157 f.;*Armbrüster*, NJW 2006, 3683 f.; *Günther*, Regreß, S. 171 f.; *Segger*, VersR 2006, 38 (40); *Ihne*, r + s 2005, 109 (111).

1. Kritik an der versicherungsrechtlichen Lösung

Die versicherungsrechtliche Lösung des BGH beruht grundsätzlich auf dem Gedanken, das Mietverhältnis durch einen konkludenten Regressverzicht[100] unbelastet zu lassen. Eine Regressklage des VR, die der Vermieter im Rahmen seiner Obliegenheiten unterstützen müsste, würde, so der BGH, das Interesse des Vermieters an einem unbelasteten Mietverhältnis mit seinem Mieter gefährden.[101] Ferner habe der Mieter ein schutzwürdiges Interesse daran, nicht in Regress genommen zu werden, wenn er anteilig an der Prämienzahlung beteiligt ist.[102]

---

100 Die Formulierung des BGH (BGHZ 145, 393), dass ein konkludenter Regressverzicht durch ergänzende Vertragsauslegung anzunehmen sei, hat in der Literatur für Verwirrung über die dogmatische Herleitung des Regressverzichts gesorgt. Denn eine ergänzende Vertragsauslegung und eine konkludente Vereinbarung im Vertrag schließen einander aus. Es kann nur das eine oder das andere geben. Die ergänzende Vertragsauslegung setzt eine Vertragslücke voraus, während eine konkludente Vereinbarung dies ex definitionem verbietet. Woraus der Regressverzicht im Rahmen der versicherungsrechtlichen Lösung herzuleiten ist, darüber besteht in der Literatur Uneinigkeit. Für einen konkludenten Regressverzicht plädieren: *Armbrüster*, NJW 1997, 177; *J.Prölss*, r + s 1997, 221. Eine Vertragslücke nehmen folgende Autoren an: *Lorenz*, VersR 2001, 96 f.; *Staudinger/Kassing*, VersR 2007, 10 ff. Im Rahmen der versicherungsrechtlichen Lösung ist jedoch von einem konkludenten Regressverzicht auszugehen. Die Auffassung, nach der der Regressverzicht durch eine lückenschließende Vertragsauslegung zu erreichen sei, ist daher abzulehnen. Die Heranziehung der ergänzenden Vertragsauslegung bedarf einer planwidrigen, vertraglichen Regelungslücke. Das heißt, die Vertragsparteien müssen einen vertragserheblichen Teil ihrer Vereinbarung ungewollt ungeregelt gelassen haben. An einer solchen Regelungslücke fehlt es aber beim Mieterregress. Hier handelt es sich nicht um eine planwidrige Regelungslücke, denn der Mieter ist nur Dritter, so dass seine Stellung nicht Bestandteil des VV sein kann. Zweck des VV ist der Schutz nur des Sacherhaltungsinteresses des VN und nicht des Sachersatzinteresses des Mieters. Die nicht vorhandene Vereinbarung eines ausdrücklichen Regressverzichts kann also nicht als planwidrige Regelungslücke angesehen werden. Außerdem setzt diese ex definitionem auch Unkenntnis der regelbedürftigen Situation seitens der Vertragsparteien voraus. Denn bei Kenntnis des regelbedürftigen Gegenstands kann das Unterlassen einer Vereinbarung nicht mehr als planwidrige Regelungslücke angesehen werden, sondern vielmehr als konkludentes Außerachtlassen des konkreten Vertragsteils. Im Falle des Mieterregresses kann jedoch nicht von Unkenntnis der Schutzbedürftigkeit des Dritten die Rede sein, wenn man sich vergegenwärtigt, dass ein Dritter auch bei anderen Sachversicherungen durch einen ausdrücklichen Regressverzicht nicht selten geschützt wird (vgl. A.2.15 AKB 2008).

101 BGH, VersR 2007, 593 f.; OLG Stuttgart, VersR 2004, 592.

102 BGH, VersR 2006, 1530, 1532; vgl. auch: *Boin*, VersR 1997, 671 ff.

Gegen diese dogmatische Begründung des versicherungsrechtlichen Ansatzes äußerte man jedoch Bedenken. So wurde etwa behauptet, der soeben dargelegte Grundgedanke greife nicht mehr, wenn das Mietverhältnis zum Zeitpunkt des Mieterregresses schon belastet oder gar beendet war.[103] In einem solchen Fall liege es auf der Hand, dass der Vermieter auf einen Regressverzicht zu Gunsten des Mieters keinen Wert mehr lege.[104]

Kritik an der versicherungsrechtlichen Lösung wurde auch im Zusammenhang mit der Ablehnung der Subsidiaritätslösung erhoben. Der BGH hat in seinen Urteilen vom 13.9.2006 bekräftigt, dass der Regressverzicht nicht davon abhängen könne, ob der Mieter im Einzelfall eine Haftpflichtversicherung abgeschlossen hat. Dagegen wurde eingewandt, der Mieter brauche nicht mehr durch einen Regressverzicht geschützt zu werden, wenn er selbst haftpflichtversichert sei und Deckung bestehe[105], denn dann fehle es sowohl an der Interessenlage als auch an einem Anknüpfungspunkt im VV, einen stillschweigenden Regressverzicht zu sehen.[106] Auch in den Fällen, in denen der Haftpflicht-VR gegenüber dem Mieter leistungsfrei bleibt, sei fraglich, warum der Vermieter daran festhalten sollte, den Mieter vor diesem Risiko durch die Gebäudeversicherung zu bewahren.[107]

2. *Eigene Auffassung*

Die soeben dargelegte Kritik an der versicherungsrechtlichen Lösung ist abzulehnen. Dem versicherungsrechtlichen Ansatz ist zuzustimmen. Mittels der Erfassung des konkludenten Parteiwillens wird ermittelt, welche Vereinbarung die Vertragsparteien im Zeitpunkt des Vertragsschlusses in Bezug auf einen konkreten Vertragsbestandteil konkludent getroffen haben. Ausgangs- und Bezugspunkt der erläuternden Vertragsauslegung[108] bleibt stets der Normalfall des gesunden Vertragsverhältnisses, denn im Zeitpunkt des Vertragsschlusses geht

---

103 *Günther*, Regreß, S. 169 f.; *Gaul/Pletsch*, NVersZ 2001, 490; *Möller/Segger*, in: Langheid/Wandt, § 86 VVG, Rdn. 218.

104 *Günther*, Regreß, S. 169.

105 *Armbrüster*, NJW 2006, 3683; *ders.*, VersR 2010, 1016 (1018); *Günther*, Regreß, S. 170; *J.Prölss*, ZMR 2001, 157 f.; *Breideneichen*, VersR 2005, 501 (503); Differenzierend: *J. Prölss/D. Klimke*, in: Prölss/Martin, § 43 VVG, Rdn. 32 f. Sie gehen von einer Subsidiarität der Sachversicherung nur dann aus, wenn es sich im konkreten Fall nicht um ein Dauerschuldverhältnis handelt.

106 OLG Köln, VersR 2004, 593.

107 *Armbrüster*, NJW 2006, 3683; zustimmend auch *Günther*, Regreß, S. 172.

108 Diese Terminologie stammt von *Larenz/Wolf*, Bürgerliches Recht AT, § 28, Rdn. 12. Sie unterscheiden zwischen der erläuternden (Erfassung des realen Willens der

man üblicherweise von einem ungestörten Vertragsverhältnis aus. Der tatsächliche Wille der Vertragsparteien beruht also zunächst auf der normalen, störungsfreien Entwicklung des Vertragsverhältnisses. Dass unerwartete und ungewollte Entwicklungen nie auszuschließen sind, ist zwar bekannt, dennoch handelt es sich bei diesen immer um Ausnahmefälle. Und Ausnahmefälle können für die Erfassung des konkludenten Willens der Vertragsparteien im Zeitpunkt des Vertragsschlusses nicht ausschlaggebend sein. Ihnen ist lediglich im Rahmen des Begriffs der Geschäftsgrundlage eine Bedeutung für die erläuternde Vertragsauslegung beizumessen, und zwar im Zusammenhang mit einer Störung der Geschäftsgrundlage, wenn z. B. das Fortbestehen des Vertrages für eine Partei auf Grund einer Leistungsstörung im Vertrag (wie etwa bei rückständiger Mietzahlung) nicht zumutbar ist. Für die Situation des Mieterregresses kann aber Folgendes gesagt werden: Der Fall des gestörten Mietverhältnisses im Zeitpunkt der Regressnahme bleibt als Ausnahmefall für die Ermittlung des konkludenten Vertragswillens zweitrangig. Selbst wenn man diesen Sonderfall in den Vordergrund der Betrachtung stellen würde, wäre das nicht geeignet, die versicherungsrechtliche Lösung in Frage zu stellen, denn auch bei einem im Zeitpunkt der Regressnahme gestörten Mietverhältnis ändert sich an der Interessenlage für die Bejahung eines konkludenten Regressverzichts im VV nichts. Einerseits ist dem VR gleichgültig, ob das Mietverhältnis im Zeitpunkt einer möglichen Regressnahme gestört ist oder nicht. Jeder VR hinterfragt einzig und allein das subjektive Risiko des VV, und das bleibt unverändert, auch im Falle eines beeinträchtigten Mietverhältnisses. Wenn der VR gegenüber einem leicht fahrlässigen VN leistungspflichtig ist, kann er es auch gegenüber einem leicht fahrlässigen Mieter hinnehmen, auf eine Regressnahme zu verzichten, egal, ob das Vertragsverhältnis zwischen dem Vermieter und dem Mieter gestört war oder nicht. Auf der anderen Seite betont der Vermieter im Rahmen seines VV ausschließlich den Ersatz seines Gebäudeschadens. Wenn der Vermieter von seiner Versicherung Deckung erhält, warum sollte dann eine erläuternde Vertragsauslegung ergeben, dass er – im Falle des gestörten Mietverhältnisses – zusätzlich an einer Inanspruchnahme des Mieters durch den VR interessiert ist? Worum er sich diesbezüglich bemüht, ist die Kompensation seines unmittelbar durch das gestörte Mietverhältnis entstandenen Schadens (rückständige Mietzahlung) – und das betrifft nicht eine mögliche Regressnahme des Mieters durch den VR für den Gebäudeschaden des Vermieters. Mit einem Regressverzicht befasst sich vorrangig

Erklärenden) und der ergänzenden Auslegung (Ermittlung des hypothetischen Willens der Erklärenden).

derjenige, der auch Gläubiger des Regresses ist: der VR. Aber auch wenn man im Einzelfall trotzdem annehmen wollte, dass der Vermieteraus welchen Gründen auch immer, ausnahmsweise an einer Inanspruchnahme des Mieters interessiert wäre, bliebe die Möglichkeit des Direktanspruchs gegen den Mieter bestehen. Denn nach der versicherungsrechtlichen Lösung wird der Mieter nur von einem Regress des VR verschont, im Außenverhältnis ist er gegenüber dem Vermieter haftpflichtig.[109] Warum der Vermieter ausgerechnet im Stadium der Regressnahme an einer Inanspruchnahme des Mieters interessiert sein soll, kann die Gegenauffassung nicht erklären. Sie ist daher, auch auf Grund der vorangegangenen Ausführungen, abzulehnen.

Auch an der Ablehnung der Subsidiaritätslösung im Rahmen der ergänzenden Vertragsauslegung ist festzuhalten. Der Begründung des BGH ist zuzustimmen. Einerseits sei den Vertragsparteien bei Abschluss des VV meistens unbekannt, ob der Mieter über eine Haftpflichtversicherung verfügt.[110] Und auf der anderen Seite könne es auch vorkommen, dass der Haftpflicht-VR die Deckung auch beim Bestehen einer Haftpflichtversicherung berechtigt oder unberechtigt ablehnt oder der VN den an sich gegebenen Deckungsschutz wegen Obliegenheitsverletzungen nach Eintritt des VF verliert.[111] Demzufolge kann das Vorliegen einer

109 Eine direkte Inanspruchnahme des leicht fahrlässigen Mieters vonseiten des Vermieters (VN) könnte aber gegen die Generalklausel des § 242 BGB (Treu und Glauben) verstoßen, wenn kein besonderes Interesse des Vermieters an einem Schadensausgleich durch den Mieter besteht (BGH, VersR 2005, 498). Das Gleiche – Verstoß gegen § 242 BGB – wäre anzunehmen, wenn der VR durch eine AGB-rechtlich wirksame Klausel den konkludenten Regressverzicht abbedingen könnte [vgl. *Staudinger/Kassing*, VersR 2007, 10 (12)]. Soweit aber ausgeführt wird [*Staudinger/Kassing*, VersR 2007, 10 (14 f.)], dass die Lösung des Regressverzichts auf der Ebene des § 242 BGB statt im VV anzusiedeln sei, ist dieser Auffassung nicht zuzustimmen. Bei der dogmatischen Herleitung des Regressverzichts ist der Vorrang dem VV beizumessen. Ein Verstoß gegen § 242 BGB setzt voraus, dass die Rechte und Pflichten der Vertragsparteien im Vertrag bereits definiert worden sind, damit die Grenzen von Treu und Glauben im konkreten Fall bestimmt werden können. In Bezug auf den Mieterregress bedeutet das aber, dass bereits im Rahmen des VV konkrete Anhaltspunkte für die Schutzwürdigkeit des Mieters vorhanden sein müssen. Ohne die inhaltliche Konkretisierung des konkreten Vertrages ist also § 242 BGB ohne Belang. § 242 BGB ist daher gegenüber der Auslegung des VV zweitrangig. Schließlich verstößt eine Inanspruchnahme des Mieters nur dann gegen Treu und Glauben, wenn vorher im konkreten VV unter den gegebenen Umständen ein Regressverzicht für notwendig erachtet wurde.

110 BGHZ 169, 86; BGH, VersR 2007, 539.

111 BGHZ 169, 86; BGH, VersR 2007, 539.

Haftpflichtversicherung nicht der ausschlaggebende Punkt für die Erschließung des konkludenten Willens der Vertragsparteien sein.

Gegen diese Argumentation wurde eingewandt, es liege fern, dass der VN den Mieter auch vor den Lasten bewahren wolle, die mit der Durchsetzung eines Haftpflichtdeckungsanspruchs verbunden seien.[112] Bei der Gefahr z. B. einer unberechtigten Ablehnung des Anspruchs handele es sich um eine Ausprägung des allgemeinen Lebensrisikos, die der Mieter dem Vermieter nicht anlasten könne, und darüber hinaus wolle auch der Vermieter diese Last nicht übernehmen.[113] Ferner sei fraglich, warum der VN daran interessiert sein soll, den Mieter vor einer Leistungsfreiheit des Haftpflicht-VR infolge grob fahrlässiger Obliegenheitsverletzung zu bewahren.[114] Näherliegend wäre, ebenso wie beim Vertrag mit Schutzwirkung zu Gunsten Dritter, den Schutz des Mieters davon abhängen zu lassen, ob er tatsächlich schutzbedürftig ist.[115]

Die soeben ausgeführte Kritik ist abzulehnen. Der Regressverzicht stellt keine besondere Last für den Vermieter dar. Seine Verpflichtung bleibt die gleiche, mit oder ohne Haftpflichtdeckung des Mieters. Die durch den Regressverzicht entstehende Situation der Bewahrung des Mieters vor einer Ablehnung der Haftpflichtdeckung bedeutet keinerlei Belastung für den Vermieter, denn dessen Rechtsposition bleibt dadurch unberührt. Der Vermieter würde nur dann eine systemwidrige Belastung tragen, wenn sich seine Rechtslage wegen des Regressverzichts verschlechtern würde. Das ist aber nicht der Fall. Er ist nicht derjenige, der auf Grund des Regressverzichts die Last der Bewahrung des Mieters vor einer Ablehnung seines Haftpflichtdeckungsanspruchs trägt, denn im Zeitpunkt der Regressnahme ist er nicht mehr Gläubiger des Ersatzanspruchs gegen den Mieter.

Zwar ist richtig, dass der VV wegen des konkludenten Regressverzichts wie ein Vertrag mit Schutzwirkung zu Gunsten Dritter funktioniert und dass der Schutz des Dritten davon abhängt, ob er tatsächlich schutzwürdig ist. Für die Schutzbedürftigkeit des Dritten ist aber immer und ausschließlich auf das Dreiecksverhältnis des konkreten Vertrags zu Gunsten Dritter abzustellen. Der Dritte muss also schutzbedürftig gegenüber den Parteien des hiesigen Vertrages sein. Ob er gegenüber anderen Personen, die mit dem Dreiecksverhältnis nichts zu tun haben, nicht schutzwürdig ist, muss außer Acht bleiben. Andernfalls wäre der Anwendungsbereich der Verträge mit Schutzwirkung zu Gunsten Dritter

112 *Armbrüster*, NJW 2006, 3683; zustimmend auch *Günther*, Regreß, S. 172.
113 *Armbrüster*, NJW 2006, 3683.
114 *Armbrüster*, NJW 2006, 3683.
115 *Armbrüster*, NJW 2006, 3683.

sehr eingeschränkt. Die Tatsache, dass der Mieter gegenüber seinem Haftpflicht-VR nicht schutzwürdig ist, kann also nicht die Schutzbedürftigkeit des Mieters innerhalb der Gebäudeversicherung negativ beeinflussen. Denn die Gebäude- und die Haftpflichtversicherung sind zwei voneinander zu trennende Verträge, die auch unterschiedlich bewertet werden müssen.

An einem Punkt aber mutet die Begründung des BGH zur versicherungsrechtlichen Lösung auf den ersten Blick auslegungsbedürftig an, wenn er ausführt, dass das Verhalten dritter Personen dem Mieter nur dann zuzurechnen sei, wenn ein Dritter sein Repräsentant ist.[116] Es erscheint zweifelhaft, dass die VR durch eine konkludente Vereinbarung den Schutz des Mieters so weit ziehen wollen, dass nur das Verhalten von Repräsentanten zurechnungsrelevant ist. Denn auf diese Weise steigt zugleich das subjektive Risiko des VV unverhältnismäßig, gerade wenn man sich vor Augen hält, dass besonders Kinder zu grob fahrlässigem Verhalten neigen. Deshalb wäre es notwendig, aus dieser Formulierung des BGH die tatsächliche Intention bezüglich der Zurechnungsfrage herauszulesen. Daran will sich der folgende Abschnitt annähern.

3. *Zurechnungsmaßstab*

a) *Stand der Diskussion*

Im Rahmen der versicherungsrechtlichen Lösung wird die Frage des Maßstabs für die Zurechnung des Verhaltens Dritter kontrovers diskutiert. Verursacht etwa nicht der Mieter selbst den Schaden an der Mietwohnung, sondern ein Dritter (z. B. eine seiner Hilfspersonen), stellt sich die Frage, ob für den Regress des Gebäude-VR gegen den Mieter die Zurechnungsmaßstäbe des § 278 BGB oder die engen[117] Zurechnungskriterien der Repräsentantenhaftung gelten sollen.

Immerhin hat der BGH in seiner Grundsatzentscheidung[118] diesbezüglich ausgeführt, dass der Mieter auf Grund des konkludenten Regressverzichts im VV so gestellt werden müsse, wie wenn er versichert wäre; die Herleitung des

116 BGH, VersR 2006, 1530 (1533).

117 Während der Mieter im Rahmen des § 278 BGB praktisch für alle Familienangehörigen und Hilfspersonen einzustehen hätte, welche die Mietsache mit seinem Wissen und Wollen benutzen, bedeutete das Heranziehen der Repräsentantenhaftung für den Mieter eine mildere Haftung. Denn dann wäre der Mieter nur für solche Personen verantwortlich, die ihn in dem Geschäftsbereich, zu dem das versicherte Risiko gehört, auf Grund eines Vertretungs- und ähnlichen Verhältnisses repräsentieren [vgl. BGHZ 122, 250 (253)].

118 BGH, VersR 2006, 1530 (1533).

Regressverzichts führe nicht nur zu einer entsprechenden Anwendung von § 61 VVG a. F., sondern auch zur Anwendung der versicherungsvertraglichen Zurechnungsgrundsätze. Demgemäß habe sich der privilegierte Mieter das Verhalten Dritter nur dann zurechnen zu lassen, wenn der Dritte sein Repräsentant ist; § 278 BGB bliebe also in Bezug auf den privilegierten Mieter außer Betracht.[119]

Vor dieser BGH-Entscheidung waren die Auffassungen[120] in Rechtsprechung und Literatur darüber geteilt, welche Zurechnungsgrundsätze für den Mieterregress herangezogen werden sollten. Mittlerweile und auf Grund der genannten BGH-Entscheidung plädiert aber die h. M. dafür, dass sich die Einstandspflicht des Mieters nur auf solche Personen beschränken sollte, die seine Repräsentanten sind.[121] Dies würde bedeuten, dass dem Gebäude-VR der Regress gegen den Mieter auch dann verwehrt bliebe, wenn der Schaden am Gebäude des Vermieters sogar grob fahrlässig von einer Hilfsperson des Mieters verursacht wurde, die jedoch nicht seine Repräsentantin ist.

Zur Zurechnungsproblematik innerhalb der versicherungsrechtlichen Lösung hat sich neuerdings auch das OLG Koblenz[122] geäußert und sich der h. M. angeschlossen, dass § 278 BGB bei der Inanspruchnahme des Mieters außer Betracht bleiben solle. Für eine Entscheidung über die Anwendbarkeit der Repräsentantenhaftung im Zeitpunkt der Inanspruchnahme des Mieters durch den Gebäude-VR ist es hilfreich, die beiden Urteile des BGH und des OLG miteinander zu vergleichen.

b) Eigene Auffassung

Betrachtet man die den Urteilen des OLG und des BGH zugrunde gelegten Sachverhalte genauer, muss man zu der Schlussfolgerung kommen, dass die Grundsätze der Repräsentantenhaftung für den Regress des Gebäude-VR gegen den Mieter entgegen der herrschenden Auffassung irrelevant sind. § 278 BGB bleibt

---

119 BGH, VersR 2006, 1530 (1533).

120 Offengelassen: BGH, VersR 2002, 433. Eine Anwendbarkeit des § 278 BGB lehnen ab: OLG Celle, VersR 1998, 846; *Gaul/Pletsch*, NVersZ 2001, 490; bejahend: OLG Dresden, VersR 2003, 1391.

121 *Möller/Segger*, in: Langheid/Wandt, § 86 VVG, Rdn. 201, 221; *Hormuth*, in: Beckmann/Matusche-Beckmann, § 22, Rdn. 104; *Günther*, Regreß, S. 199; *ders.*, VersR 2006, 1539 f.; *Johannsen*, in: MAH Versicherungsrecht, § 5, Rdn. 228; *Schwintowski*, WuM 2007, 305 (308).

122 VersR 2010, 1493.

also im Rahmen des Mieterregresses gegenüber den versicherungsrechtlichen Zurechnungsgrundsätzen die vorrangige Vorschrift.

Das OLG Koblenz hat in seiner Entscheidung die Grundsätze, die der BGH zum Mieterregress entwickelt hat, in einem Fall[123], der allerdings gewisse Abweichungen von dem vom BGH zugrunde gelegten Sachverhalt[124] aufweist, eins zu eins übernommen. Die Ausführungen des OLG sind daher im Ergebnis abzulehnen. Insbesondere das OLG meint, dass ein Regressverzicht zu Gunsten des Mieters nach der versicherungsrechtlichen Lösung nicht nur auf ein leicht fahrlässiges Verhalten des Mieters zurückzuführen sein dürfe, sondern auch darauf, dass eine dritte Person den Schaden angerichtet hat, die aber keine Repräsentantin des Mieters ist. Dem OLG Koblenz zufolge findet also § 278 BGB auf den Regress des Gebäude-VR gegen den Mieter keine Anwendung. Es stützt seine Argumentation irreführenderweise auf die Annahmen des BGH zum Mieterregress, obwohl die beiden Entscheidungen, wie ausgeführt, erheblich voneinander unterscheiden.

Die Formulierung des OLG ist eindeutig dahingehend zu interpretieren, dass ein Mieter in der Gebäudeversicherung des Vermieters den Status eines

---

123 Dem OLG Koblenz lag folgender Sachverhalt zugrunde: Der Eigentümer eines Wohnhauses hatte bei der Klägerin, Gebäude-VR, sein Haus gegen Feuer versichert. Eine im ersten Obergeschoss gelegene Wohnung hatte der VN vermietet. Die Wohnung wurde von einer Familie – dem Mieter, seiner Ehefrau und ihrem Sohn – und einem Au-pair-Mädchen bewohnt. Eines Tages kam es in der Mietwohnung ausgehend von der Küche zu einem Brand. Ursache war ein auf dem Herd stehender Topf mit heißem Fett, da das Au-pair-Mädchen vor dem Verlassen der Wohnung vergessen hatte, die Herdplatte auszuschalten. Die Klägerin machte dazu gegen die Beklagte, Haftpflicht-VR des Mieters, einen Ausgleichsanspruch nach § 59 Abs. 2 VVG a. F. geltend.

124 Bei der BGH-Grundsatzentscheidung ging es um folgenden Tatbestand: Die VN hatte das von ihr betriebene Einkaufszentrum bei der Klägerin, Feuer-VR, gegen Feuer versichert. Das Einkaufszentrum war an verschiedene Einzelhandelsunternehmen vermietet worden, unter anderem an die Beklagte, die dort einen Verbrauchermarkt unterhielt. An einem Tag kam es zu einem Großbrand, durch den das Einkaufszentrum zerstört wurde. Der Brandherd befand sich auf der Laderampe des Verbrauchermarktes der Beklagten. Deren Mitarbeiterinnen hatten zwischen 13.30 Uhr und 13.45 Uhr mehrere Holzpaletten mit Verpackungsmaterial auf die Laderampe gestellt, weil ein ab 14.00 Uhr erwarteter, aber erst gegen 16.00 Uhr eingetroffener Lastwagen das Verpackungsmaterial mitnehmen sollte. Dieses geriet in Brand, nachdem ein 15 Jahre alter Jugendlicher, der geraucht hatte, seine noch glimmende Zigarette in einen Karton geworfen hatte. Das Feuer griff auf das hölzerne Dach der Laderampe und sodann auf das gesamte Gebäude über. Die Klägerin nahm die Beklagte aus nach § 67 Abs. I VVG a. F. übergegangenem Recht wegen des Brandschadens in Anspruch.

„Quasi-Mitversicherten“ im Grunde bereits vor dem Zeitpunkt der Herbeiführung des VF innehaben müsse, also noch vor der Annahme eines Regressverzichts. Die Herbeiführung des VF durch den Dritten geht selbstverständlich dem Regress des Gebäude-VR gegen den Mieter zeitlich voraus. Da aber die Zurechnung des Drittverhaltens nach dem OLG mit Hilfe der Repräsentantenhaftung stattfinden müsse, muss der Mieter bereits vor einer möglichen Inanspruchnahme durch den Gebäude-VR Mitversicherten-Status haben. Denn die Repräsentantenhaftung setzt bekanntlich ein bestehendes Versicherungsverhältnis voraus.

Entgegen der h. M. war dies bei der Entwicklung der versicherungsrechtlichen Lösung jedoch nicht die Intention des BGH. Die hiesige Entscheidung ist vielmehr so auszulegen, dass erst die Herleitung des Regressverzichts dazu führt, dass der Mieter ab diesem Zeitpunkt den Status eines „Quasi-Mitversicherten“ in der Gebäudeversicherung erhält, weil erst dann sein Haftpflichtrisiko durch den Regressverzicht geschützt wird. Im Zeitpunkt der möglichen Inanspruchnahme des Mieters durch den Gebäude-VR ist aber das Haftpflichtrisiko des Mieters nicht gesichert, da gegen ihn noch die Regressmöglichkeit besteht. Folglich kann die Zurechnung des Drittverhaltens ausschließlich nach den bürgerlich-rechtlichen Zurechnungsgrundsätzen stattfinden. Nur so ist die BGH-Entscheidung zu verstehen.

Die beiden Gerichtsurteile divergieren in einem entscheidenden Punkt, so dass eine Übertragung der Grundsätze der Repräsentantenhaftung auf die Konstellation des OLG ausscheidet. Während der VF bei dem vom BGH entschiedenem Kasus auf eine Kausalkette zurückzuführen ist, wurde er in der OLG-Entscheidung von der Hilfsperson des Mieters herbeigeführt, ohne dass eine Handlung des Mieters vorausgegangen wäre. In der Situation des BGH wurde der VF hingegen von einem Brandstifter dadurch herbeigeführt, indem zunächst die Hilfspersonen des Mieters fahrlässig Holzpaletten mit Verpackungsmaterial am Haus unbeaufsichtigt gelassen hatten, Material, das der Brandstifter dann durch eigene Handlung angezündet hat. Der Handlung des Brandstifters geht also ein fahrlässiges Verhalten (Unterlassen) der Hilfspersonen des Mieters voraus, das dem Mieter nach § 278 BGB zugerechnet werden muss. Da aber dieses Verhalten der Hilfspersonen vom Gericht als nur leicht fahrlässig eingestuft wurde, wurde ein Regressverzicht zu Gunsten des Mieters bejaht. Nach der „conditio-Formel“ stellt dieses Verhalten jedoch zugleich eine notwendige Bedingung für die Herbeiführung des VF durch den Brandstifter dar, so dass herausgestellt werden müsste, ob auch die Herbeiführung des VF durch den Brandstifter dem Mieter zuzurechnen ist. Dies aber wurde vom Gericht zu Recht verneint. Auf Grund des angenommenen Regressverzichts bezüglich des Verhaltens der Hilfspersonen ist das Haftpflichtrisiko des

Mieters als geschützt anzusehen, so dass jedes weitere Verhalten Dritter, das daraufhin folgt, dem Mieter nur dann zugerechnet werden könnte, wenn der Dritte sein Repräsentant wäre. Der Brandstifter war das offensichtlich nicht, so dass es beim Regressverzicht zu Gunsten des Mieters bleiben musste.

Auf der anderen Seite lag bei der OLG-Entscheidung keine Kausalkette vor, die eine getrennte Beurteilung der Handlungsmodalitäten erforderlich gemacht hätte. Der VF wurde durch ein grob fahrlässiges Unterlassen des Au-pair-Mädchens herbeigeführt. Dieses Verhalten müsste entgegen der Auffassung des OLG dem Mieter nach § 278 BGB zugerechnet werden. Dann wäre auch ein Regressverzicht zu Gunsten des Mieters ausgeschlossen, denn der Mieter wäre in solch einem Fall nicht mehr schutzwürdig. Der § 59 II VVG a. F. käme nicht mehr in Betracht, so dass allein der Haftpflicht-VR des Mieters den Schaden regulieren müsste.[125]

Die Auffassung des OLG entspricht nicht dem Grundgedanken der versicherungsrechtlichen Lösung und muss infolgedessen abgelehnt werden. Nach wie vor handelt es sich beim versicherungsrechtlichen Lösungsansatz um die Erschließung des konkludenten Parteiwillens durch Vertragsauslegung. Das heißt, ein konkludenter Regressverzicht muss den Interessen der Vertragsparteien entsprechen. Die Meinung des OLG würde aber die Stellung des Gebäude-VR erheblich benachteiligen, so dass ein Regressverzicht unter diesen Umständen schwer zu begründen wäre. Sogar bei einer vorsätzlichen Herbeiführung des VF durch die Hilfsperson des Mieters wäre der Regress gegen ihn ausgeschlossen, wenn es sich bei ihr um keine Repräsentantin des Mieters handelte. Wenn aber der Gebäude-VR nach der versicherungsrechtlichen Lösung einen grob fahrlässigen Mieter nicht mehr als schutzwürdig betrachtet, kann er umso weniger auf einen Regress gegen ihn verzichten, wenn der Mieter Zwischenpersonen eingeschaltet hat, die den Schaden grob fahrlässig oder sogar vorsätzlich verursacht haben.[126]

---

125 Beim OLG-Fall könnte nur dann ein Regressverzicht zu Gunsten des Mieters bejaht werden, wenn ein bestimmtes Verhalten des Mieters als Zwischenglied einer Kausalkette, die zum VF führte, erkennbar geworden wäre. Hätte er es etwa unterlassen, dem Au-pair-Mädchen klare Anweisungen zu geben, müsste er sich dieses Unterlassen nach § 276 BGB zurechnen lassen. Wäre dieses Verhalten als nur leicht fahrlässig einzustufen, dann wäre ein Regressverzicht zu bejahen, was einen Ausgleichsanspruch nach § 59 II VVG a. F. rechtfertigen könnte.

126 Dem Gebäude-VR stünde zwar in diesem Fall immer noch der direkte Regressanspruch gegen die schadensverursachende Hilfsperson des Mieters zur Verfügung. Nach § 86 VVG i. V. m. § 412 BGB geht aber der Ersatzanspruch des VN gegenüber dem Schuldner auf den Schadens-VR unverändert über. Da aber der Mieter und seine Hilfspersonen in der hier betrachteten Konstellation gegenüber dem Vermieter nach § 421 BGB als Gesamtschuldner haften, würde die Ausschließung der Haftung

Auf Grund der vorangegangenen Ausführungen muss also festgehalten werden, dass die Formulierung des BGH dahingehend, dass die Zurechnung Drittverhaltens nach dem Prinzip der Repräsentantenhaftung stattfinden solle, nur im Falle einer Kausalkette gelten kann.

4. Reichweite des Regressverzichts

a) Anwendbarkeit des § 86 Abs. 3 VVG auf den direkten Ersatzanspruch des Schadens-VR gegen den privilegierten Personenkreis

Ungeklärt im Rahmen der versicherungsrechtlichen Lösung ist aber auch die Frage der Reichweite des Regressverzichts. Es stellt sich insbesondere die Frage, ob auch weitere Personen (solche, die in häuslicher Gemeinschaft mit dem Mieter leben) entsprechend der Regelung des § 86 Abs. 3 VVG durch den konkludenten Regressverzicht geschützt werden müssen. Hierbei ist zwischen zwei Fallkonstellationen zu differenzieren: Zum einen soll geprüft werden, ob der direkte Ersatzanspruch des Schadens-VR aus übergegangenem Recht gegen den privilegierten Personenkreis von der Regressbeschränkung des § 86 Abs. 3 VVG erfasst wird. Davon zu unterscheiden ist der Fall, bei dem es sich um das Schicksal des Ausgleichsanspruchs des privilegierten Mieters gegen den in § 86 Abs. 3 VVG geschützten Personenkreis im Kontext der Gesamtschuldnerschaft handelt.

Für die erste Fallgruppe kann folgendes Beispiel angeführt werden: Eine Person, die mit dem Mieter in häuslicher Gemeinschaft lebt, verursacht leicht fahrlässig einen Schaden an der Mietwohnung. Der Vermieter wird von seinem Schadens-VR entschädigt. Da der Mieter im Zusammenhang mit der versicherungsrechtlichen Lösung durch den konkludenten Regressverzicht vom Schadens-VR nicht in Anspruch genommen werden darf, bleibt diesem nur der direkte Ersatzanspruch gegen die schadensverursachende Person. Ob auch der Regress gegen die mit dem Mieter in häuslicher Gemeinschaft lebenden Personen ausgeschlossen werden muss, ist bis heute nicht geklärt. Dies bejahen manche Autoren[127] durch eine analoge Anwendung des § 86 Abs. 3 VVG auch für den Fall des Mieterregresses.

---

des Mieters die Gesamtschuldnerschaft aufheben, so dass der Gebäude-VR zusätzlich mit dem Risiko der Durchsetzbarkeit des auf ihn übergegangenen Ersatzanspruchs gegen die Gesamtschuldner belastet würde. Denn dann müsste die Anzahl der Anspruchsgegner um einen gekürzt werden.

127 *Sexauer*, VuR 2005, 473 (474); *Armbrüster*, PVR, Rdn. 1286; *Staudinger/Kassing*, VersR 2007, 10 (12 f.); *Schneider*, in: Staudinger/Halm/Wendt, FA-Kommentar, § 86 VVG, Rdn. 48; *J. Prölss/D. Klimke*, in: Prölss/Martin, § 43 VVG, Rdn. 27; *Looschelders*, JR

Der § 86 Abs. 3 VVG kann aber auf die hier betrachtete Konstellation weder direkt noch analog angewandt werden. Der Regress des Schadens-VR gegen die im § 86 Abs. 3 VVG genannten Personen bleibt somit erhalten. Eine direkte Anwendung des Angehörigenprivilegs scheidet aus folgendem Grund aus: Die Vorschrift spricht vom übergegangenen Ersatzanspruch des VN gegen die Angehörigen seiner häuslichen Gemeinschaft. Selbst wenn der Mieter im Rahmen der versicherungsrechtlichen Lösung als VN angesehen würde, wäre § 86 Abs. 3 VVG unanwendbar, weil nicht der Ersatzanspruch des Mieters gegen seine Angehörigen übergegangen ist, sondern nur der Ersatzanspruch des Vermieters gegen die Letzteren. Weiter scheidet in Bezug auf den Mieter selbst § 86 Abs. 1 VVG aus, denn er hat keinen Ersatzanspruch, der übergehen könnte. Somit ist im vorliegenden Fall auch § 86 Abs. 3 VVG irrelevant.

Eine Analogie kann hier ebenfalls ausgeschlossen werden, denn die Rechtslage hinsichtlich des Mieterregresses ist mit derjenigen des § 86 Abs. 3 VVG nicht vergleichbar. Normzweck des § 86 Abs. 3 VVG ist einerseits die Vermeidung einer mittelbaren Belastung des VN, denn ohne das Angehörigenprivileg könnte auch sein Schutz in Mitleidenschaft gezogen werden.[128] In Bezug auf den Mieter kann allerdings von einer mittelbaren Belastung nicht die Rede sein, denn er ist in der Gebäudeversicherung nicht mitversichert und verfügt gegen den Gebäude-VR über keinerlei eigenen materiellen Anspruch. Anders ausgedrückt genießt er keinen Versicherungsschutz, der durch eine Regressnahme seiner Angehörigen in Mitleidenschaft gezogen werden könnte.[129] Andererseits soll durch § 86 Abs. 3 VVG der Gemeinschaftsfrieden erhalten bleiben, der gestört werden würde, wenn die Streitigkeiten über die Schadenszufügung innerhalb der bestehenden häuslichen Gemeinschaft ausgetragen werden müssten.[130] Eine Störung des Gemeinschaftsfriedens in Bezug auf den Mieter kann es aber in der vorliegenden Konstellation nicht geben, denn die Streitigkeit über die Schädigung

---

2007, 424 (426); *v. Koppenfels-Spies*, in: Looschelders/Pohlmann, § 86 VVG, Rdn. 86; *Piepenbrock*, VersR 2008, 319 (321).

128 *J.Prölss*, in: Prölss/Martin, § 86 VVG, Rdn. 47; *Armbrüster*, NJW 2009, 187 (191).

129 Auch wenn das Haftpflichtrisiko des Mieters durch den konkludenten Regressverzicht geschützt wird, ist die Rechtslage im Falle des Mieterregresses mit der des § 86 Abs. 3 VVG nicht vergleichbar. Denn wenn der Vermieter Schadensersatz direkt vom Angehörigen des Mieters verlangt, dann hätte der Mieter gegen den GebäudeVR keinen Freistellungsanspruch, so dass auch § 86 Abs. 3 VVG in diesem Fall irrelevant wäre.

130 *Möller/Segger*, in: Langheid/Wandt, § 86 VVG, Rdn. 176; *Oehlmann/Stille*, FPR 2003, 457; *Bayer*, VersR 1989, 1123; *Rischar*, VersR 1998, 27 (28).

findet nicht zwischen dem Mieter und den mit ihm in häuslicher Gemeinschaft lebenden Personen statt, sondern zwischen diesen Personen und dem Vermieter.

Es handelt sich also bei § 86 Abs. 3 VVG und dem Mieterregress um zwei dogmatisch unterscheidbare Rechtslagen, für die sich eine Analogie verbietet. Dies zeigt sich ferner darin, dass sich die Vertreter der analogen Anwendung des § 86 Abs. 3 VVG gezwungen sehen, die Regelung insoweit teleologisch zu reduzieren, als der in den Regressverzicht einbezogene Personenkreis ab grober Fahrlässigkeit in Regress genommen werden darf anstatt ab Vorsatz.[131] Andernfalls würden die Personen, die mit dem Mieter in häuslicher Gemeinschaft leben, besser gestellt als der Mieter selbst.[132] Eben diese teleologische Reduktion zeigt aber, dass die Rechtslage nicht vergleichbar ist, denn eine teleologische Reduktion ist das genaue Gegenteil einer Analogie. Sie ist vielmehr dem Bemühen geschuldet, die unterscheidbare Rechtslage dem Anwendungsbereich der jeweiligen Norm anzupassen.

Da also eine Ausweitung des Regressverzichts auf die mit dem Mieter in häuslicher Gemeinschaft lebenden Personen weder durch direkte noch durch analoge Anwendung des § 86 Abs. 3 VVG zu begründen ist, stellt sich die Frage, ob eine solche Ausdehnung mittels einer konkludenten Vereinbarung im VV zu bejahen wäre. Ein im Voraus im VV vereinbarter Regressverzicht zu Gunsten aller in Zukunft mit dem Mieter in häuslicher Gemeinschaft lebenden Personen erweist sich aber aus Sicht des rückgriffberechtigten Schadens-VR als unwahrscheinlich. Das subjektive Risiko wäre für den VR unüberschaubar, denn der geschützte Personenkreis wurde in § 86 Abs. 3 VVG gegenüber der Vorgängerregelung erheblich ausgeweitet.[133] Im Rahmen der versicherungsrechtlichen Lösung erscheint es also konsequent, die Reichweite des konkludenten Regressverzichts auf die Person des Mieters zu beschränken.[134]

---

131 *Sexauer*, VuR 2005, 473 (474); *Staudinger/Kassing*, VersR 2007, 10 (12 f.).

132 Während der Mieter nach der versicherungsrechtlichen Lösung ab der Schwelle der groben Fahrlässigkeit in Regress genommen werden darf, sieht die Regelung des § 86 Abs. 3 VVG vor, dass der geschützte Personenkreis nur für vorsätzliches Handeln einzustehen hat.

133 Das Familienprivileg, das in § 67 Abs. 2 VG a. F. statuiert worden war, wurde in der Nachfolgeregelung (§ 86 Abs. 3 VVG) gestrichen. Somit sind zusätzlich alle Personen in den Schutzbereich der Regelung einbezogen, die mit dem Mieter bei Eintritt des Schadens in häuslicher Gemeinschaft leben.

134 Nur wenn sich der konkludente Regressverzicht auf den engen Familienkreis des Mieters beschränken würde, wäre das dem Schadens-VR noch zuzumuten.

b) *Anwendbarkeit des § 86 Abs. 3 VVG auf den Ausgleichsanspruch des privilegierten Mieters gegen seine Angehörigen im Rahmen der Gesamtschuldnerschaft*

Für die hier betrachtete Problematik soll das Ausgangsbeispiel geändert werden. Während dort der Schaden an der Mietwohnung von der schuldhaften Handlung nur des Angehörigen des Mieters verursacht wurde, soll hier angenommen werden, dass sowohl der Mieter selbst als auch einer seiner Angehörigen an der Schadenszufügung anteilig als Gesamtschuldner beteiligt sind, und zwar durch leichte Fahrlässigkeit.

Gegen den leicht fahrlässigen Mieter darf hierbei wegen des konkludenten Regressverzichts nicht regressiert werden. Deswegen wird zugleich das Haftpflichtrisiko des Mieters geschützt. Ab diesem Zeitpunkt wird er so gestellt, als wäre er versichert. Da das Haftpflichtrisiko des Mieters als geschützt betrachtet werden muss, könnte behauptet werden, dass durch die Leistung des Gebäude-VR auch der Übergang des Ausgleichsanspruchs des Mieters gegen seinen Angehörigen auf den Schadens-VR aktiviert werde. Würde man dieser Auffassung folgen, müsste der Regress des Schadens-VR gegen den Angehörigen des Mieters an § 86 Abs. 3 VVG scheitern.

Auch diese Auffassung ist abzulehnen. Der § 86 Abs. 3 VVG kann auf den Ausgleichsanspruch des Mieters gegen den Mitschädiger/Angehörigen nicht angewandt werden. Die Anwendung des § 86 Abs. 3 VVG setzt voraus, dass auch Abs. 1 der Vorschrift im konkreten Fall anwendbar ist. Das heißt, es muss zunächst eine Leistung des VR an den VN stattgefunden haben, die erst dann den Übergang des Ersatzanspruchs auf den Schadens-VR aktivieren kann. In der vorliegenden Konstellation hat aber der Gebäude-VR den Vermieter entschädigt, nicht um den „Freistellungsanspruch" des Mieters zu decken (einen solchen Anspruch hat der Mieter ohnehin nicht), sondern um den Deckungsanspruch des Vermieters/VN aus der Gebäudeversicherung zu befriedigen.

Mit anderen Worten das Haftpflichtrisiko des Mieters wird nicht durch die Leistung des Schadens-VR an den Vermieter geschützt, sondern erst auf Grund des dann angenommenen Regressverzichts als geschützt angesehen. Dies führt zwangsläufig dazu, dass auf den Schadens-VR nicht der Ausgleichsanspruch des Mieters gegen seinen Angehörigen übergegangen ist, sondern der Ersatzanspruch des Vermieters/VN gegen die Mitschädiger, denn der Gebäude-VR hat nur „soweit" geleistet.

5. *Zusammenfassung der unmittelbaren Konsequenzen der versicherungsrechtlichen Lösung*

Die Konsequenzen der vier Urteile[135] vom 13.9.2006 auf den Mieterregress lassen sich wie folgt zusammenfassen:

1. Eine Regressnahme des Mieters ist nur bei Vorsatz oder grober Fahrlässigkeit möglich.
2. Der Regressverzicht führt nicht zu einer Mitversicherung des Sachersatzinteresses des Mieters in der Gebäudeversicherung.
3. Für die Inanspruchnahme des schädigenden Mieters im Stadium der Herbeiführung des Schadens sind die bürgerlich-rechtlichen Zurechnungsmaßstäbe ausschlaggebend. Erst wenn feststeht, dass zu Gunsten des Mieters ein Regressverzicht zu bejahen ist, wird jedes weitere Verhalten Dritter dem Mieter nur dann zugerechnet, wenn der Dritte sein Repräsentant ist.
4. Der konkludente Regressverzicht gilt nur zu Gunsten des leicht fahrlässigen Mieters. Für Personen, die beim Eintritt des Schadens mit dem Mieter in häuslicher Gemeinschaft leben, gilt der Regressverzicht nicht, es sei denn, bei diesen Personen handelt es sich um enge Familienangehörige.
5. Der Regressverzicht gilt auch für den Fall, dass der Mieter haftpflichtversichert ist (Ablehnung der Subsidiaritätslösung).
6. In diesem Fall findet ein Ausgleich zwischen Sach- und Haftpflicht-VR nach § 78 Abs. 2 VVG analog statt.

IV. Der Ausgleichsanspruch des Sach- gegen den Haftpflicht-VR

1. *Analoge Anwendung der Regelungen über die Mehrfachversicherung (§ 78 VVG, § 59 VVG a.F.)*

Mit seiner Grundsatzentscheidung[136] vom 13.9.2006 hat sich der BGH für einen Ausgleich zwischen Gebäude- und Haftpflicht-VR durch analoge Anwendung des § 59 VVG a. F. ausgesprochen.[137] Ein unmittelbarer Bezug auf § 59 VVG

---

135 Siehe oben Fn. 97.

136 BGH, VersR 2006, 1536.

137 Gegen die Anwendung der Regelungen über die Doppelversicherung stellen sich: OLG Koblenz, VersR 2006, 542; *Neugebauer*, VersR 2006, 1339. Eine vom OLG Dresden (VersR 2003, 1391) vorgeschlagene Lösung, wonach der Mieter seinen Freistellungsanspruch gegenüber seinem Haftpflicht-VR dem Gebäude-VR abtreten lassen sollte, wurde im Schrifttum [*Looschelders*, JR 2007, 424 (425); *J.Prölss*, ZMR 2004, 389 (392)] zu Recht abgelehnt. Die Abtretung des Freistellungsanspruchs des

scheidet aus, weil die Sachversicherung des Geschädigten und die Haftpflichtversicherung des Schädigers nicht dasselbe Interesse abdecken, so dass keine Doppelversicherung i. S. d. Vorschrift besteht.[138] Eine analoge Anwendung von § 59 Abs. 2S. 1 VVG a. F. sei aber gerechtfertigt, weil die hier betrachtete Interessenlage mit der einer Doppelversicherung strukturell vergleichbar sei.[139] Die strukturelle Vergleichbarkeit zeige sich darin, dass der Gebäude-VR auf Grund der Regressbeschränkung im Ergebnis zugleich wie ein Haftpflicht-VR des Mieters funktioniere.[140] Der BGH hat schließlich in seiner Entscheidung betont, dass die Ausgleichsansprüche der VR als selbstständige Ansprüche im Zeitpunkt des Eintritts des VF entstehen, so dass sie durch Obliegenheitsverletzungen der VN nach Eintritt des VF nicht beeinträchtigt werden können.[141]

Wie schon erwähnt, hat das Urteil des BGH vom 13.9.2006 eine im Vergleich zur früheren höchstrichterlichen Rechtsprechung begrüßenswerte Rechtssicherheit im Bereich des Mieterregresses geschaffen. Trotzdem bleiben viele Fragen strittig. Die nachfolgenden Abschnitte beschäftigen sich mit den Streitfragen, die die grundlegende Entscheidung des BGH hervorgebracht hat.

2. *Die Berechnung des Ausgleichsanspruchs nach § 59 Abs. 2 VVG a. F. analog*

Wie die Berechnung des Ausgleichsanspruchs der VR im Einzelfall durchzuführen sei, wurde im BGH-Urteil vom 13.9.2006 nicht konkretisiert. Stattdessen hat der Senat mit einem knappen Hinweis eine vage Orientierung über die Einzelheiten gegeben, die bei der Berechnung zu berücksichtigen sind. Die Formulierung des BGH hat dabei für Verwirrung gesorgt. Er führt aus, dass der Ausgleich nach dem Verhältnis der jeweiligen Leistungspflicht zu erfolgen habe. Das gelte jedoch nur, soweit die Ersatzverpflichtungen deckungsgleich seien. In

---

Mieters wäre nämlich für den Gebäude-VR mit dem Nachteil verbunden, dass er sich etwaige nachträgliche Obliegenheitsverletzungen des Mieters gegenüber dem Haftpflicht-VR entgegenhalten lassen müsste. Dieser Nachteil besteht aber im Rahmen des § 59 VVG a. F. nicht, denn der Ausgleichsanspruch des Gebäude-VR folgt bereits auf den Zeitpunkt des Eintritts des VF.

138 BGH, VersR 2006, 1536 (1539); *Breideneichen*, VersR 2005, 501 (502 f.); *Bayer*, Haftung, Versicherung und Regress, in: Kontinuität und Wandel des Versicherungsrechts, FS für Egon Lorenz, S. 144 f.

139 BGH, VersR 2006, 1536 (1539); kritisch *Hager*, JA 2007, 60 (62 ff.).

140 BGH, VersR 2006, 1536 (1539); vgl. auch im Ergebnis *Armbrüster*, VersR 1994, 893 (895).

141 BGH, VersR 2006, 1536 (1539).

den Ausgleich könnten deshalb nur der Zeitwert und die Positionen eingesetzt werden, die der Haftpflicht-VR auch zu ersetzen habe.[142]

In einem Versuch, die Intention des BGH zu interpretieren, haben sich in der Literatur und Rechtsprechung zwei unterschiedliche Berechnungsmethoden herausgebildet, die miteinander konkurrieren: 1. die „relative Berechnungsmethode“[143] und 2. die Aufteilung des Ausgleichsanspruchs nach Maßgabe der deckungsgleichen Ersatzverpflichtungen[144].

a) Die relative Berechnungsmethode

Basierend auf dem Wortlaut des § 59 Abs. 2 VVG a. F. haben einzelne Gerichte[145] und diverse Autoren[146] aus der soeben dargelegten Formulierung des Senats die sog. relative Berechnungsmethode herausgelesen. Nach § 59 Abs. 2S. 1 VVG a. F. „sind die VR im Verhältnis zueinander zu Anteilen nach Maßgabe der Beträge verpflichtet, deren Zahlung ihnen dem VN gegenüber vertragsmäßig obliegt“. Wenn also einer der VR zur Zahlung der Neuwertspitze verpflichtet ist und dem anderen VR die Entschädigung nur des Zeitwertschadens obliegt, müsse bei der Berechnung des Ausgleichsanspruchs auch der Neuwertschaden berücksichtigt werden.[147] Dies folge aus der Vorschrift selbst, die die „relative“ Verteilung vorsehe und somit vom Grundsatz der hälftigen Haftungsaufteilung des § 426 BGB abweiche.[148] Wenn der BGH für den Fall des Mieterregresses von einer analogen Anwendung des § 59 Abs. 2S. 1 VVG a. F. ausgehe, müsse auch das System der relativen Verteilung der Vorschrift herangezogen werden.[149]

Nach der relativen Berechnungsmethode müssen demzufolge die jeweiligen Leistungsverpflichtungen der VR addiert und ihr prozentualer Anteil ermittelt

142 BGHZ 169, 86 (96 ff.) = VersR 2006, 1538 = NJW 2006, 3707; BGH, VersR 2008, 1108.

143 LG Kassel, VersR 2007, 986 (987); LG Karlsruhe, r + s 2007, 380 f.; *Günther*, VersR 2006, 1539 (1542); *ders.*, VersR 2007, 1652; *Piepenbrock*, VersR 2008, 319 (322) und Fn. 32; *Wolter*, VersR 2007, 987 ff.; *Wälder*, r + s 2007, 381 f.

144 OLG Karlsruhe, r + s 2008, 108 (110); OLG Koblenz, r + s 2007, 376 f.; OLG Köln, r + s 2007, 377 f.; *Günther*, VersR 2004, 595 (598); *Neugebauer*, VersR 2007, 623 f.; *Grommelt*, r + s 2007, 230 (231); *Schwickert*, VersR 2007, 773 ff.; *Hormuth*, in: Beckmann/Matusche-Beckmann, § 22, Rdn. 107.

145 Siehe oben Fn. 143.

146 Siehe oben Fn. 143.

147 Vgl. *Günther*, VersR 2006, 1539 (1542); *Kohleick*, Doppelversicherung, S. 49 ff.; *Wälder*, r + s 2007, 381 (382).

148 LG Karlsruhe, r + s 2007, 381.

149 LG Kassel, r + s 2007, 379.

werden. Wenn einer der VR eine Neuwertentschädigung schuldet, ist diese in die Kalkulation mit einzubeziehen. Die so berechneten prozentualen Anteile stellen zugleich den Leistungsteil jedes VR am Gesamtschaden dar, wobei als Gesamtschaden beim Vorliegen einer Neuwertversicherung der höhere Betrag (Neuwertentschädigung) anzusehen ist.[150] Dies soll folgendes Beispiel illustrieren: Die Neuwertentschädigung des Gebäude-VR beträgt 80.000 € und die Zeitwertentschädigung des Haftpflicht-VR 50.000 €. Die Addition der Leistungsverpflichtungen ergibt: 80000 + 50000 = 130000. Prozentualer Anteil des Gebäude-VR am Gesamtschaden: 80000 = 61,5 % von 130000, das heißt der Gebäude-VR schuldet nach der relativen Berechnungsmethode 61,5 Prozent von 80.000 €, also 49.230 €. Der Leistungsteil des Haftpflicht-VR beträgt dann: 80000 – 49230 = 30770. Wenn der Gebäude-VR seine Neuwertentschädigung von 80.000 € erbracht hat, hat er daher gegen den Haftpflicht-VR einen Ausgleichsanspruch von 30.770 €.

Die Vertreter der relativen Berechnungsmethode führen aus, dass diese Berechnungsweise auch den Vorgaben des BGH entspreche.[151] Wie oben[152] dargelegt, hat der Senat in seiner knappen Formulierung ausgeführt, dass der Ausgleich zwischen den VR nur soweit stattfinde, wie die Ersatzverpflichtungen deckungsgleich seien. Das Gleiche geschehe aber auch bei der relativen Berechnungsmethode, denn die Beteiligung des HaftpflichtVR am Gesamtschaden gehe im Ergebnis nicht über den deckungsgleichen Zeitwertschaden hinaus.[153] Im obigen Beispiel beträgt der deckungsgleiche Zeitwertschaden 50.000 €, und der Haftpflicht-VR ist daran mit bis zu 30.770 € beteiligt.

Die Konsequenz der relativen Berechnungsmethode ist die Beteiligung des Haftpflicht-VR an der Neuwertentschädigung des Gebäude-VR. Denn wenn der Betrag des Neuwertschadens in die Gesamtwürdigung einbezogen wird, erhöht sich dadurch auch die Beteiligung des Haftpflicht-VR am Gesamtschaden[154], m.a.W. der Haftpflicht-VR hat mehr zu tragen als die Hälfte des gemeinsam zu deckenden Betrags (30770 > 50000 * 0,5), obwohl sein Prozentanteil am Gesamtschaden geringer ist.

---

150 Vgl. LG Kassel, r + s 2007, 379; *Günther*, VersR 2006, 1539 (1542).

151 LG Kassel, r + s 2007, 379; LG Karlsruhe, r + s 2007, 381.

152 Siehe oben Kapitel 3: B.IV.2.

153 LG Kassel, r + s 2007, 379.

154 Vgl. OLG Koblenz, r + s 2007, 377; OLG Köln, r + s 2007, 378.

b) *Ausgleichsanspruch nach Maßgabe der deckungsgleichen Ersatzverpflichtungen der VR*

Im Gegensatz zur relativen Berechnungsweise berücksichtigt die zweite Methode nur die deckungsgleichen Ersatzverpflichtungen der VR.[155] Beim Zusammentreffen einer Neu- und einer Zeitwertentschädigung ist folglich nur der Zeitwert bei der Kalkulation des Ausgleichsanspruchs zu berücksichtigen, denn nur soweit sind die Ersatzverpflichtungen deckungsgleich.[156] Im obigen Beispiel muss sich also der Ausgleich auf den Zeitwertschaden beschränken (50.000 €). Wenn die Leistungspflicht der VR bezüglich des deckungsgleichen Zeitwertschadens gleich hoch ist, ergibt sich ein Ausgleichsanspruch von 50 Prozent. Das heißt, der Gebäude-VR hat nach der vorliegenden Überlegung einen Ausgleichsanspruch von 25.000 € gegen den Haftpflicht-VR statt der 30.770 € nach der relativen Berechnungsmethode.

Streitpunkt zwischen den beiden Ansätzen ist offensichtlich, welche Schadenspositionen in die Berechnung eingestellt werden dürfen. Während die relative Berechnungsmethode strikt am Wortlaut des § 59 Abs. 2S. 1 VVG a. F. anknüpft, berücksichtigt die zweite mehr die vorhandene Interessenlage, indem sie den Haftpflicht-VR an dem von ihm nicht gedeckten Neuwertschaden des Gebäude-VR prozentual nicht beteiligt sein lässt.

c) *Gesamtwürdigung*

Eine Verteilung des Ausgleichsanspruchs zwischen den VR nach Maßgabe der deckungsgleichen Ersatzverpflichtungen ist vorzuziehen. Diese Herangehensweise entspricht sowohl den Vorgaben des BGH als auch der vorhandenen Interessenlage beim Mieterregress am besten.[157] Die Tatsache, dass der Haftpflicht-VR nach der relativen Berechnungsmethode im Ergebnis nicht mehr als den deckungsgleichen Zeitwertschaden trägt, kann noch nicht zur Rechtfertigung dieses Verfahrens führen. Bei beiden Berechnungsweisen trägt der Haftpflicht-VR nicht mehr als den Zeitwertschaden. Die entscheidende Frage ist vielmehr, ob der Haftpflicht-VR prozentual an der Neuwertentschädigung des Gebäude-VR beteiligt werden darf, so dass er in summa mehr als die Hälfte des deckungsgleichen Zeitwertschadens übernimmt. Sowohl die Vorgaben des BGH

155 OLG Karlsruhe, r + s 2008, 108 (110); *Grommelt*, r + s 2007, 230 (231); *Neugebauer*, VersR 2007, 623; *Schwickert*, VersR 2007, 773 ff.

156 OLG Karlsruhe, r + s 2008, 108 (110); OLG Koblenz, r + s 2007, 377; *Grommelt*, r + s 2007, 230 (231); *Neugebauer*, VersR 2007, 623 f.

157 OLG Koblenz, r + s 2007, 377; vgl. *Neugebauer*, VersR 2007, 623.

als auch die Interessenlage sprechen für eine Beschränkung des Ausgleichs auf den deckungsgleichen Bereich der Versicherungen. Seine tatsächliche Intention hat der BGH inzwischen auch im Urteil[158] vom 18.6.2008 bekräftigt.

Es ist nicht zu leugnen, dass im Rahmen des § 59 Abs. 2S. 1 VVG a. F. ein Ausgleich nach Maßgabe der vertragsmäßigen Leistungspflichten stattzufinden hat. Dies entspricht der soeben dargelegten relativen Berechnungsmethode.[159] Nun ist die Interessenlage in der vorliegenden Situation des Mieterregresses aber eine andere als die, wenn für gewöhnlich Neu- und Zeitwertversicherung im Rahmen der Doppelversicherung zusammentreffen. Bei der Prüfung, ob eine Doppelversicherung vorliegt, muss zunächst festgestellt werden, welches Interesse im konkreten Fall versichert ist. Denn eine Doppelversicherung liegt nur dann vor, wenn das gleiche Interesse doppelt versichert ist. Das bedeutet, dass sie nur bei einer Deckungsgleichheit der versicherten Interessen zustande kommen kann.[160]

Die Interessenlage beim Mieterregress sieht wie folgt aus: Bei der Ermittlung des versicherten Interesses in der vorliegenden Konstellation ist nur auf die Person des Mieters abzustellen.[161] Der Ausgleichsanspruch nach § 59 Abs. 2 VVG a. F. beruht stets auf der Präsenz einer Doppelversicherung in Bezug auf das gleiche versicherte Interesse. Hier ist es lediglich das Haftpflichtrisiko des Mieters, das mehrfach versichert ist. Der Gebäude-VR hat einen Ausgleichsanspruch gegen den Haftpflicht-VR des Mieters, weil er durch seinen Regressverzicht gegenüber dem Mieter eine „Leistung“ erbringt, die im Grunde dessen Haftpflichtrisiko abdeckt, das heißt, eine Doppelversicherung entsteht nur in der Person des Mieters und nur hinsichtlich seines Haftpflichtrisikos. Dieses ist doppelt geschützt, einmal durch den konkludenten Regressverzicht des Gebäude-VR und zusätzlich durch die eigene Haftpflichtversicherung. Ein Ausgleich zwischen den VR kann daher ausschließlich bezüglich des versicherten Haftpflichtrisikos des Mieters stattfinden, denn nur insoweit besteht eine Doppelversicherung. In die Vergleichsberechnung kann demzufolge allein der Zeitwertschaden eingestellt werden, da lediglich diese Schadensposition zweimal versichert ist. Was der Gebäude-VR darüber hinaus (Neuwertschaden) an seinen VN (den Vermieter) geleistet hat, spielt bei der Berechnung des Ausgleichsanspruchs in der vorliegenden Konstellation keine Rolle, denn in der Person des Vermieters ist keine Doppelversicherung entstanden.[162] Wenn also die Vertreter der relativen Berechnungsmethode

158 BGH, VersR 2008, 1108.

159 Vgl. *Wälder*, r + s 2007, 381 (382) mit den dort angeführten Nachweisen.

160 Statt aller *Halbach*, in: Langheid/Wandt, § 78 VVG, Rdn. 7.

161 BGH, VersR 2008, 1108 f.; *Grommelt*, r + s 2007, 230 (231).

162 BGH, VersR 2008, 1108 f.

den Neuwertschaden in den Ausgleichsanspruch einbeziehen, verkennen sie, dass diese Schadensposition außerhalb des durch die vorhandene Doppelversicherung gedeckten wirtschaftlichen Interesses liegt. Eine über den deckungsgleichen Zeitwertschaden hinausgehende Schadensposition muss bei der Berechnung des Ausgleichsanspruchs bei der vorliegenden Interessenlage außer Acht bleiben.

Gegen die Berücksichtigung des Neuwertschadens bei der exemplarischen Berechnung des Ausgleichsanspruchs spricht schließlich, dass es auf den Zeitpunkt des Eintritts des VF ankommt.[163] In diesem Zeitpunkt ist zumeist noch unklar, ob der Gebäude-VR dem VN gegenüber die Neuwertspitze überhaupt zu leisten hat. Die Voraussetzungen für die Erbringung der Neuwertspitze können zum Teil erst nach mehreren Jahren geschaffen werden. Wenn aber die Voraussetzungen für den Ausgleichsanspruch bereits im Zeitpunkt des Eintritts des VF festgelegt sein müssen, spricht vieles dafür, den Neuwertschaden bei der Berechnung des Ausgleichsanspruchs außer Acht zu lassen.[164]

3. *Der Einfluss des Regressverzichtsabkommens (RVA) auf den Ausgleichsanspruch nach § 59 Abs. 2S. 1 VVG a. F. analog*

Nach dem Urteil des BGH vom 13.9.2006 war streitig, ob der Haftpflicht-VR dem Feuer-VR das RVA[165] im Rahmen des Ausgleichsanspruchs nach § 59 Abs. 2 VVG a. F. entgegenhalten dürfe.

Die hier zu behandelnde Problematik kann durch folgendes Beispiel verdeutlicht werden. Der Mieter, der selbst eine Hausratversicherung besitzt, verursacht durch leichte Fahrlässigkeit einen Brand in seiner gemieteten Wohnung. Beschädigt sind sowohl der Hausrat des Mieters als auch das Gebäude des Vermieters, das gegen Feuer versichert ist. Beide VN erhalten von ihren Versicherungen eine Entschädigung für den an ihren Sachen entstandenen Schaden. Würde der Gebäude-VR des Vermieters den Mieter nach § 86 VVG in Regress nehmen, müsste der Mieter zur Befriedigung des Feuer-VR die von seiner Hausratversicherung erhaltene Entschädigung wieder auskehren. Diese unbefriedigende Konstellation, die existenzbedrohende Folgen für den leicht fahrlässig handelnden Schädiger haben kann, hat zum Inkrafttreten des RVA der Feuer-VR geführt. Danach verzichten die Feuer-VR auf das Geltendmachen von Regressansprüchen, die auf sie nach § 86 VVG übergegangen sind. Geschützt werden sollen die selbst

163 OLG Karlsruhe, r + s 2008, 108 (110).

164 OLG Karlsruhe, r + s 2008, 108 (110).

165 Der aktuelle Text des RVA kann unter http://www.gdv.de abgerufen werden.

feuerversicherten, leicht fahrlässig handelnden Verursacher eines Brandschadens, der von ihren eigenen auf fremde Sachen übergegriffen hat.[166]

Welchen Einfluss das RVA auf den Ausgleichsanspruch nach § 59 VVG a. F. analog hat, war, wie soeben dargelegt, strittig. Fraglich erschien insbesondere, ob der Haftpflicht-VR durch das Eingreifen des RVA nicht mehr eintrittspflichtig wäre, so dass keine Doppelversicherung mehr bestünde, durch die § 59 Abs. 2S. 1 VVG a. F. eingreifen könnte. Vor allem haben die im RVA und in den Privathaftpflichtversicherungen vorhandenen Subsidiaritätsklauseln das Verhältnis des RVA zu § 59 VVG a. F. verschwimmen lassen.

Der Regressverzicht ist im Rahmen des RVA nach oben und unten summenmäßig begrenzt. Die Feuer-VR verzichten grundsätzlich auf einen Regress gegen den Schädiger bei einem Schaden von 150.001 € bis 600.000 € (Ziffer 6a RVA). Bieten aber die Haftpflicht-VR nach Ziffer 7.6 bis 7.7 AHB 2014 (unverbindliche Musterbedingungen des GDV) keine Deckung für Mietsachschäden, weitet sich der Regressverzicht bis zu 150.000 € aus (Ziffer 6b RVA). Das heißt unter Berücksichtigung des RVA soll der Regressverzicht für Schäden bis zu 150.000 € gegenüber einer Haftpflichtversicherung subsidiär sein.

Auf der anderen Seite beinhalten die gängigen AHB einen Ausschluss von Mietsachschäden. Doch mittels besonderer Bedingungen können Wohnraummietsachschäden wiederum eingeschlossen werden. In diesem Fall werden von der Haftpflichtdeckung allerdings solche Schäden unberücksichtigt gelassen, die einen „Rückgriffsanspruch" hervorrufen, der im Schutzbereich des RVA liegt. Das bedeutet, dass die Haftpflicht-VR dem Mieter nur eine gegenüber dem RVA subsidiäre Deckung bieten wollen. Der Mieter soll m. a. W. eine Haftpflichtdeckung nur erhalten, wenn er durch das RVA nicht geschützt ist.

Damit entstand eine Konkurrenz zwischen den beiden Subsidiaritätsabreden, was zu der Problemstellung führte, welchen Einfluss das RVA auf den Ausgleichsanspruch des Gebäude-VR gegen den Haftpflicht-VR unter Zugrundelegung der Subsidiaritätsabreden hat. Diese Frage wurde in Rechtsprechung[167] und Literatur[168] unterschiedlich beantwortet.

---

166 Zur Funktion des Regressverzichtsabkommens der Feuer-VR siehe unten Kapitel 5.

167 Einen Einfluss des RVA auf den Ausgleichsanspruch zwischen den VR hat bejaht: OLG Koblenz, VersR 2009, 676, f.; ablehnend: OLG Bamberg, r + s 2007, 457; LG Coburg, r + s 2007, 421; LG Wiesbaden, VersR 2008, 1064.

168 Bejahend: *Siegel*, r + s 2007, 498 (499).; *ders.*, VersR 2009, 678 (679).; *Schwickert*, VersR 2007, 773 f.; *Möller/Segger*, in: Langheid/Wandt, § 86 VVG, Rdn. 246; ablehnend: *Günther*, Regreß, S. 195; *ders.*, VersR 2006, 1539 (1542); *Grommelt*, r + s 2007, 230 ff.; *Hormuth*, in: Beckmann/Matusche-Beckmann, § 22, Rdn. 114.

Das OLG Koblenz[169] hat ausgeführt, dass der Ausgleichsanspruch nach § 59 VVG a. F. bei einem Zusammentreffen des RVA mit einer Haftpflichtversicherung entfalle. Voraussetzung des § 59 Abs. 2S. 1 VVG a. F. sei das Vorliegen einer Doppelversicherung in Bezug auf das versicherte Interesse. Dies setze zwangsläufig voraus, dass beide VR eintrittspflichtig sein müssen. Habe aber der Haftpflicht-VR im Vertrag mit seinem VN die Einstandspflicht für bestimmte Risiken ausgeschlossen, hafte er für diese auch dann nicht, wenn er im Rahmen des § 59 VVG a. F. in Anspruch genommen werde.[170] Dies gelte auch für die vom RVA erfassten „Rückgriffsansprüche". Bei den konkurrierenden Subsidiaritätsklauseln hat also das OLG Koblenz dem Haftungsausschluss der Haftpflicht-VR für Mietsachschäden offensichtlich den Vorrang eingeräumt.

Die Gegenauffassung vertreten *Günther*[171] und *Grommelt*[172] jeweils mit eigener Argumentation. Nach *Günther* kann das RVA keinen Einfluss auf den Ausgleichsanspruch nach § 59 VVG ausüben. Da es in der Präambel vorsieht, unter bestimmten Voraussetzungen keinen Regress zu nehmen und ein Ausgleichsanspruch nach § 59 Abs. 2 VVG a. F. kein Regress sei, finde das RVA auf § 59 VVG a. F. keine Anwendung.[173] Auch *Grommelt* misst ihm keine Bedeutung für den Ausgleichsanspruch bei. Da dieser nach der Formulierung des BGH[174] bereits mit Eintritt des VF dem Grunde nach entstehe, könne das RVA den Ausgleich nicht beeinflussen.[175] Im Zeitpunkt des Eintritts des VF seien die tatbestandlichen Voraussetzungen des RVA noch nicht erfüllt, so dass in diesem Zeitpunkt in der Haftpflichtversicherung Deckungsschutz bestehe.[176]

Die soeben dargelegten Auffassungen sind nach eigener Meinung aber noch nicht in der Lage, dem RVA eine Bedeutung für den Ausgleichsanspruch zwischen den VR abzusprechen. Entgegen der Annahme *Günthers* ist die entscheidende Frage in der vorliegenden Konstellation nicht, auf welche Ansprüche das RVA Anwendung finden kann, sondern vielmehr, ob es überhaupt andere Ansprüche tangiert.[177] Dazu gehört aber auch § 59 Abs. 2 VVG a. F. *Grommelt*

---

169 Urteil vom 5.12.2008 (10 U 1604/07), VersR 2009, 676.

170 OLG Koblenz, VersR 2009, 676 f.

171 *Günther*, Regreß, S. 195; *ders.*, VersR 2006, 1539 (1542).

172 *Grommelt*, r + s 2007, 230 (231 f.).

173 *Günther*, Regreß, S. 195; *ders.*, VersR 2006, 1539 (1542).

174 BGH, VersR 2006, 1536 (1539).

175 *Grommelt*, r + s 2007, 230 (232).

176 *Grommelt*, r + s 2007, 230 (232).

177 Vgl. auch die Kritik von *Grommelt*, r + s 2007, 230 (231) und *Siegel*, r + s 2007, 498 (499).

ist zwar darin zuzustimmen, dass der Ausgleichsanspruch nach § 59 VVG a. F. bereits im Zeitpunkt des VF entsteht und die Voraussetzungen des RVA erst später erfüllt sein können. Auch dieses Argument kann aber noch nicht zu der Annahme führen, dass das RVA für den Ausgleichsanspruch ohne Bedeutung sei. *Grommelt* konstatiert, dass beim Eintritt des VF Haftpflichtdeckung bestehe, weil der Risikoausschluss in der Haftpflichtversicherung erst in einem späteren Zeitpunkt eingreifen könne, dann, wenn die Voraussetzungen des RVA erfüllt sind. Ein Risikoausschluss kann aber nur rückwirkende Folgen nach sich ziehen. Wenn ein Risikoausschluss greift, besteht für den eingetretenen VF keine Deckung, und zwar rückwirkend, nämlich ab dem Eintritt des VF. Anders kann ein Risikoausschluss nicht erfasst werden. Das Argument von *Grommelt*, im Zeitpunkt des Eintritts des VF bestehe Haftpflichtdeckung, greift daher ins Leere.

Zu der vorliegenden Problematik hat sich der BGH mittlerweile in einer neuerlichen Entscheidung[178] vom 27.1.2010 geäußert. Er hält beide kollidierenden Subsidiaritätsklauseln der VR für unwirksam (§ 307 Abs. 2Nr. 2, Abs. 1S. 1 BGB). Dann bestehe beiderseits Versicherungsschutz, so dass die Regelungen der Doppelversicherung nach § 59 VVG a. F. analog eingriffen und dem Ausgleichsanspruch nichts im Wege stehe. Dem BGH ist zuzustimmen. Durch die kollidierenden Subsidiaritätsklauseln besteht die Gefahr, dass der Versicherungsschutz des VN (Mieters) ausgehöhlt wird. Er gerät so zwischen zwei Fronten und am Ende kann er das Nachsehen haben, da die VR durch „gegenseitige rechtliche Abwehrmaßnahmen" die Deckung verweigern.[179] Der VN würde dadurch in seiner Rechtsposition stark benachteiligt. Nur wenn man der Auffassung des BGH folgt und die Subsidiaritätsabreden für unwirksam hält, kann also der Ausgleichsanspruch nach § 59 VVG fortbestehen. Andernfalls wirken die Subsidiaritätsklauseln, mit der Folge, dass entweder der VN selbst den Schaden zu tragen hat oder nur einer der VR haftet, so dass keine Doppelversicherung mehr bestünde.

4. Beweislast und Verjährung

Lange Zeit nach der Entscheidung des BGH vom 13.9.2006 stand offen, welche Beweislastregeln im Rahmen des Ausgleichsanspruchs zwischen den VR nach § 59 VVG a. F. analog gelten sollten. Auch das Thema der Verjährung war nicht angesprochen worden.

178 BGH, Urteil v. 27.1.2010 (IV ZR 129/09), r + s 2010, 150.
179 BGH, Urteil v. 27.1.2010 (IV ZR 129/09), r + s 2010, 150 (152).

Insbesondere galt als strittig, ob die bereits oben[180] dargelegte, im Mietrecht geltende „Sphärentheorie“ auch im Bereich des Ausgleichsanspruchs nach § 59 VVG heranzuziehen wäre oder es auf die normalen Beweislastregeln des ZPO ankommen sollte. Das OLG Köln hat in seinem Urteil vom 1.9.2008[181] eine Anwendung der Sphärentheorie auf den Ausgleichsanspruch nach § 59 VVG a. F. mit der Begründung abgelehnt, dass dieser Anspruch zwischen den VR ein Anspruch sui generis sei und damit die Beweisregeln aus dem Mietrecht (§ 538 BGB) nicht gelten. Indessen hat das OLG Hamburg[182] die gegenteilige Auffassung vertreten und die Sphärentheorie auf den Ausgleichsanspruch übertragen.[183]

In einer seiner jüngsten Entscheidungen[184] bekräftigte der BGH die Anwendung der Sphärentheorie des Mietrechts auch auf den Ausgleichsanspruch des § 59 VVG a. F. Nach § 67 VVG a. F. gehe der Ersatzanspruch des Vermieters gegen den Mieter auf den Gebäude-VR über. Gäbe es den Regressverzicht nicht, kämen also diesem ebenso wie dem Vermieter im Haftpflichtprozess gegen den Mieter die Beweiserleichterungen des Mietrechts zugute.[185] Würde auf Grund dieser Beweiserleichterungen der Mieter im Haftpflichtprozess verurteilt, müsste es auch der Haftpflicht-VR so hinnehmen. Somit bestehe kein Anlass, den Haftpflicht-VR bei dem gegen ihn gerichteten Ausgleichsanspruch des Gebäude-VR besserzustellen.[186] Dieser Argumentation ist im Ergebnis zuzustimmen.

Im selben Urteil hat der BGH ausgeführt, dass im Rahmen des Ausgleichsanspruchs nicht die kurze Verjährungsfrist von sechs Monaten nach § 548 BGB gelten solle, sondern die dreijährige Frist nach § 195 BGB. Beim Ausgleichsanspruch handele es nicht um den übergegangenen Anspruch des Vermieters gegen den Mieter und auch nicht um einen Anspruch aus dem VV, der nach § 12 Abs. 1 VVG a. F. verjähren würde.[187] Dem ist ebenfalls zuzustimmen.

---

180 Siehe oben Kapitel 3: B.I.

181 OLG Köln, r + s 2009, 112.

182 OLG Hamburg, r + s 2009, 156.

183 Zustimmend auch *Grommelt*, r + s 2009, 240 f. mit vertretbarer Argumentation.

184 BGH, Urteil v. 27.1.2010 (IV ZR 129/09), r + s 2010, 150.

185 BGH, Urteil v. 27.1.2010 (IV ZR 129/09), r + s 2010, 150 f.

186 BGH, Urteil v. 27.1.2010 (IV ZR 129/09), r + s 2010, 150 f.

187 BGH, Urteil v. 27.1.2010 (IV ZR 129/09), r + s 2010, 150.

5. *Anwendbarkeit des Quoten- und Befriedigungsvorrechts auf den Ausgleichsanspruch*

Ungeklärt ist weiterhin die Frage, ob das in § 86 Abs. 1 VVG statuierte Quoten- und Befriedigungsvorrecht des VN einen Einfluss auf den Ausgleichsanspruch nach § 78 Abs. 2 VVG analog haben kann. Zur Verdeutlichung der Problematik kann folgendes, von *Muschner* angeführte Beispiel[188] dienen: Eine Person verursacht leicht fahrlässig einen Brand in ihrer Mietwohnung. Der Neuwert beträgt 500.000 € der deckungsgleiche Zeitwert 250.000 €. Die Versicherungsleistung an den Vermieter wegen Unterversicherung umfasst 300.000 €. Würde man hierbei das Quotenvorrecht des VN für irrelevant halten, könnte der Gebäude- vom Haftpflicht-VR des Mieters 50 Prozent von 250.000 €, also 125.000 € verlangen. Wäre aber das Quotenvorrecht heranzuziehen, fiele der Ausgleichsanspruch zwangsläufig geringer aus. *Muschner* spezifiziert einen Ausgleichanspruch von 50.000 € des Gebäude- gegenüber dem Haftpflicht-VR, wenn man das Quotenvorrecht des VN im Rahmen des Ausgleichsanspruchs für anwendbar hielte.

Berücksichtigt man undifferenziert die Formulierung des BGH, der Ausgleichsanspruch entstehe im Zeitpunkt des Eintritts des VF, könnte zunächst argumentiert werden, das Quotenvorrecht des VN nehme keinerlei Einfluss auf den Ausgleichsanspruch des Gebäude-VR nach § 78 Abs. 2 VVG, denn im Zeitpunkt der Entstehung des Ausgleichsanspruchs, beim Eintritt des VF, ist das Quotenvorrecht des VN noch nicht gegeben, weil es erst im Zeitpunkt der Versicherungsleistung geschaffen wird. Dieses Argument trifft den Sachverhalt jedoch ungenau. Der Ausgleichsanspruch nach § 78 Abs. 2 VVG entsteht zwar im Zeitpunkt des Eintritts des VF, aber nur dem Grunde und nicht der Höhe nach. Letzteres kann auch nicht bereits im Zeitpunkt des Eintritts des VF festgelegt sein. Dann stellt sich allerdings die Frage, wie und wann der Umfang des Ausgleichsanspruchs festzulegen ist. Der Ausgleichsanspruch setzt einen Regressverzicht des Gebäude-VR voraus. Das heißt, die Höhe des Regressverzichts hat unmittelbaren Einfluss auf die Höhe des Ausgleichsanspruchs. Dies wiederum hängt vom Quotenvorrecht des VN bzw. von der Höhe des verbleibenden Ersatzanspruchs gegen den Mieter ab. Denn je größer der bestehende Ersatzanspruch gegen den Mieter ist, desto höher muss auch der Regressverzicht des Gebäude-VR ausfallen, da der Gebäude-VR genau auf die Geltendmachung des übrig gebliebenen Drittanspruchs verzichtet. Dies aber, was, wie soeben ausgeführt, auch die Höhe des Ausgleichsanspruchs mitbestimmt, kann nur im Zeitpunkt festgelegt werden, in dem das Quotenvorrecht des VN ausgeübt worden ist. Daraus

---

188 *Muschner*, in: HK-VVG, § 86 VVG, Rdn. 101.

folgt, dass das Quoten- und Befriedigungsvorrecht des VN die Höhe des Ausgleichsanspruchs zwangsläufig beeinflussen, auch wenn der Ausgleichsanspruch dem Grunde nach vor Anbeginn des Quotenvorrechts des VN entsteht.[189]

Im obigen Beispiel bedeutet das: Die Entstehung des Ausgleichsanspruchs setzt einen Regressverzicht des Gebäude-VR voraus. Worauf er verzichten kann, hängt aber von der Höhe des auf ihn nach § 86 Abs. 1 VVG übergegangenen Ersatzanspruchs gegen den Mieter ab. Dies setzt voraus, dass der VN sein Quotenvorrecht ausgeübt hat. Für die Bestimmung des Quotenvorrechts des VN heißt das: Der kongruente Zeitwertschaden beläuft sich auf 250.000 €, der Zeitwertanteil der Unterversicherung unter Zugrundelegung der proportionalen Aufteilung der Unterversicherung zwischen Neu- und Zeitwertschaden auf 150.000 €.[190] Das Quotenvorrecht des VN ergibt (in €): 250000 – 150000 = 100000. Auf den Gebäude-VR geht dann ein Anspruch in Höhe von 150.000 € über: 250000 – 100000 = 150000. Verzichtet der Gebäude-VR nach der versicherungsrechtlichen Lösung auf die Geltendmachung dieses Anspruchs gegen den Mieter, entsteht ein Ausgleichsanspruch nach § 78 Abs. 2 VVG analog gegen den Haftpflicht-VR, der der Höhe nach auf 150.000 € beschränkt ist. Eine Doppelversicherung besteht also nur in Bezug auf diese 150.000 €. Nach der Berücksichtigung des deckungsgleichen Zeitwertschadens entfällt ein Ausgleichsanspruch des Gebäude-VR gegen den Haftpflicht-VR in Höhe von 75.000 € (150000 * 0,5 = 75000) anstatt von 125.000 € ohne Berücksichtigung des Quotenvorrechts des VN.

6. *Verhältnis des Ausgleichsanspruchs zum § 86 Abs. 1 VVG*

Wie bereits[191] dargelegt, verdrängt § 78 Abs. 2 VVG als Sonderregelung den Regressanspruch nach § 86 Abs. 1 VVG, wenn im konkreten Fall eine Mehrfachversicherung entstanden ist.[192] Steht fest, dass der schädigende Mieter nur leicht fahrlässig gehandelt hat, ist der Regress des Gebäude-VR gegen den Mieter nach § 86 Abs. 1 VVG ausgeschlossen. Stattdessen steht dem regressberechtigten Gebäude-VR der Ausgleichsanspruch gemäß § 78 Abs. 2 VVG gegen den

---

189 Die Argumentation des LG Köln, VersR 2008, 1258 f. (Urt. v. 10.10.2007 – 20 O 68/07), dass das Quotenvorrecht nicht eingreife, weil § 59 Abs. 2 VVG a. F. als spezielle Regelung § 67 VVG a. F. verdränge, ist also abzulehnen. Es geht hierbei um die summenmäßige Bestimmung des Ausgleichsanspruchs, und die wird, wie ausgeführt, vom Quotenvorrecht wegen der wechselseitigen Bezogenheit des Regressverzichts zum Quotenvorrecht unmittelbar beeinflusst.

190 Siehe oben Kapitel 2: C.IV.2.c) und Fn. 84.

191 Siehe oben Kapitel 2: A.

192 BGH, VersR 1989, 250.

Haftpflicht-VR des Mieters zu. Beide Vorschriften stehen in einem „Ausschließlichkeitsverhältnis" zueinander.[193]

Selbstverständlich kann der regressnehmende Gebäude-VR den schädigenden Mieter direkt in Anspruch nehmen, wenn er der Auffassung ist, der Mieter habe nicht leicht, sondern grob fahrlässig gehandelt. Daraufhin hat aber der Gebäude-VR die grobe Fahrlässigkeit des Mieters zu beweisen, andernfalls ist die Klage des Gebäude-VR abzuweisen. Aus diesem Grund ist es i. S. d. Gebäude-VR angebracht, zusammen mit der Klage gegen den Mieter dem Haftpflicht-VR des Mieters hilfsweise den Streit zu verkünden, um die Verjährung des Ausgleichsanspruchs (§ 78 Abs. 2 VVG) zu hemmen.

Für einige Autoren[194] ist die Konstellation ungeklärt, wenn in einem Rechtsstreit die beiden Regelungen miteinander konkurrieren. Es stelle sich insbesondere die Frage, ob sich in einem Regressprozess (§ 78 Abs. 2 VVG) des Gebäude-VR gegen den Haftpflicht-VR Letzterer mit dem Argument verteidigen könne, sein VN/Mieter habe nicht nur leicht, sondern vielmehr grob fahrlässig gehandelt, so dass sich der Ausgleichsanspruch des Gebäude- gegen den Haftpflicht-VR gar nicht stelle. Dieser Fall dürfte aber in der Praxis kaum vorkommen. Dem Haftpflicht-VR würde es Nachteile zufügen, die grobe Fahrlässigkeit seines VN zu gestehen, da dieser in diesem Fall voll haftpflichtig wäre. Letztlich müsste er den Mieter freistellen, zumal der Haftpflicht-VR nach § 103 VVG bei einer grob fahrlässigen Herbeiführung des VF durch den VN nicht leistungsfrei ist. Hier wäre der Haftpflicht-VR eher gehalten, die Verantwortlichkeit seines VN abzustreiten als sich zu bemühen, ein höheres Verschulden zu beweisen. Nach Inkrafttreten des TA-Mieterregress ist diese Konstellation ohnehin ohne praktische Bedeutung, da es sowohl die normalen Regressansprüche aus § 86 Abs. 1 VVG als auch die Ausgleichsansprüche nach § 78 Abs. 2 VVG gleichermaßen erfasst.

V. Das Teilungsabkommen (TA) Mieterregress zwischen den Gebäude- und Allgemeinen Haftpflicht-VR

Einzelne der oben[195] erläuterten Streitfragen, die mit der Entscheidung des BGH vom 13.9.2006 zur analogen Anwendung des § 59 VVG a. F. einhergehen, werden durch das TA[196] zwischen den Gebäude- und Haftpflicht-VR, das am 1.1.2009

193 *Günther*, Regreß, S. 196; *Muschner*, in: HK-VVG, § 86 VVG, Rdn. 83.

194 *Felsch*, r + s 2008, 265 (277); *Muschner*, in: HK-VVG, § 86 VVG, Rdn. 85 ff.; *Günther*, Regreß, S. 196 ff.

195 Siehe oben Kapitel 3: B.IV.

196 Zum aktuellen Stand des TA-Mieterregress siehe *Günther*, Regreß, S. 204 ff.

in Kraft getreten ist, entschärft. Der Anwendungsbereich des TA ist indessen beschränkt, so dass bei jeder Schadensabwicklung festgestellt werden muss, ob es im konkreten Fall einschlägig ist.[197] Ansonsten gelten im Rahmen des Ausgleichsanspruchs nach § 59 VVG a. F. die oben angeführten Erläuterungen.

Das TA-Mieterregress regelt die Ausgleichs- und Regressansprüche des Gebäude-VR analog zu § 78 Abs. 2 VVG bzw. gemäß § 86 VVG bei objektiv fahrlässig von einem haftpflichtversicherten Mieter verschuldeten Feuer- oder Leitungswasserschäden (§ 1Nr. 1 TA). Das TA verdrängt aber auch das RVA der Feuer-VR, soweit es sich um Schäden handelt, die vom Anwendungsbereich beider Abkommen erfasst werden (§ 3Nr. 1 TA).

C. Auswirkungen des neuen VVG auf den Mieterregress

I. Aufgabe des Alles-oder-nichts-Prinzips und quotaler Regressverzicht

Eine der Neuerungen der VVG-Reform war u. a. die Abschaffung des Alles-oder-nichts-Prinzips. Während der Versicherungsschutz im Rahmen der alten Fassung des VVG beim grob fahrlässigen Verhalten des VN komplett entfallen musste (z. B. § 61 VVG a. F.), sicht die Novellierung des VVG in diesem Fall nur noch eine Leistungskürzung in einem der Schwere des Verschuldens des VN entsprechenden Verhältnis vor. So ist der VR beispielsweise nach § 81 Abs. 2 VVG im Gegensatz zu § 61 VVG a. F. nicht mehr leistungsfrei, wenn der VN den VF grob fahrlässig herbeigeführt hat; er kann nur seine Leistung nach der Schwere des grob fahrlässigen Verhaltens des VN kürzen („quotale Leistungskürzung").

In dem Verzicht des Alles-oder-nichts-Prinzips und der Einführung des quotalen Systems haben verschiedene Autoren[198] die Notwendigkeit gesehen, auch den Mieterregress dahingehend zu modifizieren, dass nunmehr der Mieter bei grob fahrlässiger Herbeiführung des Schadens nur einem quotalen Regress

---

197 Zu den Anwendungsvoraussetzungen des TA-Mieterregress siehe unten Kapitel 4: F.

198 *Staudinger/Kassing*, VersR 2007, 10 ff. Ihnen folgen: *Armbrüster*, PVR, Rdn. 1287; *Piepenbrock*, VersR 2008, 319 ff.; *Looschelders*, JR 2007, 424 ff.; *Schirmer*, VersR 2011, 289 ff.; *Kloth/Neuhaus*, in: Schwintowski/Brömmelmeyer, PK-Versicherungsrecht, § 86 VVG, Rdn. 57; *Schnepp*, in: Bruck/Möller[9], § 78 VVG, Rdn. 126; *Siegel*, VersR 2010, 1494 (1497); *Schneider*, in: Staudinger/Halm/Wendt, FA-Kommentar, § 86 VVG, Rdn. 47; *Hormuth*, in: Beckmann/Matusche-Beckmann, § 22, Rdn. 96; *v. Koppenfels-Spies*, in: Looschelders/Pohlmann, § 86 VVG, Rdn. 86. Ablehnend: *Möller/Segger*, in: Langheid/Wandt, § 86 VVG, Rdn. 223 ff. Kritisch: *Wandt*, Versicherungsrecht, Rdn. 1000, 1002.

ausgesetzt werden solle anstatt den gesamten Schaden zu übernehmen. Da § 81 Abs. 2 VVG dem VR seinem VN gegenüber nicht mehr erlaubt, sich ab der Schwelle der groben Fahrlässigkeit auf einen Risikoausschluss zu stützen, dürfe auch der grob fahrlässig handelnde Mieter nach der versicherungsrechtlichen Lösung des BGH nur einer quotalen Regressnahme ausgesetzt sein.[199]

1. *Dogmatische Herleitung des quotalen Regressverzichts*

Die Übertragung des quotalen Prinzips auf den Mieterregress lässt sich nach der Meinung *Staudingers* und *Kassings* dadurch rechtfertigen, dass nach Inkrafttreten des neuen VVG eine Regelungslücke in Bezug auf den Mieterregress entstanden sei, die mit Hilfe von § 157 BGB und unter Berücksichtigung der vorhandenen Interessenlage der Parteien und des Sinnzusammenhangs des Vertragszwecks geschlossen werden solle.[200] Ferner müsse auch die Intention des BGH beachtet werden, der sich bei der dogmatischen Begründung der versicherungsrechtlichen Lösung u. a. für einen „Gleichlauf" der Haftung von VN und Mieter ausgesprochen hat.[201] Schließlich erscheine es nicht sachgerecht, den VR allein deshalb zu privilegieren und ihm einen uneingeschränkten Rückgriff beim Mieter zuzusprechen, nur weil nicht sein VN, sondern dessen Mieter den VF herbeigeführt hat.[202]

2. *Eigene Auffassung*

Die Übertragung des quotalen Systems auf den Mieterregress ist abzulehnen. Unter der Geltung der versicherungsrechtlichen Lösung lässt sich der quotale Regressverzicht dogmatisch nicht begründen. Ein quotaler Regressverzicht entspricht auch nicht der vorhandenen Interessenlage beim Mieterregress, so dass er auch vom konkludenten Vertragswillen der Vertragsparteien nicht zu erfassen ist.

Das quotale System des § 81 Abs. 2 VVG kann auf die Person des Mieters nicht bezogen werden, da eine Übertragung mit der Funktion der cessio legis unvereinbar wäre. Der Ersatzanspruch des VN gegen den Dritten geht nach § 86 VVG i. V. m. § 412 BGB auf den VR unverändert über. In der vorliegenden Konstellation verantwortet sich aber der grob fahrlässig handelnde Mieter dem Vermieter/VN gegenüber für den gesamten Schaden, so dass er nach der cessio legis

199 *Staudinger/Kassing*, VersR 2007, 10 f.
200 *Staudinger/Kassing*, VersR 2007, 10 (11 f.).
201 *Staudinger/Kassing*, VersR 2007, 10 (11).
202 *Staudinger/Kassing*, VersR 2007, 10 (11).

auch dem VR gegenüber vollständig haften soll.[203] Unter Zugrundelegung der versicherungsrechtlichen Lösung kann also ein quotaler Rückgriffsanspruch des VR gegenüber dem Mieter nicht bestehen. Nur wenn man die haftungsrechtliche Lösung im vorliegenden Fall heranziehen wollte, könnte sich ein quotaler Regressverzicht gegenüber dem Mieter begründen lassen. Beispielsweise ließe sich eine quotale Haftung des Mieters bei grob fahrlässiger Herbeiführung des Schadens in den Mietvertrag konkludent hineininterpretieren. Aber auch so wäre aus Sicht des regressierenden VR schwer zu begründen, warum er auf einen Teil seines Rückgriffsanspruchs verzichten soll, zumal dann, wenn man sich vergegenwärtigt, dass eine quotenmäßige Einschränkung der Haftung des Dritten u. U. gegen das Aufgabeverbot des § 86 Abs. 2 VVG verstößt.[204]

Daneben dürfte eine Übertragung des quotalen Systems auf den Mieterregress scheitern an der dogmatisch zu differenzierenden Rechtslage zwischen einem Rückgriffsanspruch und einer quotalen Leistungskürzung bei der grob fahrlässigen Herbeiführung des VF. Diese unterschiedliche Rechtslage verbietet eine Übertragung des Rechtsinstituts der Quotierung auf das Gebiet des Mieterregresses, weil der Normzweck der Regelung über die quotale Leistungskürzung mit dem Grundgedanken des Regressverzichts nicht vergleichbar ist. Während beim § 81 Abs. 2 VVG gefragt wird, in welcher Höhe der VN entschädigt werden darf, geht es beim Rückgriffsanspruch gegen den Mieter nicht um die Höhe seiner Entschädigung, sondern um die Höhe seiner Leistungspflicht gegenüber dem VR. Das quotale System wurde im Rahmen des § 81 Abs. 2 VVG nur zu Gunsten des VN und nicht zu Gunsten Dritter statuiert[205], da das subjektive Risiko in der Person des VN dadurch nicht gesteigert wird.[206] Niemand möchte durch grob fahrlässiges Verhalten die Gefahr der Selbstschädigung vergrößern und dadurch eine gekürzte Versicherungsleistung riskieren. In der Person des Mieters würde demgegenüber die Übertragung des quotalen Systems

---

203 Vgl. auch *Schimikowski/Höra*, Das neue VVG, S. 154.

204 Im Rahmen der grob fahrlässigen Herbeiführung des VF kann eine Leistungskürzung sogar komplett entfallen, wenn es sich um eine leichte grobe Fahrlässigkeit handelt. Müsste dann der VR auf seinen Rückgriffsanspruch gegen den (leicht) grob fahrlässigen Mieter verzichten, wäre das mit dem Aufgabeverbot des § 86 Abs. 2 VVG nicht vereinbar.

205 So auch *Maier/Stadler*, AKB 2008, Rdn. 226.

206 Die Argumentation von *Schimikowski/Höra*, Das neue VVG, S. 154, dass die Quotelung nur den VN privilegieren solle, weil er der Prämienzahler ist, greift allerdings zu kurz, denn gewöhnlich beteiligt sich auch der Mieter an der Prämie der Gebäudeversicherung.

das subjektive Risiko unverhältnismäßig erhöhen. Denn einerseits handelt es sich hierbei um die Beschädigung von Fremdsachen und andererseits würde die Anerkennung nur eines beschränkten Rückgriffs das leichtfertige Verhalten des Mieters befördern. Hier geht es also um zwei klar unterscheidbare Rechtslagen, die dogmatisch nicht vermengt werden können und deshalb einer unterschiedlichen Handhabung unterliegen müssen. Eine Analogie ist also auszuschließen.

Es wurde bereits oben ausgeführt, dass die Vertreter der hier abgelehnten Meinung die Übertragung des quotalen Systems auf den vom BGH erwähnten „Gleichlauf" der Haftung von VN und Mieter stützen. Der BGH hat tatsächlich in seiner Grundsatzentscheidung vom 13.9.2006 präzisiert, die Herleitung des Regressverzichts aus dem VV führe nicht nur zu einer entsprechenden Anwendung von § 61 VVG a. F., sondern auch der versicherungsvertraglichen Zurechnungsgrundsätze. Eine Verursachung des Gebäudeschadens durch einen Dritten sei dem Mieter allein dann zuzurechnen, wenn der Dritte sein Repräsentant war. Aus dieser Formulierung folgt aber im Lichte des § 81 Abs. 2 VVG nicht zwangsläufig eine Übertragung des quotalen Systems auf den Mieterregress. Die Formulierung des BGH bezüglich des „Gleichlaufs" der Haftung ist dahingehend zu interpretieren, dass eine Haftung des leicht fahrlässigen Mieters im Rahmen der versicherungsrechtlichen Lösung deswegen auszuschließen ist, weil dadurch das subjektive Risiko nicht erhöht wird. Der „Gleichlauf" der Haftung bezieht sich demnach auf das leicht fahrlässige Verhalten, denn nur insoweit kann man von einer Gleichstufigkeit des subjektiven Risikos sprechen. Ab der Schwelle der groben Fahrlässigkeit steigt aber, wie ausgeführt, das subjektive Risiko des VV unverhältnismäßig, so dass die Übertragung des quotalen Systems auf den Mieterregress wegen des Fehlens eines „Gleichlaufs" der subjektiven Umstände misslingen würde. Ein Gleichlauf der Haftung lässt sich also im Rahmen des grob fahrlässigen Verhaltens nicht begründen. Was auf der anderen Seite die Übertragung der Repräsentantenhaftung auf den Mieterregress anbelangt, handelt es sich hierbei lediglich um eine reine Zurechnungsfrage, welche die Verschuldensquote nicht berührt. Was der BGH mit der Erwähnung der Zurechnungsgrundsätze zum Ausdruck bringen wollte, ist vielmehr eine Klärung der Frage, wann der Mieter für die Handlungen von dritten Personen haften soll. Dies sagt aber noch nichts über die Haftungsquote des Mieters aus. Die Formulierung des BGH ist, wie bereits erörtert, dahingehend zu interpretieren, dass sich der Mieter nur für seine Repräsentanten zu verantworten hat. In welcher Höhe er für die Handlungen seiner Repräsentanten haften soll, lässt sich dem Wortlaut nicht entnehmen. Und das Gleiche gilt auch im Rahmen der VVG-Reform.

Weiter ist behauptet worden, dass es nicht sachgerecht erscheine, den VR allein deshalb zu privilegieren und ihm den vollen Rückgriffsanspruch zuzusprechen, weil nicht sein VN, sondern dessen Mieter den VF herbeigeführt habe.[207] Eine Privilegierung des VR stellt aber der unbeschränkte Rückgriff gegen den Mieter nicht dar. Das Rückgriffsrecht des VR ist ein im § 86 VVG unangefochtenes Recht, das nicht in Abhängigkeit zu § 81 Abs. 2 VVG stehen kann. Das quotale System wurde nur zu Gunsten des VN statuiert und nicht, um das Rückgriffsrecht des VR einzuschränken. Wie soeben beschrieben, handelt es sich beim Mieterregress und der quotalen Leistungskürzung um zwei nicht vergleichbare Rechtsinstitute, die unterschiedlich bewertet werden müssen. Um zu ergründen, ob jemand in einem Fall privilegiert wird oder nicht, müssen gleichgelagerte Fälle nebeneinandergestellt werden. Der Mieter wäre bevorzugt, wenn man bei einer grob fahrlässigen Herbeiführung des Schadens gegen ihn nur einen quotalen Rückgriff erlauben würde. Das käme einer Honorierung fahrlässigen Verhaltens gleich. Ferner sollte man sich vor Augen halten, dass es im Rahmen des quotalen Systems sogar eine Ausschließung der Haftung des Mieters geben könnte, vorausgesetzt, es handelt sich um eine leichte grobe Fahrlässigkeit. Die Rechtslage beim Mieterregress ist also mit derjenigen der quotalen Leistungskürzung des § 81 Abs. 2 VVG nicht vergleichbar, so dass eine Übertragung des quotalen Systems auf den Mieterregress dogmatisch nicht zu begründen ist.

Nicht die Nichteinführung des quotalen Systems privilegierte den VR, seine Einführung würde die Stellung des VR contra legem beeinträchtigen. Er müsste auf einen Teil seines Rückgriffsrechts verzichten, obwohl es ihm nach der zentralen Regelung des § 86 VVG gesetzlich zugeschrieben wurde, und zwar ohne Einschränkungen. Wenn aber das Rückgriffsrecht des VR in § 86 VVG ausschöpfend normiert ist, gilt dieses Prinzip als spezielle Regelung gegenüber § 81 Abs. 2 VVG als vorrangig. Berücksichtigt man zudem das Quotenvorrecht des VN, würde die Einführung eines quotalen Rückgriffs eine unverhältnismäßig hohe wirtschaftliche Belastung für den VR bedeuten. Auf der anderen Seite stünde ein unbegrenzter Rückgriff gegen den grob fahrlässig handelnden Mieter dem Grundgedanken der versicherungsrechtlichen Lösung nicht entgegen, denn wegen der groben Fahrlässigkeit seines Handelns wäre der Mieter im vorliegenden Fall nicht mehr schutzwürdig.

Die vorangegangenen Ausführungen erlauben also den Schluss, dass der quotale Regressverzicht der Interessenlage der Vertragsparteien und der dogmatischen

207 *Staudinger/Kassing*, VersR 2007, 10 (11).

Struktur des § 86 VVG unter Zugrundelegung der versicherungsrechtlichen Lösung nicht entspricht und daher abzulehnen ist.

II. Ausgleichsanspruch und VVG-Reform

Es wurden Bedenken geäußert, ob die analoge Anwendung der Bestimmungen über die Doppelversicherung auf den Mieterregress nach der VVG-Reform einer systematischen Prüfung standhalten könne, denn eine Analogie bedarf einer planwidrigen Regelungslücke; der Reformgesetzgeber habe jedoch trotz Kenntnis der Rechtslage beim Mieterregress die Vorschriften zur Doppelversicherung nicht entsprechend angepasst.[208]

Dennoch implizieren diese Bedenken nicht, die Anwendung des § 78 Abs. 2 VVG auf den Mieterregress auch nach der VVG-Reform in Frage zu stellen. Das Ausbleiben einer ausdrücklichen Ausweitung der Nachfolgeregelung (§ 78 Abs. 2 VVG) ist nicht zwangsweise dahingehend zu interpretieren, dass es sich in Bezug auf den Mieterregress um ein beredtes Schweigen der Legislative handelte und dass der Reformgesetzgeber die Regelungen der Doppelversicherung nicht mehr für anwendbar halte. Aus der systematischen Stellung des § 78 Abs. 2 VVG in den allgemeinen Vorschriften über die Schadensversicherung folgt, dass § 78 Abs. 2 VVG bei allen Schadensversicherungen anwendbar ist, wenn die Voraussetzungen der Doppelversicherung im Einzelfall erfüllt sind. Eine Umformulierung der Vorschrift, so dass nach dem Enumerationsprinzip auch der Fall des Mieterregresses ausdrücklich vom Anwendungsbereich der Vorschrift erfasst werden würde, war also nicht nötig, denn der Mieterregress stellt einen der vielen Spezialfälle dar, bei denen eine Doppelversicherung entstehen kann. Ob sich im Falle des Mieterregresses eine Doppelversicherung bzw. eine der Doppelversicherung vergleichbare Interessenlage ergeben kann, hängt aber ab von der dogmatischen Herleitung des Regressverzichts. Nur wenn man die versicherungsrechtliche Lösung zugrunde legt, kann eine den Regelungen zur Doppelversicherung vergleichbare Rechtslage auftreten.[209] Da aber die Rechtsprechung

---

208 Vgl. *Staudinger/Kassing*, VersR 2007, 10 (14); *Piepenbrock*, VersR 2008, 319 (320); *Muschner*, in: HK-VVG, § 86 VVG, Rdn. 99.

209 Unter Zugrundelegung der haftungsrechtlichen Lösung kann keine Doppelversicherung entstehen, denn aus der Sicht des Gebäude-VR bedarf es eines Regressverzichts, damit angenommen werden kann, dass das Haftpflichtrisiko des Mieters in der Gebäudeversicherung geschützt wird. Da aber nach der haftungsrechtlichen Lösung eine Haftung des Mieters im Mietvertrag ausscheidet, ist auch ein Regressverzicht des Gebäude-VR überflüssig, so dass sich auch keine der Doppelversicherung vergleichbare Rechtslage ergibt.

zum Mieterregress hinsichtlich der dogmatischen Herleitung des Regressverzichts in den letzten Jahren nicht gradlinig war und da die Diskussion über die dogmatische Relevanz der versicherungsrechtlichen Lösung noch nicht beendet ist, wäre eine ausdrückliche Ausweitung der Nachfolgeregelung vom Reformgesetzgeber inkonsequent. Das soll aber nicht darüber hinwegtäuschen, dass er eine analoge Anwendung des § 78 Abs. 2 VVG auf den Mieterregress nach der VVG-Reform ausschließen wollte. Wenn an der versicherungsrechtlichen Lösung also weiterhin festgehalten wird, steht einer analogen Anwendung des § 78 Abs. 2 VVG auf den Mieterregress auch nach der VVG-Reform nichts im Wege, zumal die vergleichbaren Rechtslagen nach wie vor vorhanden sind.

D. Übertragung der Grundsätze des versicherungsrechtlichen Lösungsansatzes auf benachbarte Fälle

I. Hausratversicherung

Der BGH hat die versicherungsrechtliche Lösung auf dem Gebiet der Gebäudeversicherung entwickelt, um das Mietverhältnis zwischen Vermieter und Mieter weitgehend unbelastet zu lassen. Man könnte fürs Erste geneigt sein, die Rechtsprechung des BGH zum Mieterregress auch auf das Gebiet der Hausratversicherung zu übertragen, da die Interessenlage in beiden Bereichen strukturell vergleichbar ist.[210] Hat etwa der leicht fahrlässige Mieter den Hausrat des Vermieters beschädigt, stellt sich die Frage, ob in dessen Hausratversicherung ein konkludenter Regressverzicht des VR zu Gunsten des Mieters entsprechend dem vom BGH entwickelten Regressverzicht des Gebäude-VR anzunehmen ist.

Der BGH hat dies mit vertretbarer Argumentation verneint.[211] Eine Übertragung des konkludenten Regressverzichts auf die Hausratversicherung ist daher abzulehnen. Der vom BGH angenommene Regressverzicht des Gebäude-VR zu Gunsten des leicht fahrlässigen Mieters setzt voraus, dass dem schädigenden Mieter das Gebäude oder Räume des Gebäudes im Rahmen des Miet- oder eines ähnlichen Nutzungsverhältnisses zum Gebrauch überlassen wurden. Das Argument der Vermeidung einer Belastung des Mietverhältnisses ist aber auf die Hausratversicherung des Vermieters nicht übertragbar, denn vertragliche Beziehungen in Gestalt eines Gebrauchsrechts bestehen nur hinsichtlich des Gebäudes, nicht aber bezüglich des Hausrats des Vermieters. Außerdem trägt der Mieter in keiner Weise die Prämie für die Hausratversicherung, so dass weder

210 So OLG Stuttgart, VersR 2004, 592; *J.Prölss*, ZMR 2004, 389.

211 BGH, VersR 2006, 1398 f.; So auch *Harsdorf-Gebhardt*, r+s 2010, 309 (312).

er noch der Vermieter auf den Gedanken kommen werden, der Vermieter sei gehalten, den Mieter vor einem Regress des Hausrat-VR zu bewahren.[212]

II. Technische Versicherungen

Auch in einzelnen technischen Versicherungen, etwa der Bauwesenversicherung, beteiligt sich das Bauunternehmen zumeist an der Prämie für die Versicherung des Bauherrn, so dass zu prüfen ist, ob auch der leicht fahrlässig handelnde Bauunternehmer von der Rechtsprechung zum Mieterregress profitieren kann.

Das ist zu verneinen. Zentraler Punkt für die Entwicklung der versicherungsrechtlichen Lösung war, wie exemplarisch ausgeführt, das erkennbare Interesse des Vermieters, das in der Regel auf längere Zeit angelegte Vertragsverhältnis zu seinem Mieter so weit wie möglich unbelastet zu lassen.[213] Bei den technischen Versicherungen wie der Bauwesenversicherung handelt es sich dennoch meistens um konkrete Projekte, bei denen das Element des Dauerschuldverhältnisses, das dem Mietvertrag innewohnt, nicht vorhanden ist. Dabei fehlt es an der strukturellen Vergleichbarkeit von Werk- und Mietvertrag.[214]

In diesem Sinne hat auch der BGH darauf hingewiesen, dass die Übertragung der Rechtsprechung zum Mieterregress auf benachbarte Gebiete mit Zurückhaltung vorzunehmen sei. Von einer Anwendung der Grundsätze zum Mieterregress auf andere Rechtsverhältnisse durch eine „Verselbständigung" des Gedankens der Vermeidung einer Belastung des Vertragsverhältnisses ist also abzusehen.[215]

III. Schutz des schädigenden Mieters im Rahmen einer WEG

Ist der Schädiger Mieter einer in einer WEG befindlichen Wohnung, stellt sich die Frage, ob die Rechtsprechung des BGH zum Mieterregress anwendbar ist. Der leicht fahrlässige Mieter ist vor einer Regressnahme des Gebäude-VR dann geschützt, wenn er seine gemietete Wohnung beschädigt. In diesem Fall findet die versicherungsrechtliche Lösung direkt Anwendung. Demnach ist zu prüfen, ob der Mieter auch dann einem Schutz unterliegt, wenn er das Wohnungseigentum einer anderen in der WEG lebenden Person leicht fahrlässig beschädigt hat.

Hierbei muss zwischen zwei Konstellationen unterschieden werden.

---

212 BGH, VersR 2006, 1398 f.

213 BGH, VersR 2006, 1533 (1535).

214 *Günther*, Regreß, S. 175.

215 BGH, VersR 2006, 1398 f.

Besteht für die gesamte WEG eine einheitliche Gebäude-VR, hat jeder Mieter der WEG, in analoger Anwendung der Rechtsprechung des BGH[216] zur WEG, ein berechtigtes Interesse daran, von der bestehenden Versicherung zu profitieren, zumal er für gewöhnlich die Kosten der Gebäude-VR anteilig mitträgt. Wenn der BGH das Sachersatzinteresse aller Miteigentümer der WEG in dieser Konstellation als mitversichert ansieht, weil das subjektive Risiko für alle Miteigentümer übereinstimmt, dann muss das Gleiche auch für den leicht fahrlässigen Mieter einer WEG gelten. Denn es macht wohl keinen Unterschied, ob das Fremdeigentum von einem Mieter oder einem anderen Miteigentümer leicht fahrlässig beschädigt worden ist. Das subjektive Risiko ist in beiden Fällen identisch.

Etwas anderes muss aber dann gelten, wenn keine einheitliche Gebäudeversicherung für die gesamte WEG besteht, sondern jeder Miteigentümer über eine eigene Gebäudeversicherung für sein Sondereigentum verfügt. Aus der Formulierung des BGH, dass die von der WEG abgeschlossene Gebäudeversicherung ein einheitliches Versicherungsverhältnis und nicht eine Vielzahl von einzelnen Versicherungsverhältnissen mit unterschiedlichen Risiken darstelle, so dass diese Verbundenheit die Annahme einer Mitversicherung rechtfertige, muss im Umkehrschluss das Gegenteil angenommen werden. Der leicht fahrlässige Mieter, der das Sondereigentum eines anderen als seines Vermieters beschädigt hat, kann daher nicht erwarten, dass er von der Gebäudeversicherung des Geschädigten, an der er nicht beteiligt ist, profitieren kann.

IV. Anwendbarkeit der versicherungsrechtlichen Lösung auf den Direktanspruch des Gebäude-VR nach § 115 VVG gegen den Haftpflicht-VR des Mieters

In einem vom OLG Nürnberg entschiedenen Fall[217] ging es um die Frage, ob der konkludente Regressverzicht des Gebäude-VR zu Gunsten des leicht fahrlässigen Mieters auch auf den Direktanspruch (§ 115 VVG) des ersten gegen den Pflichthaftpflicht-VR des Mieters im Rahmen der Pflichtversicherung zu übertragen ist. Dem Sachverhalt nach kam es in der Tiefgarage eines Mehrfamilienhauses zu einem Brand. Ursache war ein technischer Defekt am Pkw einer Mieterin. Der Gebäude-VR der Vermieterin regulierte den Schaden und machte nach § 67 VVG a. F. auf ihn übergegangene Ansprüche der Vermieterin gegen den Pflichthaftpflicht-VR der Mieterin gemäß § 115 VVG i. V. m.§ 2 KfzPflVV geltend. Nachdem der beklagte Haftpflicht-VR die Forderung des Gebäude-VR

216 BGH, ZMR 2001, 717.

217 OLG Nürnberg, VersR 2009, 65.

befriedigt hatte, klagte er seinerseits den Gebäude-VR auf Rückerstattung eines Teils des gezahlten Betrages ein, mit Berufung auf die Rechtsprechung des BGH zum Mieterregress.

Das OLG Nürnberg hat in Anlehnung an der erstinstanzlichen Entscheidung[218] die Klage des Haftpflicht-VR abgewiesen und bekräftigt, dass der konkludente Regressverzicht auf den Direktanspruch gegen den Pflichthaftpflicht-VR nicht übertragbar sei.[219] Der Regressverzicht gelte nur zu Gunsten des leicht fahrlässigen Mieters. Die Haftung des Kfz-Halters sei jedoch nach § 7Abs. 1 StVG verschuldensunabhängig. Eine Differenzierung nach dem Verschuldensgrad finde im vorliegenden Fall nicht statt. Es gebe daher keine Anhaltspunkte dafür, dass die Rechtsprechung des BGH zum Mieterregress auch für die spezielle Haftung des Mieters als Fahrzeughalter gelten solle.[220] Außerdem bestehe kein erkennbares Interesse der Parteien daran, den leicht fahrlässigen Mieter vor einer Inanspruchnahme zu schützen, denn bei einer Kfz-Haftpflichtversicherung habe der Gebäude-VR einen (übergegangenen) Direktanspruch gegen den Haftpflicht-VR, so dass die beteiligten Versicherungen den Schaden untereinander ohne Einschaltung des Mieters abwickeln werden.[221]

Der Auffassung des OLG ist nicht zu folgen. Auch im Rahmen des Direktanspruchs gegen den Haftpflicht-VR läuft der Mieter Gefahr, in Anspruch genommen zu werden. Der Haftpflicht-VR und der ersatzpflichtige Mieter haften nach § 115 Abs. 1S. 4 VVG als Gesamtschuldner. Nach § 117 Abs. 5 VVG bedeutete das, dass die Forderung des geschädigten Dritten gegen den Mieter auf den leistenden Haftpflicht-VR übergeht, soweit Letzterer den Dritten befriedigt hat. In einem solchen Fall hätte das zur Folge, dass der Mieter auf dem Umwege mit einer Inanspruchnahme belastet würde, obwohl die Voraussetzungen eines Regressverzichts im konkreten Fall nach der Rechtsprechung des BGH (leichte Fahrlässigkeit) vorhanden sind. Zwar würde eine Inanspruchnahme des Mieters durch seinen Haftpflicht-VR nach § 116 VVG voraussetzen, dass dieser im Innenverhältnis gegenüber dem Mieter leistungsfrei wäre, aber gerade für diese Fälle hat der BGH die Subsidiaritätslösung im Rahmen der privaten Haftpflichtversicherung abgelehnt und den Regressverzicht auch zu Gunsten des haftpflichtversicherten Mieters zugelassen.

Die Tatsache, dass die Haftung des Mieters als Kfz-Halter im vorliegenden Fall verschuldensunabhängig ist und der Regressverzicht nur zu Gunsten des leicht

218 LG Nürnberg-Fürth, VersR 2008, 1259.

219 So auch *v. Koppenfels-Spies*, in: Looschelders/Pohlmann, § 86 VVG, Rdn. 87.

220 OLG Nürnberg, VersR 2009, 65 f.

221 OLG Nürnberg, VersR 2009, 65 (66).

fahrlässigen Mieters heranzuziehen ist, ändert nichts an den Voraussetzungen dafür, dass der Regressverzicht zu bejahen ist. Denn gerade die verschuldensunabhängige Haftung beinhaltet begriffsgemäß auch die leichte Fahrlässigkeit. Wenn der Ersatzpflichtige im Rahmen der verschuldensunabhängigen Haftung auch dann haftet, wenn auf ihm kein Verschulden lastet, muss er umso mehr haften, wenn er zumindest leicht fahrlässig gehandelt hat. Das bedeutet, dass die verschuldensunabhängige Haftung entgegen der Auffassung des OLG Nürnberg auch auf den Regressverzicht des leicht fahrlässigen Mieters übertragen werden kann und muss. Der BGH nimmt einen konkludenten Regressverzicht zu Gunsten des leicht fahrlässigen Mieters an, weil das subjektive Risiko dadurch nicht erhöht wird, so dass der Mieter in diesem Fall als schutzwürdig erachtet werden muss. Für die Schutzbedürftigkeit des leicht fahrlässigen Mieters ist aber ohne Belang, nach welchen Haftungstatbeständen er haftet.

Der soeben erläuterte OLG-Fall ist somit gleichsam nach den Grundsätzen zum Mieterregress zu lösen. Aus diesem Grunde wäre ein konkludenter Regressverzicht des Gebäude-VR zu Gunsten des leicht fahrlässigen Mieters und Kfz-Halters anzunehmen. Wegen dieses Regressverzichts wäre dann auch ein Direktanspruch (§ 115 VVG) des Gebäude-VR gegen den Kfz-Haftpflicht-VR der Mieterin ausgeschlossen, so dass die privilegierte Mieterin auch von einer etwaigen Belastung im Regresswege (§ 117 Abs. 5 VVG) verschont bliebe. Der Gebäude-VR hätte aber in diesem Fall gegen den Haftpflicht-VR einen Ausgleichsanspruch nach § 78 Abs. 2 VVG analog. Dieser Anspruch wäre somit vom Direktanspruch nach § 115 VVG zu trennen, so dass wiederum kein Forderungsübergang nach § 117 Abs. 5 VVG gegen die Mieterin stattgefunden hätte.

V. Rückgriffsanspruch des Vermieters gegen den Mieter wegen vom Mieter verursachter Haftpflichtschäden

Dem OLG Oldenburg[222] lag ein Fall vor, bei dem ein Vermieter von einer Postbotin erfolgreich auf Schadensersatz verklagt worden war. Diese war im Winter vor dem Haus, das die Mieterin vom Vermieter gemietet hatte, bei Glätte gestürzt. Der Vermieter war wegen unzureichender Kontrolle der auf die Mieterin delegierten Verkehrssicherungspflicht verurteilt worden und hatte sodann die Mieterin für den Haftpflichtschaden in Rückgriff genommen. Für das vermietete Gebäude existierte eine Haftpflichtversicherung, an der die Mieterin anteilig beteiligt war. Weil der Haftpflicht-VR gegenüber dem Vermieter wegen

222 VersR 2008, 1268.

Obliegenheitsverletzungen des Letzteren leistungsfrei war, nahm der Vermieter die Mieterin in Anspruch.

Das OLG Oldenburg wies die Klage des Vermieters gegen die Mieterin (bzw. ihre Erben) ab, mit Berufung auf die Rechtsprechung zum Mieterregress und die Tatsache, dass die Mieterin anteilig an der Haftpflichtversicherung beteiligt war, so dass ihre Inanspruchnahme gegen Treu und Glauben (§ 242 BGB) verstoße.[223] Nach der Auffassung des OLG Oldenburg würde nur dann etwas anderes gelten, wenn der Haftpflicht-VR insgesamt leistungsfrei gewesen wäre, etwa weil der Mieterin ein Verschulden zur Last fiele, für das der Versicherungsschutz ausgeschlossen wäre.[224] Da es sich dabei um eine Haftpflichtversicherung handelte, wäre der Versicherungsschutz nur bei einem Vorsatz der Mieterin ausgeschlossen.

Dem OLG Oldenburg ist nicht zuzustimmen. Die Rechtsprechung des BGH zum Mieterregress kann auf die Haftpflichtversicherung nicht übertragen werden. Die Tatsache, dass sich die Mieterin durch den Mietvertrag anteilig an den Kosten der Haftpflichtversicherung beteiligte, kann nicht zur Annahme führen, dass sie im Haftpflicht-VV des Vermieters mitversichert war. Dies verneint der BGH sogar für die Gebäudeversicherung, bei der der privilegierte Mieter auch nicht als mitversichert angesehen wird. Welche Personen in einem VV als mitversichert angesehen werden, muss dort ausdrücklich benannt werden. Selbst wenn man die Mieterin im Rahmen des Haftpflicht-VV als schutzwürdig erachtete, würde ihre Inanspruchnahme durch den Vermieter für den Haftpflichtschaden nicht gegen § 242 BGB verstoßen. Ist, wie im betrachteten Fall, der Haftpflicht-VR leistungsfrei, kann der Vermieter den haftpflichtigen Mieter heranziehen, ohne gegen § 242 BGB zu verstoßen. Das Gleiche gilt auch für die Gebäudeversicherung. Ein Verstoß gegen § 242 BGB ist nur dann anzunehmen, wenn der geschädigte Vermieter zuerst den schädigenden Mieter in Anspruch nimmt, obwohl der Geschädigte von seiner Versicherung entschädigt werden könnte. Ist aber der Gebäude-VR leistungsfrei, kann der Vermieter den Mieter für den Gebäudeschaden in Anspruch nehmen, denn nach der versicherungsrechtlichen Lösung besteht im Rahmen des Mietvertrages keine konkludente Beschränkung der Haftung des Mieters auf Vorsatz und grobe Fahrlässigkeit. Warum etwas anderes im Kontext der Haftpflichtversicherung gelten sollte, lässt sich durch die Auffassung des OLG Oldenburg nicht begründen, sie ist daher auf Grund der vorangegangenen Ausführungen abzulehnen.

223 OLG Oldenburg, VersR 2008, 1268.
224 OLG Oldenburg, VersR 2008, 1268.

VI. Ausgleichsanspruch des vorleistenden Haftpflicht-VR gegen den Schadens-VR nach § 78 Abs. 2 VVG analog

Der Ausgleichsanspruch des Gebäude- gegen den Haftpflicht-VR des privilegierten Mieters nach § 78 Abs. 2 VVG gilt, wie bereits dargelegt, für den Fall, dass der Gebäude-VR den auf ihn übergegangenen Regressanspruch gegen den Mieter im Rahmen des Regressverzichts nicht geltend macht. Es stellt sich die Frage, ob auch dem zuerst zahlenden Haftpflicht-VR ein Anspruch gegen den Gebäude-VR nach § 78 Abs. 2 VVG zusteht.

Dies hat das LG Aurich[225] mit Recht abgelehnt. Ein Ausgleichsanspruch nach § 78 Abs. 2 VVG analog setzt voraus, dass das Haftpflichtinteresse des privilegierten Mieters beiderseitig (sowohl vom Gebäude- als auch vom Haftpflicht-VR) geschützt wird. In der hier betrachteten Konstellation kann das nur dann der Fall sein, wenn der Gebäude-VR auf seinen Regressanspruch gegen den Mieter verzichtet. Nimmt ihn der geschädigte Vermieter zuerst in Anspruch und wird er von seinem Haftpflicht-VR freigestellt, bedeutet das, dass der Vermieter entschädigt worden ist, so dass er seinen Gebäude-VR nicht mehr heranziehen kann.[226] Folglich kann ohne Leistung des Gebäude-VR auch kein Forderungsübergang nach § 86 Abs. 1 VVG auf ihn stattfinden und somit auch kein Regressverzicht. Infolgedessen entfällt auch der Ausgleichsanspruch des Haftpflicht- gegen den Gebäude-VR nach § 78 Abs. 2 VVG. Der Gebäude-VR hat keine Leistung erbracht, es hat sich keine Mehrfachversicherung ergeben. Zwar entsteht der Ausgleichsanspruch nach dem BGH dem Grunde nach bereits mit Eintritt des Versicherungsfalls, jedoch unter der auflösenden Bedingung, dass der Gebäude-VR im Anschluss daran auf seinen Regressanspruch verzichtet. Verzichtet er nachträglich, führt dies zu einem Ausgleichsanspruch nach § 78 Abs. 2 VVG, der mit Eintritt des VF als entstanden anzusehen, eben weil er auf den VF zurückzuführen ist. Ohne Regressverzicht gibt es dennoch keinen Ausgleichsanspruch.

VII. Nicht bestimmungsgemäße Nutzung der Mietsache

Dem LG Essen (1 O 350/00) lag folgender Sachverhalt zugrunde: Der Schädiger hatte eine Doppelgarage angemietet. Eines Tages befand er sich in der Garage, um ein Fahrzeug in Stand zu setzen. Er versuchte, eine Aluminiumplatte durch

---

225 LG Aurich, Urteil v. 24.9.2010, 1 S 22/10; a. A. *Günther*, Regreß, S. 201; *Bartosch-Koch*, NJW 2011, 484 (487).

226 Allerdings könnte eine direkte Inanspruchnahme des Mieters durch den Vermieter gegen die Generalklausel des § 242 BGB verstoßen. Es bedarf also vonseiten des Vermieters eines besonderen Interesses an einem Schadensausgleich durch den Mieter.

Trennschleifen auf die passende Größe zurechtzuschneiden, als sein Handy klingelte. Er verließ die Garage und telefonierte etwa 10 Minuten lang mit dem Rücken zur Garage. Als er sich wieder umwandte, sah er, dass das Fahrzeug im Innenraum brannte.

Das Feuer griff auf die Styropor-Platten über, mit denen die Garage des Vermieters von innen verkleidet war.

Das LG Essen hat im hier betrachteten Fall einen konkludenten Regressverzicht auch bei Annahme einer leicht fahrlässigen Herbeiführung des Schadens durch den Mieter abgelehnt, weil der Schaden durch eine nicht bestimmungsgemäße Nutzung der Mietsache entstanden ist. Dem LG Essen ist zuzustimmen. Bei einer nicht bestimmungsgemäßen Nutzung der Mietsache steigt das subjektive Risiko für den Versicherer, so dass ein konkludenter Regressverzicht abzulehnen ist.

Kapitel 4: Die Regressabwicklung im Rahmen des TA-Mieterregress

A. Allgemeines

Die bisherigen Ausführungen haben sich auf die versicherungsrechtliche Regressabwicklung auf Grund eines Regressverzichts des Gebäude-VR im Rahmen des VV mit dem VN beschränkt. Der schädigende Mieter kann aber auch von einem Regressverzicht profitieren, der zwischen dem Gebäude-VR des Geschädigten und dem Haftpflicht-VR des Mieters im Rahmen von Verzichtsabkommen vereinbart wird. Dies geschieht mit Hilfe von Teilungs- und Regressverzichtsabkommen, gegenseitigen Verträgen zwischen Versicherungsunternehmen.[227] Hierbei verpflichtet sich der VR, welcher Gläubiger des Regressanspruchs aus übergegangenem Recht geworden ist, auf die Geltendmachung seines Anspruchs gegen den Abkommensschuldner gänzlich (RVA) oder quotenmäßig (TA) zu verzichten. Sowohl bei den RVA als auch den TA bleibt der Schädiger von einer Regressnahme verschont, soweit die Abkommen Anwendung finden.

Zwischen den beiden Rechtsinstituten gibt es aus rechtstechnischer und- dogmatischer Sicht Gemeinsamkeiten, aber auch Unterschiede. Der Übersichtlichkeit halber werden die betrachteten Verzichtsabkommen im Folgenden separat analysiert. Auf die bestehenden Besonderheiten, die mit der je eigenen dogmatischen Struktur der beiden Institute einhergehen, wird im jeweiligen Abschnitt hingewiesen. Eine Gemeinsamkeit besteht im Ausschluss des Regresses gegen den Schadenstifter bei einer abkommensmäßigen Regressabwicklung. Nur unter den Abkommenspartnern wird ein teilweiser (TA) oder gänzlicher Regressverzicht (RVA) vereinbart.

Der Regressverzicht des Gebäude-VR im Rahmen von TA wird durch das am 1.1.2009 in Kraft getretene TA-Mieterregress bestimmt, das die Ausgleichsansprüche (§ 78 Abs. 2 VVG) des Gebäude- gegen den Haftpflicht-VR des leicht fahrlässigen Mieters regelt, wenn diese Ansprüche vom Anwendungsbereich des TA erfasst werden. Der Rechtsanwender muss demnach jeweils prüfen, ob das TA-Mieterregress im konkreten Fall anwendbar ist. Das TA erfasst außerdem die Regressansprüche des Gebäude-VR gegen den grob fahrlässig handelnden

227 Im Rahmen von Teilungsabkommen werden auch Sozialversicherungsträger (SVT) als TA-Gläubiger beteiligt.

Mieter bzw. seinen Haftpflicht-VR, wenn zu Gunsten des schädigenden Mieters kein Regressverzicht des Gebäude-VR stattfindet. Der Abschluss des TA-Mieterregress ist eine Reaktion der Sach- und Haftpflicht-VR auf die oben erläuterte Rechtsprechung des BGH zum Regress des Gebäude-VR gegen den leicht fahrlässigen Mieter (Präambel des TA-Mieterregress).

Da zum TA-Mieterregress, soweit ersichtlich, noch keine höchstrichterlichen Entscheidungen und kaum Literatur vorliegen, werden sich die nachfolgenden Ausführungen auf Rechtsprechung und Literatur beziehen, die zu ähnlichen TA entwickelt worden sind. Die dort gewonnenen Ergebnisse lassen sich problemlos auf das TA-Mieterregress übertragen, denn die rechtliche Struktur aller TA ist einheitlich.

B. Funktion und Zweck von TA

I. Ausgangslage

Die Ausgangslage für den Abschluss eines TA zwischen Versicherungsunternehmen[228] sieht folgendermaßen aus: Durch die schuldhafte Handlung einer Person (Schädiger) kommt es zu einem Schaden bei einer anderen Person (Geschädigter). Dem Geschädigten stehen dann Schadensersatzansprüche gegen den Schädiger vor allem nach §§ 823 BGB zu. Besteht auf beiden Seiten Versicherungsschutz, kommt es zunächst zu einer Überlagerung der Einstandspflichten auf die VR. Dies führt dazu, dass der VR, der den Schaden des Geschädigten reguliert hat, einen Regressanspruch aus übergegangenem Recht gegen den Schädiger erlangt (gemäß § 86 VVG). Da auch Letzterer in der Regel über eine Haftpflichtversicherung verfügt, muss den Schaden sein Haftpflicht-VR z. B. nach § 5 AHB 2014 regulieren. Die Auseinandersetzung über die Schadenszufügung spielt sich letztendlich zwischen den VR ab.

228 Vertragspartner von TA können Versicherungsgesellschaften von unterschiedlichen Versicherungssparten sein. TA-Schuldner ist aber immer ein Haftpflicht-VR. So begegnet man häufig TA zwischen Privat-VR (z. B. die TA zwischen Kasko-VR und Haftpflicht-VR). Die in der Praxis am häufigsten vorkommenden TA sind aber diejenigen, die zwischen einem Sozialversicherungsträger und einem Haftpflicht-VR abgeschlossen werden. Solchen TA wurde in den letzten Jahrzehnten eine besondere dogmatische Bedeutung beigemessen. Die daraus entwickelte Rechtsprechung und Dogmatik kann auch auf das TA (Mieterregress) angewandt werden. Zu den verschiedenen TA-Arten siehe *Clasen*, Teilungsabkommen, S. 12 ff.; *Reimold*, Teilungsabkommen, S. 3 ff.

Die Streitigkeiten, die mit der Prüfung von Sach- und Rechtslage des Einzelfalls einhergehen, verursachen aber für die VR einen hohen Verwaltungs- und Zeitaufwand. Auf Grund dessen sind sie angesichts einer Vielzahl zweifelhafter Regressfälle an einer schnellen und kostensparenden Abwicklung des Einzelfalls interessiert. Dies hat zur Entwicklung von Teilungs- und Regressverzichtsabkommen geführt, bei denen der Regressanspruch des regressberechtigten Abkommenpartners unabhängig von der Haftpflichtfrage quotenmäßig beschränkt wird bzw. im Ganzen entfällt. In diesem Sinne wurde auch das hier behandelte TA-Mieterregress abgeschlossen, um den Verwaltungsaufwand der VR gering zu halten, zumal die Abgrenzung zwischen leichter und grober Fahrlässigkeit in der Praxis Schwierigkeiten bereitet.

Im Rahmen von TA ersetzt der Haftpflicht-VR dem regressnehmenden TA-Partner „ohne Prüfung der Sach- und Rechtslage" bei jedem VF einen stets gleichbleibenden Anteil (Quote) von dessen Aufwendungen, die Letzterer dem Geschädigten gegenüber gemäß seiner Einstandspflicht übernommen hat. Der rückgriffnehmende Beteiligte muss sich ohne Prüfung der Haftpflichtfrage[229] mit dieser Quote begnügen und gleichzeitig auf die Geltendmachung des Regressanspruchs gegen den Schädiger verzichten, auch wenn dieser Anspruch nach Sach- und Rechtlage im Einzelfall höher gewesen wäre als die erhaltene Quote. Auf der anderen Seite hat der Haftpflicht-VR dem TA-Partner stets die gleiche Quote zu erbringen, selbst wenn der Haftpflichtanspruch gegen den Schädiger im konkreten Fall aus rechtstatsächlichen Gründen unbegründet oder z. B. auf Grund eines Mitverschuldens des Geschädigten beschränkt ist.

II. Partielle Überwälzung des Ausfall- und Einstandsrisikos

Was die TA in Bezug auf die Rechtslage unmittelbar bewirken, ist also die partielle Überwälzung des Ausfall- und Einstandsrisikos der VR.[230] Wäre der Regressfall nach Sach- und Rechtslage und nicht auf Grund eines TA abzuwickeln, wäre der regressberechtigte VR mit dem Risiko der Durchsetzbarkeit seines

229 Wird in einem TA gänzlich auf die Prüfung der Haftpflichtfrage verzichtet, handelt es sich um eine sog. erweiterte Prüfungsverzichtsklausel. Einige TA beinhalten eingeschränkte Verzichtsklauseln, bei denen nur einige Tatbestandselemente nicht nachgewiesen zu werden brauchen. So sieht das TA (Mieterregress) vor, dass der Nachweis der subjektiven Komponente des Verschuldens nicht erforderlich ist (§ 2 Nr. 1). Stattdessen „muss aber der Gebäude-VR Tatsachen darlegen, die keinen ernsthaften Zweifel an dem rechtswidrigen, objektiv fahrlässigen und ursächlichen Pflichtverstoß zulassen".

230 *Kaiser*, Teilungsabkommen, S. 6 f.

Regressanspruchs gegen den Schädiger belastet (Ausfallrisiko). Sein Regressanspruch könnte etwa am Fehlen einer schuldhaften und rechtswidrigen Handlung des Schädigers scheitern. Sein Ausfallrisiko wird jedoch im Rahmen eines TA auf den Haftpflicht-VR abgewälzt, weil Letzterer dem Regressgläubiger stets die gleiche Quote, gerechtfertigter- oder ungerechtfertigtermaßen, des Regressanspruchs vorzulegen hat.

Auf der anderen Seite sind sämtliche Haftpflicht-VR in jeder Rechtslage mit dem Einstandsrisiko konfrontiert, dem Regressgläubiger bei begründeten Fällen den Schaden zu ersetzen. Indem sie im Rahmen eines TA nur eine festgesetzte Quote zu erstatten haben, wird ein Teil des Einstandsrisikos auf den Regressgläubiger überwälzt, weil er u. U. je nach Rechtslage mehr zu erstatten hätte als die geschuldete Quote.

Da aber die abkommensmäßige Verpflichtung des Haftpflicht-VR bei der Abwicklung des Regressfalles auf die festgesetzte Quote beschränkt ist, spricht man im Rahmen eines TA nur von einer partiellen Überwälzung der Risikozuweisung zwischen den TA-Partnern.[231] Im Hinblick auf die erstattete Quote übernimmt der TA-Schuldner das Ausfallrisiko des TA-Gläubigers. Bezüglich des die Quote übersteigenden Ersatzanspruchs bleibt dagegen das Ausfallrisiko endgültig beim Regressgläubiger, weil er insoweit auf die Geltendmachung des Anspruchs auf die Prüfung der Haftpflichtfrage angewiesen ist. Spiegelbildlich dazu wird das Einstandsrisiko des Haftpflicht-VR nur in Höhe des die Quote übersteigenden Betrages auf den Regressgläubiger abgewälzt, weil eben der Haftpflicht-VR sich nur quotenmäßig an den Aufwendungen des Regressgläubigers beteiligen muss, obwohl er je nach Sachlage hätte mehr erbringen müssen.

III. Wechselseitige Kompensierung der Risikozuweisung

Wie soeben im Zusammenhang mit der partiellen Überwälzung des Ausfall- und Einstandsrisikos ersichtlich wurde, können bei der abkommensmäßigen Regressregulierung für beide TA-Partner Nachteile entstehen. So erstattet der TA-Schuldner dem TA-Gläubiger ohne Prüfung der Sach- und Rechtslage stets die vereinbarte Quote, obwohl er ohne TA von seiner Leistung sogar befreit werden könnte. Gleichermaßen kann es je nach Rechtslage vorkommen, dass sich der TA-Gläubiger mit der erstatteten Quote begnügen muss, obwohl er bei Abwesenheit eines TA mehr hätte beanspruchen können.

---

231 *Kaiser*, Teilungsabkommen, S. 7.

Trotzdem wird mittels des TA auf längere Sicht erreicht, dass die Nachteile auf Grund des Gesetzes der großen Zahl durch die Vorteile der wechselseitigen Risikozuweisung ausgeglichen werden, so dass beide TA-Partner am Ende eine annähernd große Belastung tragen als wäre der Regressfall jeweils nach Sach- und Rechtslage reguliert worden.[232] Werden zwischen den gleichen TA-Partnern viele Regressfälle abgewickelt, hat das für beide auf längere Sicht in etwa die gleichen Effekte wie bei einer Schadensregulierung außerhalb des TA. Die Fälle, in denen z. B. der TA-Schuldner auf Grund der erbrachten Quote mehr zu schultern hat, als er nach der Sach- und Rechtslage hätte tragen müssen, werden durch solche Kasus kompensiert, in denen er aus rechtstatsächlichen Gründen für den gesamten Schaden selbst aufzukommen hätte.[233] Das Gleiche gilt umgekehrt in Bezug auf die Belastung des TA-Gläubigers, weshalb man hier von einer wechselseitigen Kompensation der Risikozuweisung sprechen kann.

Diese Risikokompensierung in Verbindung mit der erzielten Kostenersparnis der Beteiligten auf Grund des Verzichts auf die Prüfung der Sach- und Rechtslage rechtfertigen auch den Sinn und Zweck der TA.

Nach der abkommensmäßigen Regulierung einer großen Anzahl von Regressfällen entspricht die Risikoübernahme der Beteiligten ungefähr derjenigen, die bei einer Regulierung nach Sach- und Rechtslage stattgefunden hätte, und trotzdem wird eine Verringerung des Verwaltungsaufwandes bzw. des Regresskostenrisikos erzielt.[234] Das heißt, die Abwicklung eines Regressfalles im Rahmen eines TA ist für die streitenden Versicherungsgesellschaften ökonomischer als ohne TA. Darin besteht ihre ursprüngliche und grundlegende Funktion.[235]

---

232 *Haidinger*, VersR 1951, 57; *Höring*, VersR 1954, 377; *Plagemann/Schafhausen*, NZV 1991, 49 (50); *Plagemann*, in: Geigel, § 30, Rdn. 95; *Kaiser*, Teilungsabkommen, S. 8.

233 *Kaiser*, Teilungsabkommen, S. 8.

234 *H. Bischoff*, VersR 1974, 217; *Kaiser*, Teilungsabkommen, S. 8 f.; *Höring*, VersR 1954, 377; *Clauß*, VersR 1957, 557; *Haidinger*, VersR 1951, 57; *W. Wussow*, Teilungsabkommen, S. 1; *Denck*, NJW 1982, 2048 (2049).

235 In diesem Sinne besagt auch das TA (Mieterregress) in der Präambel: „Ziel des Abkommens ist, die mit der Prüfung und Verfolgung bzw. Abwehr solcher Ansprüche verbundenen internen und externen Kosten der beteiligten VR zu reduzieren, die Gerichte zu entlasten und eine Belastung des Verhältnisses zwischen Mieter und Vermieter bzw. Pächter und Verpächter durch Auseinandersetzungen zwischen den VR zu vermeiden".

C. Die technische Ausgestaltung des TA

I. Die vereinbarte Quote

Ein wesentlicher Bestandteil der TA ist die vereinbarte Quote, also der Anteil (Prozentsatz), mit dem sich der TA-Schuldner an den Aufwendungen des TA-Gläubigers beteiligt.[236] Damit mit Hilfe des TA das Ziel des wechselseitigen Ausgleichs der übernommenen Risiken erreicht werden kann, muss aber die vereinbarte Quote so festgelegt werden, dass sie der durchschnittlichen Haftungslage aller vergleichbaren Fälle möglichst nahekommt.[237] Entspricht beispielsweise der Lebenserfahrung (Erfahrungssätze), dass ein Gebäude-VR über einen längeren Zeitraum nach Sach- und Rechtslage 50 Prozent seiner Aufwendungen erstattet erhält, müsste dieser Prozentsatz als Quote bei einem TA dieser Art festgelegt werden.[238] So ist es im Rahmen des TA-Mieterregress auch geschehen, wo er bei 50 Prozent fixiert wurde (§ 3Nr. 1 b TA).

Die in der Praxis üblichen Quoten bei anderen TA bewegen sich zwischen 40 und 60 Prozent. Auch Mischquoten sind üblich.[239] Sie tragen der Konstellation Rechnung, dass die Einstandsrisiken der Beteiligten bei den verschiedenen Haftungstatbeständen unterschiedlich hoch sind.[240] So muss z. B. die Quote für den Fall der Gefährdungshaftung höher sein als bei der Verschuldenshaftung, denn das Einstandsrisiko des Schädigers ist bei den Gefährdungshaftungstatbeständen auf Grund des Verzichts auf das Verschuldenserfordernis größer als bei den Verschuldenstatbeständen.

II. Abkommenlimits

Die meisten TA, so auch das TA-Mieterregress, arbeiten mit Abkommenlimits, welche das Einstandsrisiko des TA-Schuldners begrenzen sollen.[241] Dabei lassen sich zwei Arten differenzieren: 1. Die „Limitierungsklauseln", die auch das

---

236 So findet man z. B. die Formulierung: „[...] der Haftpflicht-VR beteiligt sich am Entschädigungsbetrag mit einer Quote von 50 % (Regressleistung)". Aus dem TA-Mieterregress (§ 3 Nr. 1).

237 *Haidinger*, VersR 1951, 57; *H. Bischoff*, VersR 1974, 217; *Kaiser*, Teilungsabkommen, S. 8, 17; *Plagemann/Schafhausen*, NZV 1991, 49 (50).

238 Vgl. *Kaiser*, Teilungsabkommen, S. 17.

239 Mischquotenklauseln folgender Art können vereinbart werden: „Der Haftpflicht-VR ersetzt dem SVT 60 % bei Gefährdungshaftung und 50 % bei Verschuldenshaftung der zu gewährenden Leistungen". Beispiel von *Kaiser*, Teilungsabkommen, S. 19.

240 *Kaiser*, Teilungsabkommen, S. 20; *Stoll*, SozVers 1965, 44.

241 BGH, VersR 1973, 759; *Clasen*, Teilungsabkommen, S. 22; *Kaiser*, Teilungsabkommen, S. 23.

hier betrachtete TA-Mieterregress beinhaltet, können folgende Formulierung beinhalten: „Schäden über 100.000 € fallen nicht in den Anwendungsbereich dieses Abkommens.“[242] Danach wird der gesamte Fall nach Sach- und Rechtslage abgewickelt, wenn die Aufwendungen des TA-Gläubigers das Abkommenslimit übersteigen. Nur bei Schäden, die endgültig unter das Limit fallen, wird abkommensgemäß verfahren. 2. Die „Spitzenklauseln“ sind die am häufigsten verwendeten Klausel bei TA. Solch eine besagt, dass bei Schäden, die das Abkommenslimit übersteigen, nur die überschießende Spitze nach der Rechtslage zu regulieren ist, während der Teil der Aufwendungen, der unter dem Abkommenslimit liegt, nach dem TA abzuwickeln ist.[243]

Bei unlimitierten TA gilt die im Haftpflicht-VV vorgesehene Deckungssumme als Grenze für die Einstandspflicht des TA-Schuldners. Das heißt, nach dem TA wird ausschließlich für Schäden, die von der Deckungssumme erfasst werden, gerechnet; darüber hinaus gilt es, Sach- und Rechtslage aufzuklären.[244]

Eine Analyse der versicherungsrechtlichen Regressabwicklung auf Grund eines abkommensmäßigen Regressverzichts des Gebäude-VR setzt voraus, dass man mit der rechtlichen Struktur des TA als Vertrag vertraut ist. Die Meinungen in Rechtsprechung und Literatur sind jedoch in Bezug auf die Rechtsnatur des TA nicht einheitlich. Im Folgenden soll daher auf den Stand der Diskussion eingegangen werden.

D. Rechtsnatur von TA

I. Meinungen in der Rechtslehre

Über die Rechtsnatur der TA als Vertragstypus wird in der Rechtslehre gestritten.[245] So wird vereinzelt behauptet, bei ihnen handele es sich um eine Rückversicherung.[246] Das „versicherbare Interesse“ des TA-Gläubigers liege in der Übernahme der Einstandspflicht gegenüber dem Geschädigten und werde beim TA-Schuldner weiter versichert, indem sich dieser bei jedem TA-Fall verpflichte, einen Teil des

242 Limitierungsklausel aus dem TA-Mieterregress (§ 3 Nr. 1).

243 Eine Spitzenklausel kann beispielsweise folgende Formulierung haben: „Übersteigen die Aufwendungen des SVT … €, so ist bis dahin nach dem Abkommen, darüber hinaus nach Sach- und Rechtslage zu verfahren.“

244 BGH, NJW 1978, 2506.

245 Zur Rechtsnatur der TA siehe eingehend: *Kaiser*, Teilungsabkommen, S. 50 ff.; *Reimold*, Teilungsabkommen, S. 20 ff.; *Clasen*, Teilungsabkommen, S. 30 ff., mit den dort angegebenen Nachweisen.

246 *Sieg*, Ausstrahlungen, S. 232.

Schadens ohne Rücksicht auf die Haftpflichtfrage zu ersetzen. Die Leistung des TA-Gläubigers bestehe im Verzicht auf etwaige weitergehende Ersatzansprüche.[247] Nach *H. Bischoff* handelt es sich bei den TA sogar um „wechselseitige Rückversicherungen", weil beide TA-Partner ihrerseits infolge der Rechtsbeziehungen zu ihren Versicherten von „versicherbaren Schäden" bedroht seien, diese Schäden aber durch die abkommensmäßig erbrachten Leistungen gegenseitig abgedeckt würden.[248]

Eine weitere Auffassung ordnet das TA als Vorvertrag ein, der den Abschluss künftiger Abfindungsvergleiche vorbereite und sicherstelle.[249] Sofern dies so wäre, könnte im Rahmen eines TA allerdings nicht direkt auf Zahlung der vereinbarten Leistung (Quote) geklagt werden. Zuerst müsste man auf den Abschluss des Hauptvertrages klagen.[250] Diese Auffassung fand daher in Rechtsprechung und Literatur zu Recht keine Gefolgschaft, zumal der Zweck des Vorvertrages mit dem Abschluss des Hauptvertrages hinfällig wird. Das TA soll jedoch auch bei der Erledigung eines Einzelfalles nicht beendet werden, sondern für die Regulierung künftiger Regressfälle weiterbestehen.[251]

Haidinger[252] vertritt die Auffassung, bei den TA handele es sich um gegenseitige Verträge mit den Merkmalen eines Vergleichs. Da die Rechtsverhältnisse bei Abschluss des TA nicht vorliegen, sondern erst in Zukunft bei der Entstehung der einzelnen Schadensfälle konkretisiert werden können, sei ein TA ein „vorwegnehmender" Vergleich in Form eines Vor- oder Rahmenvertrages.

Des Weiteren wird ausgeführt, dass die TA echte gegenseitige Verträge mit aufschiebender Bedingung seien.[253] Erst mit Eintritt der Bedingung, das heißt, sobald der TA-Gläubiger Leistungen erbracht habe, entstehe der Ausgleichsanspruch gegen den TA-Schuldner. Gegen diese Auffassung wurde aber zu Recht eingewandt, dass die TA-Partner nicht abkommensgemäß verfahren wollen

247 *Sieg*, Ausstrahlungen, S. 232.

248 *H. Bischoff*, VersR 1974, 217 (218). Die Qualifizierung des TA als Rückversicherung stieß im Schrifttum zu Recht auf Ablehnung. Vgl. die Kritik von *Kaiser*, Teilungsabkommen, S. 69 ff. Zentrales Element jeder Versicherung ist die Minimierung des versicherten Risikos durch Bündelung vieler gleichartiger Einzelwagnisse (Massenprinzip). Demgegenüber brauche der TA-Schuldner seine abkommensmäßigen Zahlungen nicht durch Abschluss weiterer TA auszugleichen, denn der Ausgleich finde bei jedem TA auf Grund des Gesetzes der großen Zahl vertragsintern statt.

249 *Loppuch*, NZ 1937, 1231.

250 *Loppuch*, NZ 1937, 1231.

251 *Kaiser*, Teilungsabkommen, S. 54.

252 VersR 1951, 57.

253 *Mölich*, NZ 1938, 331.

unter der Bedingung, dass der TA-Fall eintrete, sondern so oft er eintrete.[254] Die TA sollen vielmehr in einer Vielzahl von Einzelfällen wirksam werden und nicht durch Erfüllung der Bedingung ein für alle Mal für abgeschlossen erklärt werden.[255]

Alle weiteren Einordnungsversuche, denen man im Schrifttum begegnet, berühren nicht die direkte Einbettung des TA in den einen oder anderen Vertragstypus, sondern sind darum bemüht, die einzelnen vertraglichen Elemente des TA näher zu bestimmen. So beinhalten TA nach der Meinung von *Clasen* die Merkmale eines Schuldversprechens, des Vertrages über die Annahme an Erfüllung statt, sowie des Vertrages zu Gunsten Dritter.[256] Nach *Kaiser* sind TA gegenseitige Verträge „sui generis", die ein Dauerschuldverhältnis begründen. Sie seien weder Vor- noch Rahmenverträge, sondern „definitive" Verträge (Hauptverträge), bei denen jeder Einzelanspruch durch den Eintritt des TA-Falls aufschiebend bedingt sei.[257] Vereinzelt wurde auch ausgeführt, beim TA handele es sich um einen teilweisen (in Höhe des die Quote übersteigenden Betrages) Erlass des Haftpflichtanspruchs bereits beim Abschluss des TA.[258]

---

254 *Clasen*, Teilungsabkommen, S. 36; *Kaiser*, Teilungsabkommen, S. 64.

255 *E. Prölss*, JRPV 1939, 113 (114); *Clasen*, Teilungsabkommen, S. 36 f.; *Kaiser*, Teilungsabkommen, S. 64.; *Reimold*, Teilungsabkommen, S. 47.

256 *Clasen*, Teilungsabkommen, S. 37 ff. Gegen die Einordnung des TA als Schuldversprechen wurde zu Recht eingewandt, dass das Schuldversprechen nach § 780 BGB ein einseitig verpflichtender Vertrag sei, der ein vom Grundgeschäft losgelöstes Leistungsversprechen enthalte. Demgegenüber stehe die Leistung des TA-Schuldners in einem „synallagmatischen" Verhältnis zur Gegenleistung des TA-Gläubigers, die Leistungen seien also vielmehr gegenseitig bedingt. Vgl. die Kritik von *Reimold*, Teilungsabkommen, S. 37.

257 *Kaiser*, Teilungsabkommen, S. 55, 61 ff.; ähnlich auch *Reimold*, Teilungsabkommen, S. 36 ff.

258 *Goedelt*, zfs 1979, 161 (162). Diese Meinung wurde aber im Schrifttum weitgehend abgelehnt. Vgl. die Kritik von *Clasen*, Teilungsabkommen, S. 39; *Kaiser*, Teilungsabkommen, S. 56. Soweit aber diesbezüglich eingewandt wird, ein TA könne keinen Erlass beinhalten, weil ein Erlass eine bestehende Forderung voraussetze, die zu erlassende Forderung beim Abschluss des TA aber noch nicht entstanden sei, ist dem nicht zuzustimmen. Denn auch der Erlass einer künftigen Verbindlichkeit ist möglich [vgl. BGHZ 40, 326 (330)], wenn diese zumindest bestimmbar ist. Im Falle des TA ist die zu erlassende Forderung (Haftpflichtanspruch) beim Abschluss des TA wohl bestimmbar. Ob das TA dennoch einen Erlass beinhalten kann, wird sich in den nachfolgenden Ausführungen zeigen.

Die h. M. in Rechtsprechung[259] und Literatur[260] geht indes davon aus, dass es sich bei den TA um gegenseitige Rahmenverträge zur vergleichsweisen Erledigung künftiger, durch Schadensfälle entstandener Rechtsverhältnisse handelt, in denen sich der Haftpflicht-VR im eigenen Namen verpflichtet, die Schäden seines VN in Höhe der vereinbarten Quote zu übernehmen, während sich seinerseits der Regressgläubiger verpflichtet, sich der Geltendmachung des Anspruchs gegen den Schädiger zu enthalten (Stillhalteverpflichtung, pactum de non petendo).

II. Gesamtwürdigung

Der Streit über die Rechtsnatur des TA hängt mit der komplexen rechtlichen Ausgestaltung des durch den Abschluss des TA entstandenen Schuldverhältnisses zusammen. Die Auseinandersetzung mit der Frage der Rechtsnatur des TA ist aber nicht nur theoretischer Natur. Von der Klärung dieser Frage hängt vielmehr eine Vielzahl von weiteren, für die Rechtspraxis erheblichen Einzelproblemen ab, die mit der Anwendung von TA zusammenhängen.[261]

Der h. M., die die TA als Rahmenverträge für die vergleichsweise Abwicklung von zukünftigen Rechtsverhältnissen definiert, ist zuzustimmen. Im Zeitpunkt des Abschlusses des TA kann dieser Vertrag nur als „rechtlicher Rahmen" funktionieren, innerhalb dessen sich jedes künftige, zwischen den TA-Partnern entstehende Rechtsverhältnis zu bewegen hat. Da beim Abschluss des TA das Schuldverhältnis, worum es bei der abkommensmäßigen Abwicklung des Einzelfalles geht, noch nicht entstanden ist, können dem TA nicht die Eigenschaften eines „definitiven", einklagbaren Vertrages beigemessen werden. Kommt es zu keinem TA-Fall, entspringen aus dem abgeschlossenen TA für die Vertragsparteien keine klagbaren Rechte. Das heißt, die „Mehrstufigkeit"[262] des Rechtsverhältnisses ist im Falle der

259 BGH VersR 51, 65; BGH VersR 60, 988; BGH VersR 62, 19; BGH VersR 63, 1066; OLG Braunschweig VersR 1955, 244.

260 *J. Prölss*, in: Prölss/Martin, § 86 VVG, Rdn. 63; *Baumann*, in: BK, § 67 VVG, Rdn. 182; *Möller/Segger*, in: Langheid/Wandt, § 86 VVG, Rdn. 247; *Voit*, in: Bruck/Möller[9], § 86 VVG, Rdn. 184; *W. Wussow*, Teilungsabkommen, S. 3 ff.; *ders.*, VersR 1968, 811; *Denck*, NJW 1982, 2048 (2049); *Plagemann/Schafhausen*, NZV 1991, 49; *Plagemann*, in: Geigel, § 30, Rdn. 95; *Seitz*, Ersatzansprüche, S. 280.

261 Von der rechtlichen Einordnung des TA hängt bspw. die Frage der Verjährung, der Erfüllungswirkung, der Rechtsstellung Dritter usw. ab. Vgl. auch *W. Wussow*, Teilungsabkommen, S. 2.

262 Den Begriff der „Mehrstufigkeit" verwendet *Kaiser*, Teilungsabkommen, S. 51 ff. und will damit eine Eigenschaft des Rahmenvertrages ansprechen, nach der dieser nur den „Rahmen" liefert, der noch durch einzelne Verpflichtungsverträge ausgefüllt werden

abkommensmäßigen Abwicklung des Regressfalles im Widerspruch zur Gegenmeinung[263] nicht zu leugnen. Sie ist intrinsisch, weil das TA nur den Rahmen bietet, wie künftige Rechtsverhältnisse zu regulieren sind.

Die Gegenauffassung[264] schließt die Mehrstufigkeitsprämisse in ihre Ausführungen selbst indirekt ein, obwohl sie sie leugnet. Dabei wird versucht, die Problematik mittels der Konstruktion der „aufschiebenden Bedingung" zu umkleiden. Danach sei das Entstehen eines jeden Einzelleistungsanspruchs auf den Eintritt des TA-Falls aufschiebend bedingt.[265] Diese Rechtskonstruktion mag zwar für die Rechtspraxis keinen Unterschied zu der hier vertretenen Auffassung darstellen, denn sowohl bei der Annahme eines Rahmenvertrages als auch im Verständnis des TA als Vertrag mit aufschiebender Bedingung stellt man für die abkommensmäßige Anspruchserhebung auf den Eintritt des Abkommensfalles ab, so dass keine Unterschiede bezüglich der Verjährungsfrage entstehen können. Aus rechtsdogmatischer Sicht ist aber die Konstruktion der Gegenauffassung zweifelhaft. Einerseits ist sie nichtssagend in Bezug auf den Vertragstypus des TA, denn nahezu jeder Vertragstypus kann aufschiebend bedingte Einzelansprüche beinhalten. Auf die Frage, worum es sich bei den TA handelt, liefert die Konstruktion der Opposition also keine Antwort. Überdies lässt die Gegenauffassung den Fall der „schwebenden Rechtsverhältnisse"[266] außer Betracht. Für die Bejahung einer aufschiebenden Bedingung bedarf es beim Abschluss des Rechtsgeschäftes jedenfalls eines ungewissen, zukünftigen Ereignisses.[267] Daran fehlt es aber in den schwebenden Fällen, wo das Schadensereignis bei Abschluss des TA bereits eingetreten war. TA sollen aber auch für solche schwebenden Fälle Geltung erlangen. Dann wäre aber die Opposition gezwungen, eine „doppelte" Rechtsnatur des TA zu akzeptieren: einmal für die schwebenden und einmal für die künftigen Fälle.[268] Für die Rechtssicherheit wäre dies jedoch inakzeptabel,

---

müsste. Diese Aufspaltung des Rechtsverhältnisses, die bei den Rahmenverträgen vorhanden ist, lehnt er bei den TA ab, denn diese Mehrstufigkeit sei mit der Annahme eines sich unmittelbar aus dem Abkommen ergebenden Zahlungsanspruchs unvereinbar.

263 *Kaiser*, Teilungsabkommen, S. 52 ff.; *Reimold*, Teilungsabkommen, S. 40.

264 Siehe vorherige Fn.

265 *Kaiser*, Teilungsabkommen, S. 64; *Reimold*, Teilungsabkommen, S. 48.

266 Als „schwebend" wird ein Fall bezeichnet, in welchem das Schadensereignis bereits eingetreten war, als das TA in Kraft trat.

267 *Ellenberger*, in: Palandt, § 158 Einf. BGB, Rdn. 1.

268 In der Tat räumt *Reimold*, Teilungsabkommen, S. 50 ein, dass die Rechtsnatur der TA hinsichtlich der schwebenden Fälle eine andere sei als für zukünftige. In seinen Ausführungen prüft er allerdings nicht, ob das TA bezüglich der schwebenden Fälle als Rahmenvertrag qualifiziert werden kann.

denn die rechtliche Qualifizierung eines jeden Vertragstypus kann nicht von der unterschiedlichen Ausgestaltung des Einzelfalls abhängen.

Warum die Gegenauffassung die Einordnung des TA als Rahmenvertrag ablehnt, hängt mit der Annahme zusammen, dass die Abkommenswirkungen dann allein durch den Abschluss eines Einzelvertrages in jedem Abkommensfall ausgelöst werden könnten. Nach dem Standpunkt der Gegenseite sei demgegenüber ein unmittelbarer Zahlungsanspruch aus dem TA anzunehmen.[269] Dieser setzt aber zwingend voraus, dass alle Voraussetzungen des Zahlungsanspruchs beim Abschluss des Hauptvertrages definitiv erfüllt sind. Nach dem „Bestimmtheitsprinzip" müssen die wesentlichen Bestandteile eines Hauptvertrages bei dessen Abschluss festgelegt sein. Nur dann kann man von einem definitiven, einklagbaren Vertrag sprechen. Auch wenn einzelne Ansprüche aufschiebend bedingt sein können, müssen sich zumindest die Hauptbestandteile des Vertrages bestimmen lassen. Beim Abschluss des TA ist hingegen keine seiner Anwendungsvoraussetzungen[270] definitiv erfüllt, so dass das TA die Eigenschaften eines definitiven Vertrages nicht aufweisen kann.

Die Gegenauffassung lehnt im Falle des TA auch die vergleichsweise Erledigung künftiger Rechtsverhältnisse ab. Ein Vergleich nach § 779 BGB erfordere ein gegenseitiges Nachgeben, wovon beim TA aber wegen der auf längere Sicht wechselseitigen Kompensierung der Nachtteile keine Rede sein könne.[271] Diese Auffassung ist abzulehnen. Für das Bejahen einer vergleichsähnlichen Erledigung eines jeden Rechtsverhältnisses ist auf das konkrete Rechtsverhältnis abzustellen, um das es bei jeder abkommensmäßigen Abwicklung des Regressfalles geht. Jeder Abkommensfall muss also von jedem anderen künftigen TA-Fall isoliert betrachtet werden, denn es handelt sich stets um ein neues Rechtsverhältnis (gesetzliches Schuldverhältnis), das einer separaten, abkommensmäßigen Erledigung bedarf. Betrachtet man aber jeden Abkommensfall isoliert, ist eine vergleichsähnliche Regulierung des Einzelfalls nicht zu leugnen, denn jeweils ist

269 *Kaiser*, Teilungsabkommen, S. 52, 54 f.; *Reimold*, Teilungsabkommen, S. 40.

270 Das TA kann nur dann angewandt werden, wenn eine Reihe von Voraussetzungen erfüllt wird. So hängt die abkommensmäßige Abwicklung des Regressfalles z. B. davon ab, ob der Haftpflicht-VR im konkreten Fall dem VN/Schädiger gegenüber deckungspflichtig ist oder der SVT berechtigt ist, den Regressanspruch geltend zu machen. All diese Voraussetzungen stehen aber beim Abschluss des TA noch nicht fest, sie können nur beim Eintritt des TA-Falls endgültig geklärt werden. Zu Anwendungsvoraussetzungen des TA siehe unten Kapitel 4: F. Vgl. auch die verschiedenen Konstellationen bei Nichtanwendbarkeit des TA bei *H. Wussow*, VersR 1960, 968.

271 *Kaiser*, Teilungsabkommen, S. 66 f.; *Reimold*, Teilungsabkommen, S. 46, 50.

ein gegenseitiges Nachgeben der TA-Partner vorhanden. Dass auf längere Sicht infolge des Gesetzes der großen Zahl ein wechselseitiger Ausgleich der Nachteile stattfinden kann, hängt damit zusammen, dass durch die große Menge der Abkommensfälle viele Einzelvergleiche zwischen den TA-Partnern stattgefunden haben, die zu einem wechselseitigen Ausgleich der vorhandenen Nachteile führten bzw. führen können.[272]

E. Die rechtliche Ausgestaltung des TA

Im Rahmen der Bestimmung der Rechtsnatur des TA als Vertragstypus wurde die rechtliche Struktur des TA in Konturen aufgezeigt. Im Folgenden soll auf die konkreten rechtlichen Instrumentarien des TA eingegangen werden, die die rechtliche Ausgestaltung des TA ausmachen und die von der Rechtsprechung und der Literatur bei der Handhabung der verschiedenen TA entwickelt worden sind. Die sich daraus ergebenden Schlüsse gelten dann gleichermaßen auch für das betrachtete TA-Mieterregress.

I. Regressverzicht zu Gunsten des Schädigers

Sind die Anwendungsvoraussetzungen für das TA erfüllt und wird der Regressfall abkommensgemäß reguliert, muss der TA-Gläubiger auf eine Inanspruchnahme des Schädigers verzichten. Der Regressfall soll unter Ausschaltung des Schädigers unmittelbar zwischen den TA-Partnern abgewickelt werden.[273] Bei den limitierten TA, die eine Limitierungsklausel beinhalten, wird der gesamte Regressfall abkommensgemäß abgewickelt, so dass eine Inanspruchnahme des Schädigers gänzlich ausscheidet, soweit der TA-Gläubiger seinen gesamten TA-Anspruch befriedigt hat. Erhält der Regressgläubiger vom Haftpflicht-VR die im TA vereinbarte Quote, muss er sich damit auch gegenüber dem Schädiger abfinden. Das heißt, der TA-Gläubiger darf den über die erhaltene Quote hinausgehenden Teil seiner Aufwendungen nicht mehr gegen den Schädiger geltend machen. Andernfalls müsste der Haftpflicht-VR seinem VN Haftpflichtdeckung gewähren, und das würde zu einer überquotalen Belastung des Haftpflicht-VR führen, die durch das TA gerade verhindert werden soll.[274] Etwas anderes gilt nur

272 Theoretisch kann bei jedem Vergleichsvertrag nach § 779 BGB diese Konstellation der wechselseitigen Kompensierung der entstandenen Nachteile eintreten, vorausgesetzt, zwischen den gleichen Vertragspartnern kommt eine Vielzahl von Einzelvergleichen zustande.

273 BGH, NJW 1974, 698; *Denck*, NJW 1982, 2048 (2051).

274 BGH, VersR 1978, 843 (844).

bei den Spitzenklauseln, und zwar für den Teil der Aufwendungen des TA-Gläubigers, der das Abkommenslimit übersteigt. Da insoweit das TA keine Anwendung findet, ist der TA-Gläubiger dem Schädiger gegenüber regressberechtigt.[275]

Im Rahmen des TA-Mieterregress wird der gesamte Regressfall abkommensgemäß abgewickelt, wenn der eingetretene Schaden vom Anwendungsbereich des TA erfasst wird, denn das TA enthält keine Spitzen-, sondern nur eine Limitierungsklausel. Das bedeutet, dass der Gebäude-VR den schädigenden Mieter nicht mehr in Anspruch nehmen kann (Regressverzicht), wenn er vom Haftpflicht-VR des Mieters die vereinbarte Quote von 50 Prozent erhalten hat. Die Statuierung einer Limitierungs- anstatt einer Spitzenklausel ist konsequent. Da das TA-Mieterregress gemäß § 1Nr. 1 TA u. a. die Ausgleichsansprüche des Gebäude-VR gegen den Haftpflicht-VR des leicht fahrlässigen Mieters regelt, wäre der Rückgriff des Gebäude-VR gegen den Mieter für den Spitzenbetrag im Rahmen einer Spitzenklausel ohnehin ausgeschlossen, denn der leicht fahrlässige Mieter ist vor einer Inanspruchnahme geschützt. Der Gebäude-VR kann also den von der TA-Quote nicht gedeckten Spitzenbetrag (Spitzenquotenbetrag)[276] auch im Zusammenhang mit der Limitierungsklausel nur gegen den grob fahrlässigen Mieter geltend machen.

1. Dogmatische Begründung des Regressverzichts

Welche rechtliche Gestaltung dieser Regressverzicht des Regressgläubigers annehmen soll, ist in Rechtsprechung und Literatur nicht immer einheitlich beantwortet worden. Diverse Rechtskonstruktionen wurden vorgeschlagen.

Einer singulären Auffassung zufolge[277] erwerbe der Haftpflicht-VR den Regressanspruch des Regressgläubigers, nachdem er diesem die vereinbarte Quote

---

275 Der TA-Gläubiger, der den Schädiger für die überschießende Spitze in Anspruch nimmt, muss sich aber die erhaltene Quote anrechnen lassen. Das bedeutet, dass der Schädiger für den überschießenden Betrag vom TA-Gläubiger nur dann in Anspruch genommen werden darf, wenn die Höhe des Drittanspruchs nach der Rechtslage die erhaltene TA-Quote überschreitet. Der Drittanspruch muss m. a. W. der Höhe nach die überschießende Spitze gerade abdecken. Vgl. OLG München, VersR 1979, 247 (248).

276 Als Spitzenquotenbetrag wird der von der gezahlten Quote nicht gedeckte Teil des Quotenanspruchs bezeichnet (z. B. wegen Erschöpfung der Versicherungssumme). Unter Spitzenbetrag wird dagegen der über die TA-Quote hinausgehende Betrag verstanden, der noch bei einer Spitzenklausel nach der Rechtslage zu regulieren oder bei Mehrheit von Schuldnern noch zu verlangen ist.

277 *H. Bischoff*, VersR 1974, 217 (221).

erbracht hat. Der Regressanspruch erlösche aber in der Hand des TA-Schuldners durch Konfusion (Regressanspruch gegen sich selbst), so dass eine Inanspruchnahme sowohl des Schädigers als auch des TA-Schuldners nicht mehr möglich sei. Diese Rechtskonstruktion ist jedoch abzulehnen. Eine Abtretung des Regressanspruchs des TA-Gläubigers würde dessen Interessen zuwiderlaufen und somit der Funktion des TA entgegenstehen. Nach Erreichen des Abkommenlimits ist jeder Haftpflichtanspruch im Falle der Spitzenklauseln entsprechend der Sach- und Rechtslage aufzuklären. Hätte der Regressgläubiger dem Regressgegner seinen Regressanspruch abgetreten, könnte er nach Überschreitung des Abkommenlimits nicht mehr auf den Haftpflichtanspruch zurückgreifen. Damit würde die Funktion der Spitzenklauseln leerlaufen. Das Gleiche gelte für Limitierungsklauseln, und zwar für den nicht gedeckten Spitzenquotenbetrag.

Zudem wurde ein Erlass des Haftpflichtanspruchs schon beim Abschluss des TA angenommen.[278] Obwohl sich ein Erlass auch auf eine zukünftige Forderung beziehen kann[279], ist die Erlasskonstruktion für das TA abzulehnen, weil das der vergleichsweisen Erledigung des Haftpflichtanspruchs ohne Prüfung der Haftpflichtfrage dogmatisch nicht entspräche.[280] Ein Erlass würde voraussetzen, dass die Forderung des Gläubigers endgültig besteht und er auf deren Geltendmachung verzichtet. Da aber im Falle des TA insbesondere die Prüfung der Sach- und Rechtslage aufgegeben wird, kann man nicht von einer bestehenden Forderung sprechen. Der Fall wird lediglich durch gegenseitiges Nachgeben bezüglich der vertraglichen (abkommensmäßigen) Ansprüche abgewickelt[281]; die Haftpflichtfrage bleibt davon unberührt.

---

278 *Goedelt*, zfs 1979, 161 (162).

279 Vgl. BGH, r + s 1993, 284; a. A. *Kaiser*, Teilungsabkommen, S. 56; *W. Wussow*, Teilungsabkommen, S. 7 f.

280 So auch *W. Wussow*, Teilungsabkommen, S. 8. Die Ablehnung der Erlasskonstruktion darf aber nicht darüber hinwegtäuschen, dass das TA im Einzelfall keine Erlassvereinbarung beinhalten dürfte. Es wurde nur gesagt, dass ein Erlass mit der Funktion der vergleichsweisen Erledigung des Regressfalls dogmatisch nicht vereinbart werden kann. Wird dagegen bei einem TA im Rahmen der Privatautonomie auf die Geltendmachung des künftigen Haftpflichtanspruchs ausdrücklich verzichtet, dann handelt es sich dabei um einen Erlass der künftigen Forderung. So war es in einem vom BGH entschiedenen Fall (BGH, VersR 1993, 981), bei dem im konkreten TA vorgesehen war, dass der Kasko-VR bei bestimmten Konstellationen (z. B. bei fehlender Berührung der Kraftfahrzeuge des Haftpflicht-VN und des VN des Kasko-VR) gänzlich auf einen Regress verzichtet.

281 Vgl. auch *W. Wussow*, Teilungsabkommen, S. 8.

Der BGH war lange Zeit davon ausgegangen, dass mit Hilfe des TA an die Stelle des Haftpflichtanspruchs die eigene (vertragliche) Verpflichtung des TA-Schuldners zur Erstattung der Abkommensquote trete.[282] Wie sich diese Rechtskonstruktion dogmatisch begründen lässt, hat der BGH indes nicht konkretisiert. Eine Reihe von Autoren[283] hat aus der Formulierung des BGH das Rechtsinstitut der Schuldersetzung (Novation) herausgelesen. Die Schuldersetzung würde aber zur Aufhebung des bestehenden Schuldverhältnisses (Haftpflichtanspruchs) und dessen Ersetzung durch ein vertragliches Schuldverhältnis führen. Da ein vertragliches Schuldverhältnis zwischen den Vertragsparteien nur relativ wirkt, könnte der TA-Gläubiger nicht mehr auf den Haftpflichtanspruch gegen den Schädiger bei einer etwaigen Spitzenklausel zurückgreifen, so dass auch diese Rechtskonstruktion der Funktion des TA nicht entsprechen würde.

In der Tat hat der BGH in einem späteren Urteil[284] seine ursprüngliche Auffassung revidiert. Danach nimmt zwar der TA-Gläubiger die vereinbarte Quote an Zahlung statt[285] (§ 364 Abs. 1 BGB), an Stelle des Haftpflichtanspruchs, an. Eine Novation des Schuldverhältnisses finde durch das TA allerdings nicht statt, denn bis zur Zahlung hafteten sowohl der Haftpflicht-VR aus dem TA wie der Schädiger aus Gesetz; indes sei die Haftung des Letzteren bis dahin gestundet (Stillhalteverpflichtung, pactum de non petendo).[286] Das TA, das i. S. d. § 328 BGB zu Gunsten des Schädigers ein pactum de non petendo enthält, ermöglicht ihm, bei einer Inanspruchnahme durch den Regressgläubiger die Leistung zu verweigern. Durch die Zahlung des Haftpflicht-VR erlischt dann nach §§ 362, 364 Abs. 1 BGB auch die Schuld des Schädigers.[287] Der Rechtskonstruktion der Stillhalteverpflichtung, die heute die h. M. darstellt, ist zuzustimmen.

---

282 BGH, NJW 1969, 1380; BGH, NJW 1970, 134.

283 In diese Richtung geht die Meinung von *W. Wussow*, Teilungsabkommen, S. 5, 20, der Haftpflicht-VR werde durch das TA „Alleinschuldner" des TA-Gläubigers.

284 BGH, NJW 1978, 2506.

285 Geht man, wie der BGH, von einer Annahme an Zahlung statt nach § 364 BGB aus, ist eine „Novation" auszuschließen, denn das anfängliche Schuldverhältnis bleibt damit bestehen, nur die erbrachte Leistung ist eine andere als die anfänglich nach § 362 BGB geschuldete.

286 BGH, VersR 1978, 278 (280).

287 Eine gesamttilgende Wirkung der Zahlung für den gesamten Haftpflichtanspruch scheidet aber beim Vorliegen einer Spitzenklausel aus. Die Schuld des Schädigers erlischt also in diesem Fall nur in Höhe der abkommensmäßigen Regressforderung, denn der TA-Schuldner, der durch das TA eine eigene vertragliche Verpflichtung erfüllt, hat abkommensmäßig nur soweit geleistet. Bei den Limitierungsklauseln erlischt dagegen der gesamte Haftpflichtanspruch durch die Zahlung des Haftpflicht-VR nach § 364

2. *Reichweite der Stillhaltepflicht und Verjährungshemmung*

Es ist bereits erwähnt worden, dass die Stillhalteverpflichtung zu Gunsten des Schädigers nur für die abkommensgemäß zu regulierenden Regressansprüche gilt. Im Rahmen der Spitzenklauseln gilt das also nur für den Teil der Aufwendungen, der das festgesetzte Limit nicht überschreitet. Für Schäden, die über das Abkommenslimit hinausgehen, ist der Schädiger dem Regressanspruch des TA-Gläubigers ausgesetzt. Bei den Limitierungsklauseln gilt dagegen die Stillhalteverpflichtung des TA-Gläubigers für den gesamten abkommensgemäß zu regulierenden Regressanspruch.

Wird ein Regressfall zwischen dem Gebäude- und dem Haftpflicht-VR nach dem TA-Mieterregress reguliert, ist die Haftung des grob fahrlässigen Mieters bis zur Zahlung der gesamten TA-Quote nach den bisherigen Ausführungen gestundet. Es kann also sein, dass durchaus mehrere Jahre bis zur endgültigen Abwicklung des TA-Falls zwischen den VR vergehen. Bis dahin kann der schädigende Mieter nicht in Anspruch genommen werden. Steht im Nachhinein fest, dass der Gebäude-VR seinen TA-Anspruch nicht voll ersetzt bekommen hat, darf er den ungedeckten Spitzenquotenbetrag gegen den grob fahrlässigen Mieter geltend machen. Da die Haftung des Mieters bis zu diesem Zeitpunkt gestundet war, war gleichzeitig, solange die Stillhalteverpflichtung dauerte, auch die Verjährung des Regressanspruchs nach § 205 BGB gehemmt.[288]

Maßgeblich zur Bestimmung der für die Festlegung der Reichweite der Stillhaltepflicht entscheidenden Schadenshöhe ist der vom Gebäude-VR geleistete Entschädigungsbetrag bis zum Neuwert (§ 3Nr. 2 a TA). Das führt dazu, dass der Regressfall abkommensgemäß zu regulieren ist, solange der tatsächlich vom

---

Abs. 1 BGB, denn der gesamte Regressfall wird dabei abkommensgemäß abgewickelt. Hat aber der Gebäude-VR im Rahmen des TA-Mieterregress vom Haftpflicht-VR des Mieters nicht die volle TA-Quote (z. B. wegen Erschöpfung der Versicherungssumme) ersetzt bekommen und handelt es sich bei dem TA-Anspruch im Grunde um den Ausgleichsanspruch nach § 78 Abs. 2 VVG, dann kann der Gebäude-VR den nicht gedeckten Betrag gegen den schädigenden Mieter nicht mehr geltend machen, denn der leicht fahrlässige Mieter ist geschützt. Handelt es sich bei dem TA-Anspruch aber um den normalen Regressanspruch gegen den grob fahrlässigen Mieter, dann ist der Gebäude-VR gegen den Mieter für den Spitzenquotenbetrag regressberechtigt. Wenn es also in den nachfolgenden Ausführungen um den Anspruch des Gebäude-VR auf den nicht gedeckten Spitzenquotenbetrag geht, handelt es sich dabei um den Regressanspruch gegen den grob fahrlässigen Mieter.

288 BGH, VersR 1973, 759; BGH, VersR 1974, 175; *Plagemann/Schafhausen*, NZV 1991, 49 (54); *W. Wussow*, Teilungsabkommen, S. 9 f.

Gebäude-VR erbrachte Betrag unter das Limit fällt, auch wenn der Neuwertschaden das Limit von 100.000 € überschreitet. Das bedeutet wiederum, dass nicht die Schadenshöhe an sich, sondern der geleistete Betrag für die Anwendung des TA-Mieterregress ausschlaggebend ist. Überschreiten der Zeit- und der Neuwertschaden des Geschädigten das TA-Limit von 100.000 €, findet trotzdem das TA Anwendung, wenn der Gebäude-VR auf Grund eines Selbstbehalts oder wegen Unterversicherung an den Geschädigten weniger als 100.000 € gezahlt hat.

II. Die Vertragsparteien

Nach der h. M. in Rechtsprechung[289] und Literatur[290] wird ein TA vom Haftpflicht-VR nur im eigenen Namen und nicht namens und in Vollmacht des Schädigers abgeschlossen. Der TA-Schuldner übernimmt also durch das TA eine eigene Verbindlichkeit gegenüber dem TA-Gläubiger, die „an Stelle" des auf den TA-Gläubiger übergegangenen Haftpflichtanspruchs treten soll.[291] Das heißt, der Haftpflicht-VR agiert beim Abschluss des TA nicht als Vertreter seines VN, so dass das TA nur relativ zwischen den TA-Partnern wirkt. Der h. M. ist beizupflichten.

Eine Bevollmächtigung des Haftpflicht-VR zum Abschluss von TA im Namen des VN/Schädigers könnte man aus der Generalklausel des § 5.2 AHB 2014 herauslesen. Diese lautet: „Der VR ist bevollmächtigt, alle ihm zur Abwicklung des Schadens oder Abwehr der Schadensersatzansprüche zweckmäßig erscheinenden Erklärungen im Namen des VN abzugeben."

Der Abschluss von TA kann aber nicht von dieser Bevollmächtigung erfasst werden. Der Haftpflicht-VR ist zwar gemäß AKB und AHB im Rahmen seiner Bevollmächtigung berechtigt, alle ihm zweckmäßig erscheinenden Erklärungen im Namen des VN abzugeben. Die Zweckmäßigkeit der Regulierung lässt sich aber allein aus dem konkreten Schadensfall heraus bestimmen.[292] Das bedeutet, dass die Vollmacht der AHB und AKB einzelfallbezogen ist, während dieser Einzelfallbezug beim Abschluss des TA komplett entfällt, weil in diesem Zeitpunkt der Haftpflichtanspruch noch nicht bestanden hat.[293]

---

289 BGH, NJW 1978, 2506.

290 *Denck*, NJW 1982, 2048 (2050); *Clasen*, Teilungsabkommen, S. 38; *Kaiser*, Teilungsabkommen, S. 38 f.; *Seitz*, Ersatzansprüche, S. 280; *W. Wussow*, Teilungsabkommen, S. 13 ff.; *Schirmer*, Vertretungsmacht, S. 72 f.

291 Der BGH ist inzwischen von seiner früheren Auffassung (BGH, NJW 1963, 2223) abgerückt, dass sich der TA-Schuldner verpflichtet, die Quote „namens der Haftpflichtversicherten" zu zahlen.

292 *Schirmer*, Vertretungsmacht, S. 72 f.

293 *Kaiser*, Teilungsabkommen, S. 38 f.

Dass ein TA nur im Namen des TA-Schuldners und nicht des Schädigers abgeschlossen wird, ergibt sich bereits aus dem Zweck des TA heraus. Das TA soll ausdrücklich unter Ausschaltung des Schädigers dem Interesse der Versicherungsunternehmen an einer Rationalisierung der Schadensabwicklung dienen. Demgemäß bindet sich der Haftpflicht-VR daran, in allen künftigen Fällen ohne Prüfung der Haftpflichtfrage die Quote zu zahlen, auch wenn der VN/Schädiger im Einzelfall nach der Rechtslage nicht haftpflichtig ist. Eben dieser Verzicht auf die Prüfung der Sach- und Rechtslage deutet darauf hin, dass der TA-Schuldner durch den Abschluss des TA nur eine eigene selbstständige Verbindlichkeit eingeht. Durch Zahlung der Quote ändert sich nichts an der Stellung des Schädigers hinsichtlich der Haftpflichtfrage. Nur seine Schuld wird nach § 364 Abs. 1 BGB in Höhe der Quote getilgt, weil der Haftpflicht-VR insoweit gezahlt hat. Dabei kann die Zahlung der Quote in Bezug auf die Haftpflichtfrage nicht haftungsbegründend sein, denn auf die Prüfung der Haftungsfrage wird gerade verzichtet. Das bedeutet, dass der Haftpflicht-VR durch das TA nur eine eigene vertragliche Verpflichtung eingegangen ist.[294]

III. Gegenstand des vertraglichen Anspruchs

Geht man, wie hier, davon aus, dass der Haftpflicht-VR eine eigene vertragliche Verbindlichkeit eingeht, ist es nur konsequent, mit der h. M.[295] anzunehmen, dass das TA neue selbstständige Ansprüche begründet. Eine Abänderung des vorhandenen Haftpflichtanspruchs gegen den Schädiger kann das TA demnach nicht bewirken. Eine solche Modifizierung des bereits vorhandenen Haftpflichtanspruchs könnte man mit dem Argument begründen, dass der TA-Gläubiger im Grunde den Haftpflichtanspruch geltend mache, sich aber mit einer prozentualen Entschädigung (Quote) zufriedengeben müsse.[296]

Demgegenüber hat der BGH zutreffend ausgeführt, dass der Haftpflicht-VR durch Zahlung der vereinbarten Quote keinen Schadensersatz leistet, sondern die aus dem TA entstandenen, selbstständigen Ansprüche erfüllt.[297] Die Passivlegitimation des Haftpflicht-VR ergibt sich aus seiner vertraglichen Verpflichtung

294 Darauf deutet auch die wohl h. M. hin, nach der durch Zahlung der TA-Quote die Verjährung des Haftpflichtanspruchs gegen den Schädiger nicht unterbrochen wird. Vgl. *Plagemann/Schafhausen*, NZV 1991, 49 (51).

295 BGH, NJW 1969, 1380 f.; *Sieg*, Ausstrahlungen, S. 232; *Kaiser*, Teilungsabkommen, S. 39 ff.; *W. Wussow*, Teilungsabkommen, S. 6 f.

296 Vgl. *Kaiser*, Teilungsabkommen, S. 40.

297 BGH, VersR 1969, 641; BGH, VersR 1970, 1108.

auf Grund des TA und nicht aus dem VV mit seinem VN. Denn der Direktanspruch (Haftpflichtanspruch) gegen den Haftpflicht-VR ist nur im Rahmen des PflVG möglich. Daher scheidet eine Modifikation des Haftpflichtanspruchs aus.

Auch eine Übertragung des Versicherungsschutzanspruchs[298] hat zu Recht keine Gefolgschaft gefunden. Nach dieser Auffassung geht zwar der Haftpflicht-VR eine eigene Verbindlichkeit gegenüber dem TA-Gläubiger ein. Letzterem werde aber der gesamte Versicherungsschutzanspruch des VN gegen seinen Haftpflicht-VR übertragen, und diesen Anspruch mache der TA-Gläubiger letztendlich gegen den Haftpflicht-VR geltend.[299] Eine Bevollmächtigung zur Verfügung des Versicherungsschutzanspruchs kann aber aus 5.2 AHB 2014 nicht entnommen werden. Eine Übertragung des Versicherungsschutzanspruchs könnte dazu führen, dass der VN/Schädiger bei einer Überschreitung des Abkommenlimits über keinen Versicherungsschutzanspruch gegen seinen Haftpflicht-VR verfüge. Das kann aber nicht der Sinn des TA sein.

IV. Verhältnis des TA zu Dritten

Die vorangegangenen Ausführungen bezüglich der rechtlichen Ausgestaltung des TA haben u. a. die Annahme erbracht, dass das TA ein wechselseitiger Vertrag sei, dessen Vertragsparteien die beiden beteiligten Versicherungsunternehmen sind. Das bedeutet, dass sich das TA nur relativ zwischen den TA-Partnern auswirkt. Das spielt insbesondere im Hinblick auf das Verbot des Vertrages zu Lasten Dritter eine Rolle. Denn ein Vertrag kann sich in Bezug auf Rechtspositionen, die Dritte innehaben, nur begünstigend, niemals aber erschwerend auswirken. Diesem allgemeinen Rechtsgrundsatz unterliegt auch das TA. In diesem Sinne besagt das TA-Mieterregress ausdrücklich (§ 1Nr. 4 TA), dass das Abkommen ausschließlich die Rechtsverhältnisse zwischen den beigetretenen VR betrifft. Ansprüche der beteiligten VN, Versicherten und Geschädigten bleiben davon unberührt. Auch Forderungen der beteiligten TA-Partner gegenüber anderen als den im TA genannten Personen werden nicht angetastet.

Im Rahmen einer abkommensmäßigen Regressabwicklung sind sowohl der geschädigte Wohneigentümer wie der schädigende Mieter als Dritte anzusehen.

---

298 Als Versicherungsschutzanspruch wird in der Haftpflichtversicherung der Anspruch des VN gegen seinen Haftpflicht-VR auf Freistellung von Schadensersatzansprüchen des Geschädigten definiert. Er besteht aus einer Rechtsschutz- (Abwehr unberechtigter Ersatzansprüche) und einer Befreiungskomponente (Freistellung von berechtigten Ersatzansprüchen). Vgl. § 5.1 AHB 2014.

299 *W. Wussow*, VersR 1968, 811 (812).

Ihre Rechtspositionen können daher nur begünstigend berührt werden. In diese Richtung enthält das TA, wie gesehen, zu Gunsten des Schädigers (§ 328 BGB) ein Leistungsverweigerungsrecht. Auf der anderen Seite kann die Zahlung der Quote keine Auswirkungen auf die Haftpflichtfrage haben. Entsprechendes gilt bezüglich der Rechtsstellung des Geschädigten. Ihm gegenüber kann beispielsweise das Verbot der überquotalen Belastung des TA-Schuldners nicht herangezogen werden, falls es zu einer Abrechnung zwischen ihm und dem Geschädigten kommt.

Wesentlich für die abkommensmäßige Regressabwicklung ist außerdem die Konstellation, in der mehrere Personen einen Schaden des Geschädigten verursachen oder ein Einzelner mehrere Personen schädigt. Diese Konstellation wird juristisch als „Mehrheit von Gläubigern und Schuldnern"[300] bezeichnet. Hier ist sehr wahrscheinlich, dass auf beiden Seiten mehrere Sach- oder Haftpflicht-VR zur Schadensregulierung auftreten, so dass die abkommensmäßige Regressabwicklung eine Reihe von Rechtsproblemen aufwirft. Zu denken ist etwa an die Situation, dass ein Mieter fahrlässig mehrere Wohnungen einer WEG beschädigt oder mehrere Personen die Wohnung des Vermieters beschädigen. Als Richtschnur für die Lösung dieses komplexen Rechtsverhältnisses kann die soeben erwähnte Rechtsprämisse des Verbots drittbelastender Verträge dienen, die aber in Einklang gebracht werden muss mit der Prämisse der Vermeidung einer überquotalen Belastung des TA-Schuldners. Der Rechtsanwender muss bei jeder abkommensmäßigen Regressabwicklung diesen beiden Rechtsprämissen Rechnung tragen.

F. Anwendungsvoraussetzungen des TA-Mieterregress

Damit die Abkommenswirkungen (Quotenzahlungsanspruch, Stillhalteverpflichtung) ausgelöst werden können, müssen die Anwendungsvoraussetzungen des TA vorliegen. Diese können zwar bei den verschiedenen TA in ihren Einzelheiten variieren, unterliegen jedoch bestimmten einheitlichen Prinzipien, die im Laufe der Entwicklung konkretisiert worden sind.

So kann ein TA nur dann angewandt werden, wenn einerseits der Haftpflicht-VR dem VN/Schädiger gegenüber deckungspflichtig ist; es bedarf also im Innenverhältnis eines „gesunden" Deckungsverhältnisses (§ 2Nr. 2 TA).[301] Andererseits

300 Siehe ausführlich dazu unten, Kapitel 4: G.

301 BGH VersR 1960, 988 (989); BGH VersR 2003, 97; *Clasen*, Teilungsabkommen, S. 51; *Haidinger*, VersR 1951, 57 (58); *Kaiser*, Teilungsabkommen, S. 82 ff.; Teilungsabkommen, S. 21 ff.

muss auch der TA-Gläubiger nach §§ 78 Abs. 2 oder 86 Abs. 1 VVG berechtigt sein, den Regressanspruch zu stellen (§ 1Nr. 1 TA).

Im Folgenden geht es darum zu prüfen, welche Anforderungen an das Deckungsverhältnis zwischen Haftpflicht-VR und Schädiger vorliegen müssen, damit Ansprüche aus dem TA erhoben werden können. Außerdem sind die Kriterien für die Berechtigung des TA-Gläubigers, Ansprüche aus dem TA zu erheben, zu konkretisieren. Neben diesen Anwendungsvoraussetzungen erfährt das TA in der Praxis eine weitere Eingrenzung, die als Korrektiv gegenüber den weitgefassten Verzichtsklauseln dienen soll. So findet das TA keine Anwendung, wenn es sich bei der Anspruchserhebung um eine unzulässige Rechtsausübung (§ 242 BGB) handelt oder wenn zwischen dem Schadensereignis und dem versicherten Risiko kein Zusammenhang besteht, der eine Inanspruchnahme des Haftpflicht-VR rechtfertigen könnte.

I. Anforderungen an das Deckungsverhältnis zwischen Haftpflicht-VR und Schädiger

Das TA ist nur anwendbar, wenn der Haftpflicht-VR dem schädigenden Mieter im Innenverhältnis Versicherungsschutz zu gewähren hat.[302] Das ist die Mindestvoraussetzung dafür, dass die Abkommenswirkungen ausgelöst werden können (§ 2Nr. 2 TA). Mit dem Abschluss des TA geht der Haftpflicht-VR zwar eine eigene vertragliche Verpflichtung ein, sie dient aber ausschließlich der Erfüllung seiner Verpflichtung aus dem VV.[303] Ist der Haftpflicht-VR aus dem VV gegenüber dem Mieter leistungsfrei, gilt dies auch in Bezug auf das TA. Der Grundsatz des störungsfreien Deckungsverhältnisses als Voraussetzung für die Anwendbarkeit des TA soll den Haftpflicht-VR vor einer systemwidrigen Ausdehnung seiner Einstandspflicht schützen.[304]

Dennoch ist nicht immer eindeutig, ob dieser Grundsatz ausnahmslos bestehen soll. In der Literatur begegnet man Auffassungen, die die Voraussetzung des störungsfreien Deckungsverhältnisses mit Relativierungen behandeln. Worauf die Leistungsfreiheit des Haftpflicht-VR im Einzelfall zurückzuführen ist, ergibt sich aus dem VV. Es existiert eine Reihe von Gründen, die den Versicherungsschutz in der Haftpflichtversicherung ausschließen. Im Folgenden sollen die Auswirkungen

---

302 BGH, VersR 1960, 988; BGH, VersR 1971, 117; *Plagemann*, in: Geigel, § 30, Rdn. 102; *J.Prölss*, in: Prölss/Martin, § 86 VVG, Rdn. 71; *Möller/Segger*, in: Langheid/Wandt, § 86 VVG, Rdn. 250.

303 *W. Wussow*, Teilungsabkommen, S. 21.

304 *Kaiser*, Teilungsabkommen, S. 83.

der fehlenden Deckungspflicht des Haftpflicht-VR auf die Anwendbarkeit des TA untersucht werden. Im darauffolgenden Abschnitt wird auf Grenzfälle bezüglich der Deckungspflicht des Haftpflicht-VR eingegangen, die ebenfalls Konsequenzen für die abkommensmäßige Regressabwicklung haben können.

1. Störungen im Deckungsverhältnis und ihre Auswirkungen auf die Anwendbarkeit des TA

Der Versicherungsschutz ist ausgeschlossen, wenn das Schadensereignis nicht vom versicherten Risiko erfasst wird. Jeder VV umschreibt die Risiken, die versichert sind (primäre Risikoabgrenzung) oder vom Versicherungsschutz ausgeschlossen werden (Risikoausschlüsse). Auf diese Weise wird der personelle, sachliche, räumliche und zeitliche Geltungsbereich der Versicherung konkretisiert. Werden beispielsweise in der allgemeinen Haftpflichtversicherung Schadensersatzansprüche gegen den Mieter wegen Schäden an fremden Sachen, die durch seine gewerbliche oder berufliche Tätigkeit entstanden sind, geltend gemacht, besteht kein Versicherungsschutz [7.7 (1) AHB 2014]. Folglich kann auch das TA keine Anwendung finden.

Ferner ist der Haftpflicht-VR gemäß § 103 VVG von der Leistung frei, wenn der VN den VF vorsätzlich herbeigeführt hat. Ob auch dieser subjektive Risikoausschluss zur Nichtanwendbarkeit des TA führt, ist streitig. Einzelne Autoren[305] vertreten den Standpunkt, dieser sei unmaßgeblich, da im Rahmen des TA gerade auf die Prüfung der subjektiven Elemente der Haftungsfrage verzichtet werde. Wenn aber in einem TA auf die Deckungspflicht des Haftpflicht-VR als Voraussetzung für die Anwendbarkeit des TA abgestellt wird, kann dabei nicht zwischen objektiven und subjektiven Risikoausschlüssen differenziert werden. Der Grundsatz des störungsfreien Deckungsverhältnisses soll den Haftpflicht-VR vor einer Ausdehnung seiner Einstandspflicht schützen und muss daher vor einer Prüfungsverzichtsklausel, die nur der Reduzierung des Verwaltungsaufwands dient, vorrangig sein. Das bedeutet, dass auch ein subjektiver Risikoausschluss die Anwendung des TA verhindert.[306]

Die Leistungsfreiheit des Haftpflicht-VR kann außerdem auf einen Zahlungsverzug des VN bei einer Erst- oder Folgeprämie (§§ 37 Abs. 2, 38 Abs. 2 VVG)

305 Vgl. *Reimold*, Teilungsabkommen, S. 55 mit weiteren Nachweisen.

306 Vgl. *Clasen*, Teilungsabkommen, S. 59 f.; *Kaiser*, Teilungsabkommen, S. 85; Teilungsabkommen, S. 22.

zurückzuführen sein, wenn die Voraussetzungen dieser Vorschriften erfüllt sind.[307] Dies führt ebenfalls dazu, dass das TA keine Anwendung finden kann.[308]

Eine große Bedeutung haben des Weiteren die diversen Obliegenheitsverletzungen in der Versicherung, die ebenfalls zur Leistungsfreiheit des VR führen können, wenn die Voraussetzungen dafür vorliegen.[309] Ob eine eventuelle Leistungsfreiheit des Haftpflicht-VR gegenüber seinem VN wegen Obliegenheitsverletzungen auch gegenüber dem TA-Gläubiger als Einwand gegen die Anwendbarkeit des TA greifen kann, ist streitig. Einige Autoren[310] verneinen dies mit dem Hinweis auf die Prüfungsverzichtsklausel und führen aus, dass der Zweck der schnellen und kostensparenden Regressabwicklung in Frage gestellt würde, wenn man für die Begründung der jeweiligen Obliegenheitsverletzung die Klärung der Verschuldens- und Kausalitätsfrage zuließe. Dem ist nicht zuzustimmen. Die Leistungsfreiheit des Haftpflicht-VR wegen Obliegenheitsverletzungen des VN muss ebenfalls zur Nichtanwendbarkeit des TA führen.[311] Die Vorrangigkeit der Vermeidung einer uferlosen Haftung des Haftpflicht-VR soll auch im Falle der Obliegenheitsverletzungen berücksichtigt werden. Andernfalls müsste der Haftpflicht-VR für einen großen Teil von Regressfällen haften, obwohl er im Innenverhältnis nicht leistungspflichtig wäre. Die Anwendbarkeit des TA trotz Obliegenheitsverletzungen des VN/Schädigers führte dazu, dass für diesen zweifelhafte Anreize gesetzt würden. Er hätte kein besonderes Interesse an

---

307 Im Rahmen des § 37 Abs. 2 VVG ist der VR nur dann leistungsfrei, wenn er den VN durch gesonderte Mitteilung in Textform oder durch einen auffälligen Hinweis im Versicherungsschein auf die Rechtsfolge der Nichtzahlung der Prämie aufmerksam gemacht hat. Im Falle eines Zahlungsverzugs bei einer Folgeprämie tritt die Leistungsfreiheit des VR ein, wenn die nach § 38 Abs. 1 VVG in Textform gesetzte Zahlungsfrist verstrichen ist (§ 38 Abs. 2 VVG).

308 Zweifelhaft ist, ob die Aufrechnungsbefugnis des VR aus § 35 VVG auch gegenüber dem TA-Gläubiger als Rechtsnachfolger des Geschädigten durchgreifen kann. § 35 VVG gibt dem VR die Möglichkeit, eine fällige Prämienforderung gegen eine Forderung aus der Versicherung auch dann aufzurechnen, wenn diese Forderung nicht dem VN, sondern einem Dritten zusteht. Die Vorschrift spricht allerdings von einer Forderung aus der Versicherung, gegen die aufgerechnet werden darf. Die Forderung des TA-Gläubigers ist aber eine Forderung aus dem TA, so dass eine Aufrechnung nach § 35 VVG im vorliegenden Fall ausscheidet.

309 Zu den Obliegenheitsverletzungen und ihren Rechtsfolgen siehe eingehend *Wandt*, in: Langheid/Wandt, § 28 VVG.

310 *Chomse*, JRPV 1940, 169; *Haidinger*, VersR 1951, 57 (58).

311 Vgl. auch *Clasen*, Teilungsabkommen, S. 57 f.; *Kaiser*, Teilungsabkommen, S. 86; *W. Wussow*, Teilungsabkommen, S. 26 ff.

der Erfüllung von Obliegenheiten, denn er wäre wegen des pactum de non petendo vor einer Inanspruchnahme geschützt. Das kann nicht Sinn eines TA sein.

Nach einer vereinzelten Auffassung können etwaige Obliegenheitsverletzungen des schädigenden Mieters nach Eintritt des VF unberücksichtigt bleiben.[312] Dem ist nicht zu folgen. Zwar entsteht der Ausgleichsanspruch des Gebäude-gegen den Haftpflicht-VR des Mieters nach § 78 Abs. 2 VVG bereits mit Eintritt des VF. Der Gebäude-VR erhebt aber im Rahmen des TA-Mieterregress einen eigenständigen vertraglichen Anspruch gegen seinen TA-Partner. Dieser Anspruch entsteht nicht bereits beim Eintritt des VF, sondern erst dann, wenn die Voraussetzungen für die Anwendbarkeit des TA erfüllt sind. Außerdem regelt das TA-Mieterregress nicht nur die Ausgleichsansprüche nach § 78 Abs. 2 VVG, sondern auch die normalen Regressansprüche des Gebäude-VR direkt gegen den grob fahrlässigen Mieter. Auch diese Ansprüche entstehen nicht gleich mit Eintritt des VF, sondern erst dann, wenn der Gebäude-VR Gläubiger des Ersatzanspruchs des VN nach § 86 Abs. 1 VVG geworden ist, nämlich nach der Entschädigung des Geschädigten.

2. *Grenzfälle in Bezug auf die Auswirkung des gestörten Deckungsverhältnisses auf das TA*

Der Grundsatz des störungsfreien Deckungsverhältnisses als Mindestvoraussetzung für die Anwendbarkeit des TA könnte in manchen Fällen in Frage gestellt werden. Im Rahmen der Pflichtversicherung (§ 113 VVG) ist der Haftpflicht-VR dem „Dritten" gegenüber, der den Direktanspruch gegen den VR geltend macht, trotz Leistungsfreiheit im Deckungsverhältnis leistungspflichtig (§ 117 Abs. 1 VVG). Also gilt es zu prüfen, ob dies gleichfalls die Anwendbarkeit des TA betrifft. Des Weiteren gilt es einzuschätzen, welche Bedeutung eine partielle Leistungsfreiheit des Haftpflicht-VR für die abkommensmäßige Regressabwicklung hat. Hierbei geht es vor allem um Fälle der Erschöpfung der Versicherungssumme, eines etwaigen Selbstbehalts und der Obliegenheitsverletzungen in der Kraftfahrtpflichtversicherung (KfzPflVV).

a) Gestörtes Deckungsverhältnis in der Pflichtversicherung

Im Rahmen der Pflichtversicherung (§ 113 VVG) ist der geschädigte Dritte gemäß § 115 Abs. 1 VVG berechtigt, seinen Anspruch auf Schadensersatz direkt gegen den VR des Schädigers geltend zu machen. Ist der Haftpflicht-VR in diesem Fall dem VN/Schädiger gegenüber leistungsfrei, bleibt er trotzdem in

312 *Günther*, Regreß, S. 210.

Ansehung des Dritten leistungspflichtig (§ 117 Abs. 1 VVG). Diesem kann daher die Störung im Deckungsverhältnis anders als in der normalen Haftpflichtversicherung nicht entgegengehalten werden. Demnach heißt es abzuwägen, ob Gleiches auch zu Gunsten des TA-Gläubigers, der als Rechtsnachfolger des Geschädigten in der Gestalt des Dritten i. S. d. Vorschrift auftritt, anzunehmen ist. Das würde bedeuten, dass das TA im Rahmen der Pflichtversicherung trotz gestörten Deckungsverhältnisses anwendbar wäre.

Diese Möglichkeit ist jedoch abzulehnen. Am Grundsatz des störungsfreien Deckungsverhältnisses als Voraussetzung für die Anwendung des TA ist also auch im Rahmen der Pflichtversicherung festzuhalten.[313] Der Anspruch des TA-Gläubigers gegen den Haftpflicht-VR auf Zahlung der Quote ist vom Direktanspruch des § 115 VVG zu unterscheiden. Beim Ersteren handelt es sich um einen vertraglichen Anspruch aus dem TA, während der Direktanspruch des Dritten gegen den Haftpflicht-VR in der Pflichtversicherung ein Schadensersatzanspruch ist. Macht also der Regressgläubiger seinen Quotenanspruch geltend, sind einzig und allein die vertraglichen Abmachungen aus dem TA gegenüber den Regelungen über den Direktanspruch des „Dritten“ ausschlaggebend. Das bedeutet, dass das TA unanwendbar bleibt, wenn der Haftpflicht-VR im Innenverhältnis leistungsfrei ist.

Gesetzt den Fall, man stellte den vertraglichen Anspruch des TA-Gläubigers mit dem Direktanspruch des „Dritten“ in der Pflichtversicherung gleich, wäre das TA bei Leistungsfreiheit des Haftpflicht-VR wiederum unanwendbar. Normzweck des § 117 Abs. 1 VVG ist allein der Schutz des Geschädigten, der nicht in der Lage ist, Ersatz seines Schadens von einem anderen Schadens-VR oder einem SVT zu erlangen.[314] In der Person des Haftpflicht-VR findet also der Geschädigte einen solventen Schuldner, der sich nicht auf eine etwaige Leistungsfreiheit im Innenverhältnis berufen darf. Soweit aber der Geschädigte von einem anderen VR entschädigt worden ist, ist der Haftpflicht-VR gemäß § 117 Abs. 3S. 2 VVG leistungsfrei. Die Vorschrift geht also von einer subsidiären Haftung des Haftpflicht-VR aus. Die Subsidiaritätsklausel würde aber verfehlt, wenn der Rückgriff des TA-Gläubigers, der den Geschädigten entschädigt hat, gegen den Haftpflicht-VR erlaubt wäre.[315] Daraus folgt, dass das Privileg des § 117 Abs. 1 VVG auf die Person des rückgriffnehmenden TA-Gläubigers nicht übertragen werden kann, denn sie zählt nicht zu denjenigen, die vom Schutzbereich der Vorschrift erfasst werden.

---

313 So auch OLG Hamburg, VersR 1978, 412 (413); *Clasen*, Teilungsabkommen, S. 58 f.; *Kaiser*, Teilungsabkommen, S. 92; *W. Wussow*, Teilungsabkommen, S. 22.

314 *Kaiser*, Teilungsabkommen, S. 92.

315 OLG Hamburg, VersR 1978, 412 (413); *Kaiser*, Teilungsabkommen, S. 92.

b) Erschöpfung der Versicherungssumme

Wird im VV eine Versicherungssumme vorgesehen, ist die Entschädigungsleistung des VR bei jedem VF auf die vereinbarte Versicherungssumme begrenzt (vgl. 6.1 AHB 2014). Für die die Versicherungssumme übersteigenden Schäden ist der VR nicht deckungspflichtig. Dies hat Konsequenzen auch für die abkommensmäßige Regressabwicklung, denn das TA findet nur insoweit Anwendung, als der TA-Schuldner im Innenverhältnis deckungspflichtig ist.

Macht daher der Gebäude-VR einen Quotenanspruch aus dem TA, der die Versicherungssumme des Haftpflicht-VV des Mieters überschreitet, geltend, haftet der Haftpflicht-VR nur bis zu dieser Deckungssumme (§ 3Nr. 3 a).[316]

Welche Auswirkungen diese Konstellation auf die gesamte Regressabwicklung hat, kann anhand folgenden Beispiels verdeutlicht werden: Zwischen den TA-Partnern besteht das TA-Mieterregress mit der Limitierungsklausel von 100.000 €. Die Deckungssumme, für die der Haftpflicht-VR im Innenverhältnis haftet, ist auf 40.000 € begrenzt. Erbringt der Gebäude-VR für den Geschädigten Leistungen in Höhe von 100.000 €, ist der gesamte Regressfall abkommensgemäß zu regulieren.

Bei der TA-Quote von 50 Prozent hat der TA-Gläubiger gegen den TA-Schuldner einen Quotenanspruch von 50.000 €. Da er die vereinbarte Deckungssumme übersteigt, haftet der Haftpflicht-VR nur bis zu dieser Summe (40.000 €). Zahlt er sie, erlischt gemäß § 364 Abs. 1 BGB sowohl seine Schuld aus dem TA als auch die Schuld des Schädigers bis zum bezahlten Betrag (40.000 €). Für die restlichen 10.000 € (Spitzenquotenbetrag), die im Rahmen des TA nicht gedeckt wurden, kann der TA-Gläubiger den Mieter in Anspruch nehmen, denn bis zur Tilgung der gesamten abkommensmäßigen Schuld (50.000 €) haften gegenüber dem Regressgläubiger sowohl der Haftpflicht-VR aus dem TA als auch der Schädiger aus dem Gesetz.[317] Soweit aber der Gebäude-VR abkommensgemäß befriedigt wurde, muss er sich mit der erhaltenden Quote von 50 Prozent seiner Aufwendungen begnügen und auf die restlichen 50 Prozent verzichten.

---

316 *Kaiser*, Teilungsabkommen, S. 93; *W. Wussow*, Teilungsabkommen, S. 106. Zur Problematik der Erschöpfung der Deckungssumme bei Mehrheit von Gläubigern siehe unten Kapitel 4: G.II.3.

317 Der Schädiger haftet dennoch dem TA-Gläubiger gegenüber nur, wenn seine Haftung nach der Sach- und Rechtslage begründet ist. Denn die Zahlung der Quote durch den TA-Schuldner kann, wie bereits erwähnt, keine Auswirkungen auf die Haftpflichtfrage haben.

c) Summenmäßig begrenzte Leistungsfreiheit gemäß §§ 5Abs. 3, 6 Abs. 1 und 3 KfzPflVV

In der KfzPflVersicherung wird bei bestimmten Obliegenheitsverletzungen des VN, die vor oder nach Eintritt des VF zu erfüllen sind, die sog. begrenzte Leistungsfreiheit des Haftpflicht-VR statuiert. So sieht beispielsweise § 6Abs. 1 KfzPflVV vor, dass die Leistungsfreiheit des VR dem VN gegenüber wegen einer nach Eintritt des VF vorsätzlich oder grob fahrlässig begangenen Obliegenheitsverletzung auf einen Betrag von höchstens 2.500 € beschränkt ist. Demzufolge ist der Haftpflicht-VR für Schäden, die den Freiheitsbetrag von 2.500 € überschreiten, nur für den überschießenden Teil leistungspflichtig, während er für die ersten 2.500 € leistungsfrei ist. Auf Grund dessen soll sich der VN/Schädiger selbst am Schadensersatz des Geschädigten beteiligen. Dies bringt mit sich, dass der Haftpflicht-VR auch im Rahmen der abkommensmäßigen Regressabwicklung nur für den Teil des Quotenanspruchs zur Leistung verpflichtet ist, der die 2.500 € übersteigt.[318]

Fraglich bleibt, wovon der Freiheitsbetrag bei der abkommensmäßigen Regressabwicklung abzuziehen ist. Dazu bestehen zwei Möglichkeiten: Entweder wird der Eigenbeteiligungsbetrag vom Quotenanspruch des TA-Gläubigers subtrahiert oder man setzt ihn von seinen Aufwendungen ab.[319] Um in diesem Punkte entscheiden zu können, muss die Funktion des Eigenbeteiligungsbetrags im Rahmen der Schadensabwicklung vergegenwärtigt werden. Dieser ist nichts anderes als der Anteil des VN/Schädigers am Schadensersatz des Geschädigten bzw. Regressgläubigers. Das bedeutet also, dass dieser Anteil zusammen mit der Leistung des Haftpflicht-VR auch im Rahmen der abkommensmäßigen Regressabwicklung den gesamten TA-Anspruch des Regressgläubigers ausmacht; dieser darf am Ende nicht mehr erhalten darf als die Summe, die seinen TA-Anspruch ersetzt.

Überträgt man diese Prämisse auf die soeben gestellte Frage, lässt sich exemplarisch zeigen, wovon der Eigenbeteiligungsbetrag abzuziehen ist: Dabei ist zu unterscheiden zwischen einer Regressabwicklung ohne Eigenbeteiligung des VN und einer anderen mit Eigenbeteiligung. Angenommen, der TA-Gläubiger macht für den Geschädigten Aufwendungen in Höhe von 10.000 € geltend, und der gesamte Regressfall soll abkommensgemäß reguliert werden. So gilt die vorgesehene Quote von 50 Prozent und der Quotenanspruch des TA-Gläubigers gegen den Haftpflicht-VR würde 5.000 € betragen, wenn keine begrenzte Leistungsfreiheit des Haftpflicht-VR im Innenverhältnis zu statuieren war. Danach soll geprüft

318 *Kaiser*, Teilungsabkommen, S. 97.

319 *Fleckenstein*, VersR 1978, 13 (14); *Kaiser*, Teilungsabkommen, S. 98.

werden, welchen Einfluss eine summenmäßig begrenzte Leistungsfreiheit (z. B. bis auf 2.500 €) des Haftpflicht-VR auf den Regressanspruch des TA-Gläubigers gehabt hätte, wenn man den Eigenbeteiligungsbetrag einmal vom Quotenanspruch und das andere Mal von den Aufwendungen des Regressgläubigers abziehen wollte. 1. Abzug vom Quotenanspruch (in €): 10000 * 50 % = 5000 – 2500 = 2500 (Quotenanspruch abzüglich des Eigenbeteiligungsbetrages). Das bedeutet, der TA-Gläubiger hätte vom VN/Schädiger den nicht gedeckten Restbetrag von 2.500 € verlangen können, was den gesamten TA-Anspruch von 5.000 € kompensierte. 2. Beim Abzug von Aufwendungen ergeben sich 3.750 €: 10000 – 2500 = 7500 * 50 % = 3750. Auf diese Weise könnte aber der TA-Gläubiger vom Schädiger nicht den gesamten Freiheitsbetrag von 2.500 € verlangen, denn er darf, wie soeben ausgeführt, nicht mehr erhalten, als er bei einer Regressabwicklung ohne Leistungsfreiheit des Haftpflicht-VR bekommen hätte. Man sieht also, dass der TA-Gläubiger beim Abzug des Eigenanteilsbetrags von den Aufwendungen vom schädigenden Mieter nur 1.250 € (5000 – 3750 = 1250) verlangen könnte. Auf diese Weise würde aber die präventive Funktion der begrenzten Leistungsfreiheit in der Haftpflichtversicherung, die einen Anreiz für den VN zur Einhaltung seiner Obliegenheiten darstellen soll, eingeschränkt. Das kann aber nicht der Sinn eines TA sein. Es bleibt also festzuhalten, dass der Eigenbeteiligungsbetrag nur vom Quotenanspruch des TA-Gläubigers abgezogen werden kann.[320]

Es bleibt noch die Art und Weise des Verfahrens zu klären, wenn auch der Regressanspruch des TA-Gläubigers gegen den schädigenden Mieter summenmäßig begrenzt wäre, z. B. wegen eines Mitverschuldens des Geschädigten. Es stellt sich somit die Frage, ob auch der Anspruch des TA-Gläubigers gegen den Schädiger auf den Eigenbeteiligungsanteil des Letzteren entsprechend der Mitverschuldensquote herabgesetzt werden müsste. Nach obigem Beispiel ließe sich behaupten, dass der Anspruch des TA-Gläubigers gegen den VN/Schädiger im Hinblick auf den Freiheitsbetrag bei einer 50-prozentigen Haftungsquote des Letzteren halbiert werden müsste (in €): 2500 * ½ = 1250.

Dies wäre aber abzulehnen.[321] Der Eigenbeteiligungsbetrag ist ein Teil des gesamten Regressanspruchs und muss in dessen Kontext betrachtet werden. Eine Herabsetzung des Freiheitsbetrags wäre also nur dann gerechtfertigt bzw. notwendig, wenn der gesamte (verbleibende) Ersatzanspruch des Regressgläubigers gegen den Schädiger wegen eines Mitverschuldens des Geschädigten

---

320 Vgl. auch *Kaiser*, Teilungsabkommen, S. 98; a. A. *Fleckenstein*, VersR 1978, 13 (14).

321 So auch BGH, VersR 1984, 526 (527); *Plagemann/Schafhausen*, NZV 1991, 49 (54); *J.Prölss*, in: Prölss/Martin, § 86 VVG, Rdn. 72.

nicht ausreichte, um den Freiheitsbetrag zu decken. Im obigen Beispiel würde das bei einer 50-prozentigen Haftungsquote des Schädigers Folgendes bedeuten: Der Haftpflicht-VR hat in Ausführung seiner abkommensmäßigen Verpflichtung an den TA-Gläubiger 2.500 € gezahlt, so dass eine Tilgung der Schuld des Schädigers in dieser Höhe eingetreten ist. Wegen der 50-prozentigen Haftungsquote des Schädigers beträgt daher der Restanspruch gegen ihn 2.500 €: 10000 * ½ = 5000 – 2500 = 2500 (abzüglich der abkommensmäßigen Tilgungswirkung). Das bedeutet, dass der noch vorhandene Regressanspruch gegen den Schädiger gerade genügt, um den nicht gedeckten Anspruch des TA-Gläubigers auf den Freiheitsbetrag zu befriedigen. Eine Herabsetzung des Freiheitsbetrags, der dem TA-Gläubiger zustünde, wäre also im vorliegenden Fall abzulehnen (erst bei einer Haftungsquote des Schädigers von unter 50 Prozent).[322]

d) Selbstbeteiligung des Schädigers

Was bei der summenmäßig begrenzten Leistungsfreiheit des Haftpflicht-VR zu beachten ist, gilt entsprechend auch bei der Vereinbarung eines Selbstbehalts.[323] Ein Selbstbehalt ist der Betrag, mit dem sich der VN an den Aufwendungen des VR zu beteiligen hat. Ist in einem Haftpflicht-VV ein Selbstbehalt vereinbart worden, ist der Haftpflicht-VR in Höhe dieses Betrags dem VN/Schädiger gegenüber nicht leistungspflichtig. Darüber hinaus muss er dem VN Deckung gewähren. Zwar sieht das TA-Mieterregress in § 3 Nr. b TA vor, dass ein Selbstbehalt im Haftpflicht-VV gegenüber dem Gebäude-VR nicht in Abzug gebracht wird. Nach der Begleitinformation zum TA ist jedoch ein vereinbarter Selbstbehalt zu berücksichtigen, wenn im Rahmen dieses Selbstbehalts kein Freistellungs- und Abwehranspruch des schädigenden Mieters gegen seinen Haftpflicht-VR besteht. Denn dabei handelt es sich um keinen „normalen" Selbstbehalt, sondern um eine sog. Haftungsstrecke, für die kein Versicherungsschutz besteht.[324] Gerade darum geht es im Folgenden.

Bei der abkommensmäßigen Regressabwicklung soll ein Selbstbehalt berücksichtigt werden.[325] In dem Falle darf der TA-Schuldner den Selbstbeteiligungsbetrag vom Quotenanspruch des TA-Gläubigers abziehen. Der TA-Gläubiger kann diesen Teilbetrag gegen den Schädiger geltend machen. Eine Herabsetzung

---

322 So ist auch die Formulierung des BGH, VersR 1984, 526 (527) zu verstehen, dass es sich bei diesem Anspruch (Freiheitsbetrag) um den ersten Teil des Ersatzanspruchs des SVT handele, nicht um seine Spitze, für die in derartigen Fällen nur die Beschränkung der Haftung auf eine Quote Bedeutung haben könne.

323 *Kaiser*, Teilungsabkommen, S. 95; *W. Wussow*, Teilungsabkommen, S. 22.

324 *Günther*, Regreß, S. 211.

325 A. A. *Haidinger*, VersR 1951, 57 (58).

des Selbstbeteiligungsbetrags findet nur dann statt, wenn der Ersatzanspruch des Regressgläubigers nach der Rechtslage den Teilbetrag unterschreitet. Soweit aber behauptet wird, dass der Schädiger dem Regressgläubiger den Selbstbehalt auch dann schulde, wenn er nach der Rechtslage nicht haftpflichtig sei[326], ist dem nicht zuzustimmen. Denn die Zahlung der TA-Quote kann, wie bereits[327] ausgeführt, keinen Einfluss auf die Haftpflichtfrage haben. Andernfalls wäre das TA ein Vertrag zu Lasten Dritter. Der Selbstbehalt wird jedoch auch außerhalb einer abkommensmäßigen Regressregulierung nur dann fällig, wenn ein begründeter Ersatzanspruch gegen den Schädiger geltend gemacht wird.[328] Ebenso ist die Auffassung[329], nach der der Anspruch des TA-Gläubigers auf den Selbstbeteiligungsbetrag entsprechend der TA-Quote bestimmt werde, abzulehnen. Dies würde bedeuten, dass der Selbstbeteiligungsbetrag bei einer TA-Quote von 50 Prozent halbiert werden müsste. Nach dieser Auffassung wäre die Selbstbeteiligung auch in die abkommensgemäße Schadenteilung einzubeziehen, weil bei der Vereinbarung eines Selbstbehalts an hundertprozentiges Einstehen des Versicherten gedacht sei.[330] Dem ist nicht zuzustimmen. Ein Einstehen des VN in vollem Umfang ist für die Aktivierung des Selbstbehalts nicht erforderlich. Dabei beteiligt sich der VN jedes Mal an den Aufwendungen des VR, wenn gegen ihn ein begründeter Ersatzanspruch erhoben wird; unabhängig davon, ob der VN voll haftpflichtig ist. Eine Koppelung des Selbstbehalts an die TA-Quote ist aber auch aus einem weiteren Grund abzulehnen. Die TA-Quote bezieht sich auf den gesamten Regressanspruch, dessen Element auch der Selbstbeteiligungsbetrag ist. Bei einer TA-Quote von 50 Prozent bedeutet das, dass der gesamte Regressanspruch halbiert werden muss. Eine separate Quotierung des Selbstbehalts würde dann aber zu einer doppelten Quotierung des gleichen Regressanspruchs führen und ist daher abzulehnen.

II. Anwendungsvoraussetzungen des TA in Bezug auf den TA-Gläubiger

Die bisherigen Ausführungen hinsichtlich der Anwendungsvoraussetzungen des TA betreffen die Anforderungen, die an das Deckungsverhältnis zwischen VN/Schädiger und Haftpflicht-VR gestellt werden. Es ist erörtert worden, dass ein störungsfreies Deckungsverhältnis erforderlich ist, um die

326 So *Clasen*, Teilungsabkommen, S. 68.
327 Siehe oben Kapitel 4: E.II und IV.
328 Vgl. *Kaiser*, Teilungsabkommen, S. 96.
329 *E. Prölss*, JRPV 1939, 113 (116).
330 *E. Prölss*, JRPV 1939, 113 (116).

Abkommenswirkungen auszulösen. Konsequenterweise besteht Einigkeit darüber, dass auch der TA-Gläubiger berechtigt sein muss, den Ersatzanspruch des Geschädigten geltend zu machen, damit auch er den Quotenanspruch erheben kann.[331]

In der Schadensversicherung ist § 86 Abs. 1 VVG die anspruchsberechtigende Rechtsnorm.[332] Die Voraussetzungen des Forderungsübergangs auf den Gebäude-VR müssen also erfüllt sein. Ließe sich das TA anwenden, obwohl der Forderungsübergang nicht stattfand, wäre der Haftpflicht-VR der Gefahr einer doppelten Inanspruchnahme ausgesetzt: einmal durch den TA-Gläubiger und das andere Mal durch den Geschädigten, der wegen des gescheiterten Forderungsübergangs weiterhin Träger des Ersatzanspruchs bliebe.[333]

Wie bereits ausgeführt wurde[334], setzt ein Forderungsübergang gemäß § 86 Abs. 1 VVG eine Leistung des Schadens-VR an den VN, die Übergangsfähigkeit des Ersatzanspruchs sowie die Kongruenz der Versicherungsleistung mit dem Haftpflichtanspruch voraus. Des Weiteren muss der Ersatzanspruch des VN gegen einen Dritten gerichtet sein.[335]

---

331 *Clasen*, Teilungsabkommen, S. 61; *Kaiser*, Teilungsabkommen, S. 102 ff.; *J.Prölss*, in: Prölss/Martin, § 86 VVG, Rdn. 78; *W. Wussow*, Teilungsabkommen, S. 53.

332 Ist ein SVT der TA-Gläubiger, dann müssen die Voraussetzungen des § 116 X SGB vorliegen.

333 *Kaiser*, Teilungsabkommen, S. 102; *W. Wussow*, Teilungsabkommen, S. 71.

334 Siehe oben Kapitel 2: C.

335 Der Verzicht auf die Prüfung der Haftpflichtfrage führt jedoch – entgegen einer Auffassung (*Kaiser*, Teilungsabkommen, S. 103) – nicht zu einer Relativierung der zweiten Anwendungsvoraussetzung des TA in Bezug auf die Anspruchsberechtigung des TA-Gläubigers. Nach Auffassung von Kaiser setzt die cessio legis voraus, dass der Dritte dem Geschädigten gegenüber nach der Rechtslage tatsächlich haftpflichtig ist. Der Verzicht auf die Haftpflichtfrage führe daher zu einer Relativierung des Erfordernisses der Anspruchsberechtigung des TA-Gläubigers nach der cessio legis, denn das Bestehen des Haftpflichtanspruchs werde im Rahmen der abkommensmäßigen Regressabwicklung nur unterstellt. Diese Auffassung ist aber abzulehnen. Der Übergang des Ersatzanspruchs des VN auf den VR findet automatisch statt, wenn der VR dem VN die Versicherungsleistung erbringt. Die rechtliche Begründung des Haftpflichtanspruchs ist also für den Forderungsübergang irrelevant. Erst bei der Geltendmachung des übergegangenen Ersatzanspruchs gegen den Dritten wird die Frage der Haftungsbegründung aktuell. Es kann also passieren – und das kommt häufig vor –, dass der VR nach Entschädigung des VN den Ersatzanspruch gegen den Dritten auf Grund § 86 Abs. 1 VVG erlangt hat, diesen Anspruch aber gegen den Dritten nicht realisieren kann, weil der Dritte dem VN gegenüber nicht haftpflichtig war.

1. *Leistungspflicht des VR*

Der Ersatzanspruch des VN gegen den Dritten geht auf den VR über, soweit dieser jenem gegenüber die Versicherungsleistung erbracht hat. Damit ist die erste Voraussetzung für die Berechtigung des Regressgläubigers, den Quotenanspruch geltend zu machen, angesprochen. Es bedarf einer tatsächlichen Leistung des TA-Gläubigers an den Geschädigten.

Der Forderungsübergang nach § 86 Abs. 1 VVG findet aber auch dann statt, wenn der VR dem VN gegenüber nicht zur Leistung verpflichtet war.[336] Eine Leistungspflicht des Schadens-VR ist nicht erforderlich. Demnach ist ungewiss, ob auch Liberalitäts- oder irrtümliche Leistungen des VR die Abkommenswirkungen auslösen können. Die h. M.[337] geht davon aus, dass der TA-Gläubiger den Quotenanspruch gegen den TA-Schuldner nur dann geltend machen kann, wenn er dem VN gegenüber leistungspflichtig war. Liberalitäts- und irrtümliche Leistungen des TA-Gläubigers genügen daher nicht für die Inanspruchnahme des TA-Partners, obwohl solche Leistungen den Forderungsübergang nach § 86 Abs. 1 VVG aktivieren. Das wird damit begründet, dass andernfalls der Haftpflicht-VR mit Regressansprüchen konfrontiert werden würde, die für den Regressgläubiger nach der Rechtslage keine Aussicht auf Erfolg hätten. Diese könnte der TA-Gläubiger im Grunde genommen geltend machen, nachdem er freiwillig dem Geschädigten die Versicherungsleistung erbracht hat, um sodann den Quotenanspruch gegen den Haftpflicht-VR zu erwerben.[338]

Der h. M. ist nicht zu folgen. Eine Manipulationsgefahr besteht bei den sog. Kulanzleistungen und umso mehr bei den irrtümlichen Leistungen des Gebäude-VR nicht. Dem Gebäude-VR ist von vornherein bewusst, dass er im Rahmen des TA gegen den Haftpflicht-VR lediglich einen quotenmäßig begrenzten Anspruch hat. Er würde seinen VN nicht aus Kulanz voll entschädigen, um vom Haftpflicht-VR anschließend nur einen begrenzten Regressanspruch zu erlangen. In diesem Sinne sieht auch das TA-Mieterregress vor, dass Kulanzleistungen des Gebäude-VR im Zusammenhang mit dem TA berücksichtigt werden, soweit die Leistungen nach § 86 VVG regressierbar sind (§ 3Nr. 2 c TA).

---

336 Siehe oben Fn. 25.

337 *Clasen*, Teilungsabkommen, S. 60; *Kaiser*, Teilungsabkommen, S. 106; *Möller/Segger*, in: Langheid/Wandt, § 86 VVG, Rdn. 249; *Sieg*, in: Bruck/Möller[8], § 67 VVG, Anm. 176.

338 Vgl. *Kaiser*, Teilungsabkommen, S. 102.

2. *Umfang des abkommensmäßigen Quotenanspruchs*

Nach § 86 Abs. 1 VVG gehen auf den Schadens-VR nur solche Ersatzansprüche über, die der Versicherungsleistung kongruent sind. Daraus folgt, dass sich der Quotenanspruch des TA-Gläubigers ausschließlich auf die kongruenten Ersatzansprüche beziehen kann. Wird in der Gebäudeversicherung des Geschädigten über die Neuwertspitze entschädigt, kann der Gebäude-VR gegen den TA-Schuldner den Quotenanspruch nur soweit geltend machen, wie sich die Aufwendungen des Gebäude-VR auf den Zeitwertschaden beschränken (§ 3Nr. 2 a TA).[339] Bezüglich der Aufwendungen des Schadens-VR, die die Neuwertspitze betreffen, besteht also kein Anspruch auf die TA-Quote, denn die Neuwertspitze ist mit dem bürgerlich-rechtlichen Ersatzanspruch inkongruent.

Für die abkommensmäßige Regressabwicklung muss auch das Quotenvorrecht des Geschädigten berücksichtigt werden (§ 3Nr. 3 c TA).[340] Die Regressabwicklung im Rahmen eines TA ist nichts anderes als eine Surrogatslösung zum gesetzlichen Forderungsübergang. Das Quotenvorrecht des VN, das in § 86 Abs. 1 VVG vorgesehen ist, kann daher nicht durch Vertrag abgeschafft bzw. umgangen werden. Andernfalls wäre das TA ein Vertrag zu Lasten Dritter. Zwar wird bei einer abkommensmäßigen Regressabwicklung auf die Prüfung der Höhe des Ersatzanspruchs verzichtet. An dessen Stelle tritt aber der Quotenanspruch, worauf sich wiederum das Quotenvorrecht des VN bezieht. Denn durch die quotenmäßige Regressabwicklung wird nur fingiert, dass der Ersatzanspruch gegen den Schädiger einzig in Höhe der vereinbarten Quote besteht.

Die Regressabwicklung sieht daraufhin wie folgt aus: Angenommen, die gegen Feuer versicherte Wohnung des Vermieters wird durch eine schuldhafte Handlung des Mieters beschädigt. Der Sachschaden beträgt 5.000 € und die Haftungsquote des Schädigers wegen Mitverschuldens des Geschädigten 50 Prozent. Der VV des Vermieters sieht einen Selbstbehalt von 1.000 € vor. Die Entschädigung des Schadens-VR an den VN auf Grund des Selbstbehalts findet in Höhe von 4.000 € statt. Zwischen dem Gebäude-VR des VN/Vermieters und dem Haftpflicht-VR des Mieters besteht das TA-Mieterregress mit der TA-Quote von 50 Prozent. Der Regressfall soll abkommensgemäß abgewickelt werden. Dann würde der Quotenanspruch des TA-Gläubigers 2000 € betragen (4000 * 50 % = 2000), wenn man dabei das Quotenvorrecht des Geschädigten

339 *Sieg*, in: Bruck/Möller, § 67 VVG, Anm. 177.

340 A. A. *Sieg*, in: Bruck/Möller, § 67 VVG, Anm. 177; *v. Koppenfels-Spies*, in: Looschelders/Pohlmann, § 86 VVG, Rdn. 78.

außer Acht ließe. In diesem Fall käme der Ersatzanspruch gegen den Schädiger durch Zahlung der Quote in dieser Höhe (2.000 €) zum Erliegen. Es bliebe ein Restanspruch von 500 € (5000 * ½ = 2500 – 2000 = 500 (multipliziert mit der Haftungsquote des Schädigers, abzüglich der abkommensmäßigen Tilgungswirkung). Dieser Betrag wäre aber nicht hinlänglich hoch, um den Anspruch des Geschädigten auf den in seiner Versicherung nicht gedeckten Selbstbehalt (1.000 €) zu befriedigen. Sein Quotenvorrecht aus § 86 Abs. 1 VVG würde somit umgangen.

Da aber bei der abkommensmäßigen Regressabwicklung die Anspruchserhebung ohne Prüfung der Haftpflichtfrage stattfindet, würde in der Praxis so verfahren, dass der TA-Gläubiger zunächst den gesamten Quotenanspruch geltend machen müsste. Ohne Prüfung der Haftpflichtfrage lässt sich nicht feststellen, wie hoch der Drittanspruch ist, um sodann das Quotenvorrecht des Geschädigten heranzuziehen. Erst bei Geltendmachung des Drittanspruchs wäre das möglich. Stünde danach bei Inanspruchnahme des Schädigers fest, dass der Drittanspruch den Anspruch des Geschädigten aus seinem Quotenvorrecht nicht abdecken könnte, müsste der Gebäude-VR das vom TA-Schuldner Mehrerlangte an den VN/Geschädigten weiterleiten. Im Beispiel erstattete der Gebäude-VR dem Geschädigten 500 €, womit die Befriedigung des Quotenvorrechts erreicht wäre.

Dementsprechend ist die Formulierung des TA-Mieterregress in § 3Nr. 3 c TA, dass der Haftpflicht-VR seine TA-Leistungen aus Quotenvorrecht zu 50 Prozent gegenrechnen kann, als unpassend zu bezeichnen. Im Zeitpunkt der TA-Leistung kann das Quotenvorrecht des Geschädigten ohne Prüfung der Haftungsfrage noch nicht festgelegt werden, zumal der TA-Anspruch des Gebäude- gegen den Haftpflicht-VR des Mieters ein vertraglicher Anspruch ist, der mit dem Regressanspruch aus § 86 Abs. 1 VVG nichts zu tun hat. Der Quotenvorrechtsanspruch des Geschädigten kann einzig und allein zwischen dem Gebäude-VR und dem Geschädigten nach dem Abschluss der abkommensmäßigen Regressabwicklung festgelegt werden.

3. *Übergangsfähigkeit des Ersatzanspruchs und Ersatzanspruch gegen einen Dritten*

Bei nicht übergangsfähigen Ersatzansprüchen bleibt der Geschädigte Träger des Ersatzanspruchs gegen den Dritten. Der Schadens-VR kann diese Ansprüche nicht im Rahmen eines TA gegen den TA-Schuldner geltend machen, da er insoweit nicht aktiv legitimiert ist. Diese Ersatzansprüche verbleiben vielmehr dem Geschädigten, der sie gegenüber dem Dritten behaupten kann.[341]

341 *Kaiser*, Teilungsabkommen, S. 110.

Eine weitere Voraussetzung für die Aktivlegitimation des Schadens-VR aus übergegangenem Recht liegt darin, dass der übergegangene Ersatzanspruch gegen einen Dritten gerichtet ist. Steht dem VN/Geschädigten ein Ersatzanspruch gegen eine Person zu, deren Sachersatzinteresse in der Versicherung des Geschädigten mitversichert ist, scheidet der Regress des Schadens-VR gegen den Schädiger aus, weil dieser nicht mehr als Dritter i. S. d. § 86 Abs. 1 VVG angesehen werden kann. Besteht zwischen dem Schadens-VR des Geschädigten und dem Haftpflicht-VR des Schädigers ein TA, bleibt dem Schadens-VR auch der Quotenanspruch gegen den Haftpflicht-VR verwehrt, denn Letzterer kann nicht haften, wenn gegen seinen VN dem Grunde nach kein Ersatzanspruch existiert. Der Quotenanspruch ist auch dann ausgeschlossen, wenn das Haftpflichtrisiko des Schädigers in der Schadensversicherung des Geschädigten durch einen konkludenten Regressverzicht geschützt ist.[342]

342 Wenn also der Gebäude-VR des Geschädigten den Haftpflicht-VR des leicht fahrlässigen Mieters abkommensgemäß in Anspruch nimmt, dann handelt es sich dabei um die Geltendmachung des Ausgleichsanspruchs nach § 78 Abs. 2 VVG und nicht des normalen Regressanspruchs gegen den Schädiger. Denn gegen den leicht fahrlässigen Mieter bzw. seinen Haftpflicht-VR kann nach der versicherungsrechtlichen Lösung nicht regressiert werden. Wäre z. B. der deckungsgleiche Zeitwertschaden des Geschädigten 150.000 €, würde der Ausgleichsanspruch des Gebäude-VR gegen den Haftpflicht-VR des leicht fahrlässigen Mieters nach § 78 Abs. 2 VVG: 50 % von 150.000 € = 75.000 € betragen. Das TA-Mieterregress hätte also in diesem Fall Anwendung finden können, obwohl die Schadenshöhe (150.000 €) an sich das Limit von 100.000 € übersteigt. Maßgeblich für die Anwendbarkeit des TA ist also die Höhe des geltend gemachten Regressanspruchs. Hier hätte sich der Haftpflicht-VR mit der TA-Quote von 50 % an dem Ausgleichsanspruch des Gebäude-VR beteiligen müssen: 50 % von 75.000 € = 37.500 €. Hätte dagegen der schädigende Mieter unstreitig grob fahrlässig gehandelt, wäre der normale Regress gegen ihn bzw. seinen Haftpflicht-VR zugelassen gewesen. In diesem Fall wäre aber das TA-Mieterregress nicht anwendbar, weil die Höhe des Zeitwertschadens und somit des Regressanspruchs mit 150.000 € das TA-Limit übersteigen würde. Besteht dagegen Streit über die Verschuldensquote des Schädigers, stellt sich die Frage, worauf sich der TA-Anspruch des TA-Gläubigers beziehen soll, zumal im Rahmen der abkommensmäßigen Regressabwicklung auf die Prüfung der subjektiven Komponente des Verschuldens verzichtet wird. Wenn nicht von vornherein klar ist, ob der schädigende Mieter leicht oder grob fahrlässig gehandelt hat, dann ist die Schadenshöhe für die Anwendung des TA maßgeblich. Im obigen Beispiel wäre also das TA-Mieterregress bei einer Schadenshöhe von 150.000 € unanwendbar, wenn die Verschuldensquote des Schädigers strittig war.

Fraglich ist, ob das TA auch auf den Regressanspruch des Schadens-VR gegen die mit dem Geschädigten in häuslicher Gemeinschaft lebenden Personen angewandt werden kann. In der alten Fassung des VVG war das Haftungsprivileg in der Weise formuliert, die bereits den Anspruchsübergang gegen den privilegierten Personenkreis ausschloss. Daraus folgte, dass das TA keine Anwendung auf die Ersatzansprüche gegen sie finden konnte, denn es handelte sich dabei um nicht übergangsfähige Ersatzansprüche.[343] Im Rahmen der neuen Regelung des § 86 Abs. 3 VVG ist aber nur die Geltendmachung des Regressanspruchs ausgeschlossen; der Rechtsübergang findet trotzdem statt. Man könnte also geneigt sein, den Quotenanspruch gegen den Haftpflicht-VR des privilegierten Personenkreises zuzulassen, zumal dessen Belastung – und somit eine mittelbare Belastung des VN/Geschädigten – auf Grund der Stillhalteverpflichtung des TA-Gläubigers nicht zu befürchten wäre. Die Anwendung des TA und der damit korrespondierende Verzicht auf Prüfung der Haftpflichtfrage könnten dennoch zu einer Aushöhlung des Normzwecks der Regelung führen. Gemäß § 86 Abs. 3 VVG wird das Haftungsprivileg vernachlässigt, wenn der geschützte Personenkreis den Schaden vorsätzlich herbeigeführt hat. Da aber beim TA insbesondere von einer Prüfung der Haftpflichtfrage abgesehen wird, hätte ein Regressverzicht zu Gunsten des Schädigers unter diesen Umständen das moralische Risiko steigern können. Außerdem wäre eine Inanspruchnahme des Haftpflicht-VR ein Verstoß gegen die Generalklausel des § 242 BGB (Treu und Glauben), denn eine Haftung des Haftpflicht-VR käme nach der Rechtslage von vornherein nicht in Frage. Entweder wäre der leicht oder grob fahrlässig handelnde Personenkreis nach § 86 Abs. 3 VVG von der Haftung befreit[344] oder der Haftpflicht-VR wäre bei vorsätzlicher Herbeiführung des Schadens wiederum im Innenverhältnis leistungsfrei. Sinn des TA ist aber nicht, eine Haftung des Haftpflicht-VR zu begründen, die außerhalb unter keinen Umständen bestehen könnte. Eine Anwendung des TA scheidet also im vorliegenden Fall aus.[345]

---

343 *Baumann*, in: BK, § 67 VVG, Rdn. 187; *J.Prölss*, in: Prölss/Martin, § 86 VVG, Rdn. 46, 78; *W. Wussow*, Teilungsabkommen, S. 66.

344 Der geschützte Personenkreis wird im Rahmen des TA-Mieterregress in § 2 Nr. 1 b) ohnehin abschließend angeführt. Danach profitieren vom Regressverzicht des Gebäude-VR neben dem Mieter selbst auch die mit ihm in häuslicher Gemeinschaft lebenden Personen. Personen, die bei Eintritt des Schadens mit dem geschädigten Vermieter in häuslicher Gemeinschaft leben, bleiben aber außen vor.

345 So auch im Ergebnis *Möller/Segger*, in: Langheid/Wandt, § 86 VVG, Rdn. 255.

III. Eingrenzung des Anwendungsbereichs des TA

1. Zusammenhang zwischen Schadensereignis und versichertem Risiko

Eine der wesentlichsten Funktionen des TA liegt in dem Verzicht auf Prüfung der Haftpflichtfrage. Nur so kann das Ziel der Verringerung des Verwaltungsaufwands realisiert werden. Alle TA beinhalten also eine Verzichtsklausel, deren Ausgestaltung aber nicht einheitlich verläuft.[346]

Um der Gefahr einer uferlosen Inanspruchnahme des Haftpflicht-VR zu begegnen, die besonders bei weitgefassten Verzichtsklauseln zu befürchten wäre, wurde der Anwendungsbereich des TA durch die Konstruktion des „Zusammenhangs zwischen Schadensereignis und versichertem Risiko" noch einmal eingegrenzt.[347] Demnach muss ein Bezug des Schadensereignisses zur gedeckten Haftpflichtgefahr bestehen[348], und zwar dergestalt, dass man von einem örtlichen und zeitlichen Zusammenhang zwischen Schädiger und Geschädigtem sprechen kann.[349] Dennoch ist eine ursächliche Verbindung zwischen dem gedeckten Haftpflichtrisiko und dem Schadensfall insbesondere bei den weitgefassten Verzichtsklauseln nicht erforderlich, denn auf die Prüfung der Haftpflichtelemente des Schadensfalls soll in einem TA schließlich verzichtet werden.[350] Für die Anwendung des TA genügt also in diesem Fall eine innere Beziehung zwischen dem Schadensereignis und dem versicherten Risiko.[351] Ist z. B. die vom Mieter gemietete Wohnung durch Feuer beschädigt worden, reicht für die Anwendung des TA, dass der Schaden im Verantwortungsbereich des Mieters entstanden ist, ohne dass es auf die Kausalität des Verhaltens des Schädigers für den Schadenseintritt im naturwissenschaftlichen Sinne ankommen würde.

---

346 Vgl. *Kaiser*, Teilungsabkommen, S. 113 ff.

347 BGH, VersR 1982, 333; BGH, VersR 1984, 158; *Möller/Segger*, in: Langheid/Wandt, § 86 VVG, Rdn. 253; *J.Prölss*, in: Prölss/Martin, § 86 VVG, Rdn. 74; *H. Wussow*, VersR 1960, 392; *W. Wussow*, Teilungsabkommen, S. 35 ff.

348 *J.Prölss*, in: Prölss/Martin, § 86 VVG, Rdn. 74 mit weiteren Nachweisen.

349 Vgl. *W. Wussow*, Teilungsabkommen, S. 94, allerdings für die Konkretisierung eines Groteskfalls.

350 *J.Prölss*, in: Prölss/Martin, § 86 VVG, Rdn. 74; *W. Wussow*, Teilungsabkommen, S. 36.

351 BGH, VersR 1982, 333; BGH, VersR 1983, 26; *J.Prölss*, in: Prölss/Martin, § 86 VVG, Rdn. 74.

2. *Der Einwand der unzulässigen Rechtsausübung (§ 242 BGB)*

Eine weitere Eingrenzung erfährt das TA durch die Generalklausel des § 242 BGB. Danach kann der Haftpflicht-VR im Rahmen eines TA nicht in Anspruch genommen werden, „wenn schon auf Grund des unstreitigen Sachverhalts unzweifelhaft und offensichtlich ist, dass eine Schadensersatzpflicht des Haftpflichtversicherten gar nicht in Frage kommt" („Groteskfälle").[352] Der Verzicht auf Prüfung der Haftpflichtfrage ist dann sinnvoll, wenn der Sachverhalt strittig ist, denn so können die Prozesskosten reduziert werden. Steht stattdessen auf Grund des offensichtlichen Sachverhalts von vornherein unstreitig fest, dass eine Haftung des Schädigers unter keinen Umständen in Frage käme, wäre das Festhalten am TA unter dem Mantel der Verzichtsklausel nicht nur überflüssig, sondern auch eine unzulässige Rechtsausübung.

Der Sachverhalt muss aber so offensichtlich sein, dass eine Inanspruchnahme des Haftpflicht-VR nach Maßgabe des „gesunden Menschenverstands" als völlig absurd angesehen werden müsste. Mit anderen Worten soll es sich also um einen Sachverhalt handeln, bei dem die Haftungsfrage nicht geprüft werden müsste, um mit an Sicherheit grenzender Wahrscheinlichkeit das Fehlen der Haftung des Schädigers feststellen zu können. Solch einem Fall begegnen wir in der oben erläuterten Frage des Haftungsprivilegs (§ 86 Abs. 3 VVG), bei dem es sich um einen normativen Regressausschluss handelt, so dass eine Haftung des privilegierten Personenkreises a priori unstreitig ausscheidet.

Die Ausführungen des BGH bezüglich der unabwendbaren Ereignisse müssen also einer Relativierung unterzogen werden. Der BGH führt aus, dass das TA auch in Fällen Anwendung finden müsse, in denen eine Haftung des VN des Haftpflicht-VR nach der Rechtslage unstreitig entfällt; so etwa bei unabwendbaren Ereignissen, bei welchen ein Haftungsausschluss einwandfrei feststehe.[353]

Es wäre aber ein Widerspruch in sich, bei einem unstreitigen Sachverhalt das TA zur Anwendung kommen zu lassen, nur um den Verzichtsklauseln Rechnung zu tragen. Denn hier ist ohnehin keine ins Detail gehende Prüfung des Sachverhalts erforderlich und somit auch kein Prüfungsverzicht vonnöten. Das TA ungeachtet der Tatsache zu verwenden, dass die Haftung des Schädigers unstreitig entfällt, könnte das Ziel der wechselseitigen Kompensierung der zugewiesenen Risiken sogar gefährden.

Die Fälle der unabwendbaren Ereignisse weisen eine Besonderheit auf, so dass sie von solchen Fällen zu unterscheiden sind, bei denen die Haftung des

352 BGHZ 20, 385 (390).

353 BGH, VersR 1963, 1066 = NJW, 1964, 102.

Schädigers unzweifelhaft entfällt. Ein Restzweifel in Bezug auf die Begründung des Tatbestands eines unabwendbaren Ereignisses ist fast immer vorhanden. Auch für derartigen Nachweis können sich also zwischen den Parteien Streitigkeiten ergeben, die eine Prüfung der Rechtslage erforderlich machten; es sei denn, es handelte sich um einen unstreitigen Sachverhalt (z. B. Erdbeben, Blitzschlag). Besteht ein Restzweifel an der Begründung des unabwendbaren Ereignisses, ist die Formulierung des BGH zutreffend und das TA kann angewandt werden. Dieser Wortlaut sollte also dahingehend interpretiert werden, dass das TA auch bei den meisten „unabwendbaren Ereignissen" Anwendung finden kann, denn die Inanspruchnahme des Haftpflicht-VR würde nicht gegen § 242 BGB verstoßen, zumal die Voraussetzungen für das Vorliegen eines unabwendbaren Ereignisses nicht immer eindeutig sind. Bei an Sicherheit grenzender Wahrscheinlichkeit, die Zweifel am Nichtbestehen des Drittanspruchs verbietet (z. B. Haftungsausschluss), muss das TA wegen § 242 BGB allerdings unanwendbar bleiben.

G. Die abkommensmäßige Regressabwicklung bei Mehrheit von Gläubigern oder Schuldnern

Die bisherigen Ausführungen beschränkten sich auf den Standard, in dem sich der TA-Fall nur zwischen dem Geschädigten und dem Schädiger abspielt. Treten bei einem Schadensfall mehrere Schädiger oder Geschädigte auf, wirft diese Konstellation eine Reihe von Rechtsfragen auf, die die Regressabwicklung auch in Ansehung der Dritten erschweren können. Welche Auswirkungen das TA auf die Regressabwicklung hat, wenn mehrere Schädiger oder Geschädigte in einen Schadensfall verwickelt sind, wird sich im nachfolgenden Abschnitt zeigen.

Im Folgenden soll auf die Situation eingegangen werden, in der mehrere Personen die Wohnung des Vermieters oder ein Mieter das Sondereigentum mehrerer Eigentümer (in der Regel in einer WEG) durch schuldhafte Handlung beschädigt hat.

I Mehrheit von Schuldnern

1. Auswirkungen des TA auf die Rechtsstellung von mehreren Schuldnern im Außenverhältnis

Sind auf der Schädigerseite mehrere Personen an einem Schadensfall beteiligt, haften sie gegenüber dem Geschädigten (Außenverhältnis) in der Regel als Gesamtschuldner (§§ 421, 840 BGB). Der Geschädigte kann die Ersatzleistung nach seinem Belieben von jedem der Schuldner nur einmal ganz oder zu einem Teil fordern (§ 421 BGB). In diesem Fall hat der zahlende Schuldner gegen die übrigen Schädiger (Innenverhältnis) möglicherweise einen Ausgleichsanspruch nach Maßgabe der internen Haftungsbeteiligung (§ 426 Abs. 1 und 2 BGB).

In entsprechender Weise kann auch der Gebäude-VR, welcher Gläubiger des Ersatzanspruchs des Vermieters aus übergegangenem Recht (§ 86 Abs. 1 VVG) geworden ist, nach seinem Belieben den Regressanspruch von einem der Gesamtschuldner fordern. Haben mehrere Schädiger den TA-Fall als Gesamtschuldner herbeigeführt und sind einige davon beim TA-Partner des Gebäude-VR haftpflichtversichert, andere aber nicht, hat der Gebäude-VR in der Regel die Möglichkeit darüber zu entscheiden, wen er für die Befriedigung seines Regressanspruchs heranzieht.[354] Dem ersten Anschein folgend, wäre es denkbar zu behaupten, dass dem Gebäude-VR nach § 421 BGB der volle Regressanspruch gegen jeden der Gesamtschuldner zustünde, den er aber nur einmal geltend machen könne. Entweder forderte er die TA-Quote vom TA-Partner oder verlangte die volle Regressforderung zunächst vom Zweitschädiger. Bei der ersten Variante könnte er theoretisch nach Erhalt der TA-Quote den vollen verbleibenden Spitzenbetrag gegen den zweiten Gesamtschuldner verlangen.[355]

---

354 Viele TA, darunter auch das TA-Mieterregress (§ 3 Nr. 2 d TA), beinhalten dennoch eine sog. Vorabregressklausel, wonach der TA-Gläubiger bei Mehrheit von Schuldnern, soweit wirtschaftlich sinnvoll, zuerst diejenigen Schädiger in Anspruch nehmen soll, die nicht mit ihm abkommensgebunden sind.

355 Selbstverständlich wäre der Gebäude-VR berechtigt, seinen Regressanspruch gegen jeden der Schadenstifter – nur einmal – geltend zu machen, wenn zwischen diesen Schuldnern kein Gesamtschuldverhältnis bestehen würde. Kein Gesamtschuldverhältnis könnte z. B. entstehen, wenn der Schaden nur von einem der Unfallbeteiligten rechtlich zu verantworten wäre, so dass nur einer der Beteiligten dem Geschädigten gegenüber haftpflichtig wäre. Dann wäre auch ein Ausgleichsanspruch nach § 426 BGB zwischen den Unfallbeteiligten ausgeschlossen. Wenn bei einem Regressfall der TA-Partner des Gebäude-VR beteiligt ist, dann ist es unstreitig, dass kein Gesamtschuldverhältnis zwischen dem TA-Partner und den anderen Unfallbeteiligten entstehen kann, wenn der VN des TA-Partners allein für den Unfall verantwortlich ist. Denn in diesem Fall sind die anderen Unfallbeteiligten dem Gebäude-VR gegenüber nicht ersatzpflichtig, so dass § 421 BGB mangels Zweckgemeinschaft ausscheidet. Ob kein Gesamtschuldverhältnis auch beim umgekehrten Fall entsteht, nämlich dann, wenn nicht der VN des TA-Partners, sondern allein der zweite Unfallbeteiligte für den Schaden verantwortlich ist, ist strittig [siehe unten Kapitel 4: G.I.2.a) und Fn. 373]. Immerhin sind in diesem Fall sowohl der TA-Schuldner aus Vertrag als auch der Alleinverantwortliche Schädiger aus dem Gesetz dem Gebäude-VR gegenüber ersatzpflichtig. Die Regressabwicklung beim Fehlen eines Gesamtschuldverhältnisses wäre wie folgt: Nähme der Gebäude-VR zuerst seinen TA-Partner für die vereinbarte TA-Quote in Anspruch, könnte er den Spitzenbetrag, soweit er nach der Rechtslage

Im Rahmen der abkommensmäßigen Regressabwicklung besteht dennoch die Besonderheit, dass der Gebäude-VR bei Inanspruchnahme des Zweitschädigers zugleich darauf achten muss, dass sein TA-Partner auf Grund eines etwaigen Ausgleichsanspruchs (§ 426 BGB) des Zweitschädigers nicht überquotal belastet wird. Aus diesem Grund hat der BGH in einer Grundsatzentscheidung[356] die Außenhaftung dahingehend modifiziert, dem Regressgläubiger gegen den Zweitschädiger anstatt des vollen Regressanspruchs einen gekürzten zuzugestehen, sofern die Inanspruchnahme des Zweitschädigers zu einer überquotalen Belastung des TA-Partners wegen eines etwaigen Ausgleichsanspruchs des Ersteren führen könnte. Zieht z. B. der Gebäude-VR, nachdem er vom TA-Schuldner die TA-Quote erhalten hat, den Zweitschädiger für den nicht gedeckten Spitzenbetrag hinzu, muss er seinen Restanspruch auf den Teil des Schadens

---

unter Berücksichtigung eines etwaigen Mitverschuldens des Geschädigten bestünde, vom anderen Unfallbeteiligten verlangen. Beim Fehlen eines Gesamtschuldverhältnisses führt zwar die Zahlung der TA-Quote nicht zur Tilgung der Schuld des zweiten Unfallbeteiligten nach § 422 BGB, der Gebäude-VR muss sich jedoch gegenüber dem zweiten Unfallbeteiligten die erhaltene Quote nach dem Grundsatz der bürgerlich-rechtlichen Vorteilsausgleichung anrechnen lassen. Stünde im Nachhinein fest, dass der VN/Unfallbeteiligte des TA-Partners für den Schaden des Geschädigten nicht haftpflichtig war, stünde dem zahlenden TA-Partner gegen den alleinverantwortlichen Schädiger der Bereicherungsanspruch nach § 812 BGB zu, wenn man ein Gesamtschuldverhältnis im vorliegenden Fall ablehnte [zu den Bereicherungsansprüchen siehe unten Kapitel 4: G.I.2.c)]. Der Bereicherungsanspruch des TA-Partners gegen den alleinverantwortlichen Schädiger wäre aber auf die geleistete TA-Quote beschränkt, denn der TA-Partner wurde durch Zahlung der Quote nur insoweit rechtsgrundlos entreichert. Der Gebäude-VR könnte aber im vorliegenden Fall sofort den alleinverantwortlichen Schädiger in Anspruch nehmen, ohne dass eine Inanspruchnahme des TA-Partners im Regresswege zu befürchten wäre. Nähme aber der Gebäude-VR zuerst den zweiten Unfallbeteiligten in Anspruch und stünde fest, dass nicht er, sondern der VN des TA-Partners für den Unfall alleinverantwortlich war, wäre die Klage abzuweisen, so dass der Gebäude-VR gezwungen wäre, seinen Regressanspruch gegen den TA-Partner quotenmäßig geltend zu machen. Ein Ausgleichsanspruch des TA-Schuldners gegen den zweiten Unfallbeteiligten wäre in diesem Fall weder nach § 426 (mangels Gesamtschuldverhältnis) noch nach § 812 BGB (mangels ungerechtfertigter Bereicherung) möglich. Hätte der in Anspruch genommene zweite Unfallbeteiligte den Regressanspruch des Gebäude-VR befriedigt, obwohl er nicht für den Unfall verantwortlich war, stünde ihm der Bereicherungsanspruch nach § 812 BGB gegen den VN des TA-Schuldners zu. Der Bereicherungsanspruch wäre aber ohne Rücksicht auf das TA abzuwickeln.

356 BGH, VersR 1976, 923 (924).

beschränken, für den der Zweitschädiger im Verhältnis zum VN/Erstschädiger des TA-Partners endgültig haftet.[357] Auf diese Weise wird sichergestellt, dass dem Zweitschädiger kein Ausgleichsanspruch gegen den VN des TA-Partners nach § 426 BGB entsteht, so dass eine überquotale Belastung des Letzteren im Regresswege nicht zu befürchten ist.[358]

In einer anderen Konstellation unterhalten alle Haftpflicht-VR der Gesamtschuldner ein TA mit dem Gebäude-VR des Geschädigten. Auch in diesem Fall haften die Haftpflicht- dem Gebäude-VR gegenüber als Gesamtschuldner.[359] Der Regressgläubiger hat wiederum freie Wahl, von einem der TA-Schuldner die vereinbarte TA-Quote zu fordern. Sehen alle in Frage kommenden TA dieselbe Quote vor, erlischt bei Zahlung auch die abkommensmäßige Schuld des anderen TA-Partners, so dass der Gebäude-VR gegen den zweiten TA-Schuldner nicht mehr aktiv legitimiert ist.[360] Bei ungleichen TA-Quoten wird der Gebäude-VR

---

357 *Denck*, NJW 1982, 2048 (2052); *W. Wussow*, Teilungsabkommen, S. 118.

358 Nimmt der Gebäude-VR stattdessen den Zweitschädiger zuerst in Anspruch, muss er wiederum dafür sorgen, dass kein Ausgleichsanspruch des zweiten Gesamtschuldners gegen seinen TA-Partner über die TA-Quote hinaus entsteht. Der Regressgläubiger muss also seinen Regressanspruch gegen den Zweitschädiger wieder auf den Betrag beschränken, für den der Letztere im Innenverhältnis endgültig haftet. Der Regressgläubiger, der zuerst den Zweitschädiger für seinen tatsächlichen Haftungsanteil in Anspruch nimmt, darf dann seinen restlichen Regressanspruch gegen seinen TA-Partner im Rahmen der vereinbarten Quote geltend machen. Er darf aber in diesem Fall nicht mehr erhalten als den Ersatz für seinen gesamten Regressanspruch. Wurden z. B. dem Gebäude-VR vom Zweitschädiger entsprechend dem internen Haftungsanteil des Letzteren 60 % des Regressanspruchs ersetzt und sieht das TA-Mieterregress die vereinbarte TA-Quote von 50 % vor, dann muss der Regressgläubiger seinen abkommensmäßigen Regressanspruch gegen seinen TA-Partner auf 40 % beschränken. Andernfalls würde der Gebäude-VR ungerechtfertigt bereichert, denn er erhielte mehr, als ihm nach der Rechtslage tatsächlich zustehen würde. Er hätte am Ende nämlich mehr als 100 % seines Regressanspruchs erhalten (60 % + 50 % = 110 %).

359 Ob ein Gesamtschuldverhältnis zwischen mehreren TA-Schuldnern auch dann zu bejahen ist, wenn zwischen ihren VN kein echtes Gesamtschuldverhältnis entstanden ist, ist ebenfalls strittig [siehe unten Kapitel 4: G.I.2.b)aa)]. Das ist der Fall, wenn der Schaden nicht anteilig durch mehrere Unfallbeteiligte, sondern von einem der mehreren Beteiligten allein verursacht worden ist.

360 Der Gebäude-VR kann aber im vorliegenden Fall auch den VN/Zweitschädiger des zweiten TA-Schuldners für den Spitzenbetrag nicht in Anspruch nehmen, denn zu Gunsten des Zweitschädigers gilt das Stillhalteabkommen seines Haftpflicht-VR mit dem Regressgläubiger. Das soll aber nicht darüber hinwegtäuschen, dass durch

in der Regel denjenigen TA-Schuldner fordern, dessen TA die höhere TA-Quote vorsieht. Diese Zahlung besitzt ebenfalls tilgende Wirkung (begrenzt auf die gezahlte TA-Quote) zu Gunsten des anderen TA-Schuldners. Besteht zwischen den mehreren TA-Schuldnern kein Gesamtschuldverhältnis, erlischt die TA-Forderung des Regressgläubigers gegen den zweiten TA-Schuldner durch Erhalt der gezahlten TA-Quote nicht. Der Regressgläubiger kann also den zweiten TA-Schuldner für dessen TA-Quote in Anspruch nehmen.[361] In diesem Fall darf aber der regressnehmende Gebäude-VR nicht mehr erhalten als den Ersatz für seinen gesamten Regressanspruch. Wurde ihm z. B. vom ersten TA-Schuldner abkommensgemäß 50 Prozent seines Regressanspruchs ersetzt und sieht das TA des zweiten TA-Schuldners eine TA-Quote von 60 Prozent vor, muss der Gebäude-VR seine restliche TA-Forderung ebenfalls auf 50 Prozent beschränken.

Bei der vom BGH vorgenommenen Beschränkung des Außenregresses gegen den Zweitschädiger handelt es sich wiederum um eine Stillhalteverpflichtung des Gebäude-VR zu Gunsten des Zweitschädigers, entsprechend dem Stillhalteabkommen zu Gunsten des VN des TA-Partners, das in den vorangegangenen Ausführungen erläutert worden ist.[362] Der Regressgläubiger darf also gegen den Zweitschädiger keine Regressansprüche über den Betrag hinaus geltend machen, durch den der TA-Partner auf Grund eines gegen seinen VN gerichteten Ausgleichsanspruchs im Ergebnis insgesamt mehr als die TA-Quote aufbringen müsste.[363] Der Zweitschädiger kann sich auf dieses Stillhalteabkommen berufen und dadurch einer über seine interne Haftungsbeteiligung hinausgehenden Belastung entgehen.[364]

Zahlung der TA-Quote die Schuld des Zweitschädigers in voller Höhe getilgt wird. Nur gegenüber dem regressberechtigten Gebäude-VR bleibt der Zweitschädiger von einer Inanspruchnahme für den Spitzenbetrag im Außenverhältnis wegen der abkommensmäßigen Stillhalteverpflichtung verschont. Im Innenverhältnis ist die Schuld des Zweitschädigers bei einem etwaigen Ausgleichsanspruch des zahlenden TA-Schuldners nur in Höhe der erbrachten TA-Quote getilgt, denn der TA-Schuldner hat nur soweit geleistet. Vgl. BGH, VersR 1978, 843 (846).

361 Ein Ausgleichsanspruch zwischen mehreren TA-Schuldnern scheidet mangels Gesamtschuldverhältnis im vorliegenden Fall aus. Stattdessen entsteht aber für den zahlenden TA-Schuldner eventuell ein Bereicherungsanspruch gegen den zweiten TA-Schuldner nach § 812 BGB, wenn die Voraussetzungen dafür vorliegen. Dazu siehe unten Kapitel 4: G.I.2.d).

362 *Denck*, NJW 1982, 2048 (2052).

363 *Denck*, NJW 1982, 2048 (2052); *W. Wussow*, Teilungsabkommen, S. 118.

364 BGH, VersR 1976, 923 (924).

Nimmt der Gebäude-VR zuerst seinen TA-Partner für die TA-Quote in Anspruch und zahlt dieser, erlischt die Regressforderung entsprechend dem § 422 BGB auch gegenüber den übrigen Gesamtschuldnern, aber nur in Höhe der TA-Quote, denn der TA-Schuldner hat nach § 422 BGB nur soweit geleistet.[365] Eine im Schrifttum[366] vorgeschlagene gesamttilgende Wirkung der TA-Zahlung auch zu Gunsten der übrigen Gesamtschuldner, so dass der Regressgläubiger nach Erhalt der TA-Quote den Spitzenbetrag gegen die anderen Gesamtschuldner nicht mehr geltend machen könnte, wurde zu Recht abgelehnt.[367] Eine absolute Tilgungswirkung wäre mit dem relativen Charakter des TA als Vertrag nicht vereinbar. Die TA-Partner bezwecken durch den Abschluss des TA keine weitreichende Tilgungswirkung für außenstehende Dritte.[368] Das Einzige, was ihrem Vertragswillen entspricht, ist die Vermeidung einer überquotalen Belastung des TA-Schuldners. Dieses Ziel kann aber auch damit erreicht werden, indem der Zweitschädiger vom Gebäude-VR gerade für den Betrag in Anspruch genommen wird, der seinem tatsächlichen Haftungsanteil im Innenverhältnis entspricht. Einer darüberhinausgehenden Tilgungswirkung des TA in Bezug auf außenstehende Dritte bedarf es also nicht.[369]

Der Außenregress bestimmt sich nach Maßgabe der Rechtslage, denn zwischen dem Regressgläubiger und dem Zweitschädiger besteht kein TA.[370] Zieht der Gebäude-VR den Zweitschädiger für den Spitzenbetrag heran, ist der auf den Gebäude-VR nach der Rechtslage übergegangene Regressanspruch für die Berechnung des Drittanspruchs maßgeblich. Ein etwaiges Mitverschulden des Geschädigten muss also bei Inanspruchnahme des Zweitschädigers, anders als bei Anwendung des TA, berücksichtigt werden.[371] Die prozentuale Beteiligung des Zweitschädigers bezieht sich aber auf den nach der Rechtslage bestehenden

---

365 Ob die Zahlung der TA-Quote die Schuld des zweiten Schädigers auch beim Fehlen eines Gesamtschuldverhältnisses in dieser Höhe tilgt, ist fraglich. Eine Tilgungswirkung zu Gunsten des zweiten Schädigers ist aber mangels Gesamtschuldverhältnisses abzulehnen. Allerdings kann der in Anspruch genommene Zweitschädiger dem Gebäude-VR den Grundsatz der bürgerlich-rechtlichen Vorteilsausgleichung einwenden. Der Regressgläubiger muss sich also dem Zweitschädiger gegenüber die erhaltene TA-Quote anrechnen lassen. Andernfalls wäre er doppelt entschädigt.

366 *Voß*, VersR 1954, 109 (110).

367 *Denck*, NJW 1982, 2048 (2053); *J.Prölss*, in: Prölss/Martin, § 86 VVG, Rdn. 90; *W. Wussow*, Teilungsabkommen, S. 117.

368 *Denck*, NJW 1982, 2048 (2053).

369 *Denck*, NJW 1982, 2048 (2053).

370 *Denck*, NJW 1982, 2048 (2054); *W. Wussow*, Teilungsabkommen, S. 119.

371 *W. Wussow*, Teilungsabkommen, S. 119.

gesamten Regressanspruch des Gebäude-VR und nicht auf den verbleibenden Spitzenbetrag, denn der Zweitschädiger hat mit seinem Haftungsanteil zur Entstehung des gesamten Ersatzanspruchs des Geschädigten beigetragen.

Die Auswirkungen des TA auf die Außenhaftung bei einer Mehrheit von Schädigern lassen sich zusammenfassend anhand folgenden Beispiels veranschaulichen: Zwei Personen (eine davon ist der Mieter) verursachen als Gesamtschuldner an der Wohnung des Geschädigten einen Schaden in Höhe von 10.000 €. Der Mieter ist bei einem Haftpflicht-VR versichert, der mit dem Gebäude-VR des Geschädigten das TA-Mieterregress abgeschlossen hat. Es gilt die TA-Quote von 50 Prozent.

Der Geschädigte wird von seinem Gebäude-VR voll entschädigt. Beteiligt sich der TA-Schuldner an den Aufwendungen des Gebäude-VR abkommensgemäß mit der vereinbarten Quote, wird der Zweitschuldner von der Regressforderung gemäß § 422 BGB frei, und zwar in Höhe der abkommensmäßigen Haftungsbeteiligung (5.000 €). Will der Gebäude-VR den zweiten Gesamtschuldner für den Spitzenbetrag in Anspruch nehmen, wird der Außenregress nach der Rechtslage ohne Berücksichtigung des TA wie folgt reguliert:

1. Variante: Wäre nach der Rechtslage auf den Gebäude-VR der volle Ersatzanspruch (10.000 €) des Geschädigten übergegangen, würde der volle Spitzenbetrag von 5.000 € die Höchstgrenze des Außenregresses gegen den Zweitschädiger darstellen. Das bedeutet, dass der Gebäude-VR seinen verbleibenden Regressanspruch gegen den Zweitschädiger nur dann voll erschöpfen könnte, wenn der interne Haftungsanteil des Zweitschädigers in Bezug auf den gesamten Regressanspruch (10.000 €) gleich oder höher als 50 Prozent betrüge. Läge dagegen der Haftungsanteil des Zweitschädigers bei z. B. 30 Prozent, müsste der Gebäude-VR seinen Restanspruch auf diese 3.000 €von vornherein beschränken. Es wäre in diesem Fall aber falsch, wenn man den prozentualen Anteil auf den Spitzenbetrag bezogen hätte (30 % von 5.000 € sind 1.500 €).
2. Variante: Angenommen, bei Inanspruchnahme des Zweitschädigers stellt sich heraus, dass den Geschädigten ein Mitverschulden von 20 Prozent belastet, dann umfasst der auf den Gebäude-VR übergegangene Regressanspruch: 80 % von 10.000 € sind 8.000 €. Ein Teil dessen wurde aber durch Zahlung der TA-Quote in dieser Höhe (5.000 €) auch zu Gunsten des Zweitschädigers getilgt, so dass gegen ihn ein Restanspruch von 3.000 € verbleibt. Diese 3.000 € würden also zugleich die Höchstsumme ausmachen, an der sich der Zweitschädiger nach Maßgabe seiner internen Haftungsbeteiligung beteiligen könnte. Bei einer internen Haftungsbeteiligung des Zweitschädigers,

die niedriger als 37,5 Prozent (37,5 % von 8.000 € sind 3.000 €) wäre, müsste also der Gebäude-VR seinen Restanspruch von 3.000 € entsprechend herabsetzen lassen. Ein Ausgleichsanspruch des Letzteren gegen den TA-Partner des Schadens-VR nach § 426 BGB könnte also nicht erhoben werden. Somit würde auch eine überquotale Belastung des TA-Schuldners vermieden.

2. *Auswirkungen des TA auf die Rechtsstellung von mehreren Schuldnern im Innenverhältnis*

a) *Der Ausgleichsanspruch gemäß § 426 BGB zwischen dem TA-Schuldner und dem Zweitschädiger*

Der § 426 BGB gibt dem zahlenden Gesamtschuldner die Möglichkeit, von den anderen Gesamtschuldnern Ausgleich zu fordern. Der Ausgleichsanspruch bestimmt sich nach dem Maß der Haftungsbeteiligung.

Das Gleiche muss aber auch dann gelten, wenn einer der Gesamtschuldner auf Grund eines TA geleistet hat.[372] Er hat den Gesamtschuldgläubiger durch Zahlung der TA-Quote befriedigt, so dass er Gläubiger des Ausgleichsanspruchs gemäß § 426 BGB Abs. 1 und 2 gegen die anderen Gesamtschuldner geworden ist.[373] Auch dieser Ausgleichsanspruch richtet sich nach Maßgabe der internen

372 Der Ausgleichsanspruch des zahlenden TA-Schuldners kann aber dogmatisch auch im Rahmen des § 86 VVG begründet werden. Denn durch Zahlung der TA-Quote erfüllt der TA-Schuldner zugleich die Haftpflichtverbindlichkeit seines VN und somit geht auf ihn nach § 86 VVG der Ausgleichsanspruch (§ 426 BGB) seines VN gegen die übrigen Gesamtschuldner über.

373 Die Anwendung des § 426 BGB setzt aber in diesem Fall, wie bereits betont, voraus, dass zwischen dem auf Grund eines TA vorleistenden TA-Schuldner und dem Zweitschädiger ein „echtes" Gesamtschuldverhältnis entstanden ist. Steht im Nachhinein fest, dass der VN des zahlenden TA-Schuldners nach der Sach- und Rechtslage selbst nicht haftet, für den Schaden also nur der Zweitschädiger alleinverantwortlich ist, lehnt der BGH [VersR 1969, 641 (642), VersR 1970, 1108 (1109)] in diesem Fall ein Gesamtschuldverhältnis ab. Dem ist zuzustimmen. Zwar haften im vorliegenden Fall dem Regressgläubiger gegenüber sowohl der TA-Schuldner aus Vertrag als auch der alleinverantwortliche Schädiger aus dem Gesetz. Der TA-Schuldner erfüllt aber durch Zahlung der TA-Quote eine eigene vertragliche Verpflichtung gegenüber dem Regressgläubiger. Durch Zahlung der TA-Quote erkennt der TA-Schuldner aber nicht die Haftpflichtverbindlichkeit seines VN an. Die notwendige innere Zweckgemeinschaft ist also nicht vorhanden, so dass ein Ausgleichsanspruch nach § 426 BGB abzulehnen ist. Dieser Streit ist allerdings nur theoretischer Natur, denn der Ausgleich zwischen den Unfallbeteiligten hätte sich auch bei Ablehnung

Haftungsbeteiligung der Gesamtschuldner ohne Rücksicht auf das TA, denn dasselbe wirkt nur relativ zwischen den TA-Partnern.[374]

Da aber die Zahlung der TA-Quote nicht immer den gesamten Regressanspruch des Regressgläubigers abdecken wird und dieser in der Lage ist, seinen restlichen Regressanspruch gegen den Zweitschädiger unter Berücksichtigung seiner tatsächlichen internen Haftungsbeteiligung in der Regel aufzustocken, kann ein Ausgleichsanspruch des TA-Schuldners gegen den Zweitschädiger nur unter einer Voraussetzung dem Grunde nach entstehen. Ein Ausgleichsanspruch entsteht nämlich nur dann, wenn die quotenmäßige Beteiligung des TA-Schuldners seine tatsächliche interne Haftungsbeteiligung nach der Rechtslage überschreitet und zugleich die wirtschaftliche Belastung des Zweitschädigers im Ergebnis seine tatsächliche Haftungsbeteiligung unterschreitet.

Dies lässt sich anhand des oben[375] angeführten Beispiels verdeutlichen. Nach der ersten Variante des Beispiels kann ein Ausgleichsanspruch des TA-Schuldners gegen den Zweitschädiger nur dann entstehen, wenn der interne Haftungsanteil des Zweitschädigers die Fünfzig-Prozent-Grenze überschreitet. Bei einer 30-prozentigen Haftungsbeteiligung des Zweitschädigers würde nämlich der Regressgläubiger seinen Restanspruch (5.000 €) gegen ihn von vornherein auf diese interne Haftungsbeteiligung (3.000 €) beschränken müssen (teilweise Stillhalteverpflichtung), so dass die wirtschaftliche Belastung des Zweitschädigers endgültig seinem internen Haftungsanteil entsprechen würde. Ein Ausgleichsanspruch des TA-Schuldners wäre in diesem Falle also ausgeschlossen. Bei einer beispielsweise 60-prozentigen Haftungsbeteiligung des zweiten Gesamtschuldners ergäbe sich eine differente Situation. Hier könnte der Gebäude-VR gegen den Zweitschädiger den vollen verbleibenden Spitzenbetrag von 5.000 € geltend machen. Mit diesen 5.000 € hätte der Zweitschädiger jedoch weniger gezahlt, als er auf Grund seiner tatsächlichen Haftungsbeteiligung (60 % von 10.000 € ergeben 6.000 €) hätte aufbringen müssen. Auf der anderen Seite würde der TA-Schuldner mit der erbrachten Quote von 50 Prozent an den Gebäude-VR mehr gezahlt haben (5.000 €), als es sein interner Haftungsanteil (40 % von 10.000 €) bestimmte. Demnach würde dem TA-Schuldner gegen den Zweitschädiger ein Ausgleichsanspruch von 1.000 € zustehen. Somit wäre die sich nach der Rechtslage tatsächlich ergebende Haftungsaufteilung zwischen den Gesamtschuldnern wiederhergestellt.

---

eines Gesamtschuldverhältnisses nach dem BGH nach den Regeln der ungerechtfertigten Bereicherung (§ 812 BGB) vollziehen können.

374 *Denck*, NJW 1982, 2048 (2054).

375 Siehe oben Kapitel 4: G.I.1.

Das soll aber nicht darüber hinwegtäuschen, dass sich die Höhe des Ausgleichsanspruchs danach richtet, wie viel der TA-Schuldner mit der erbrachten TA-Quote mehr gezahlt hat, als der Regressgläubiger nach der Rechtslage gegen ihn hätte geltend machen können. Wegen der relativen Wirkung des TA ist dies unzulässig.[376] Der Ausgleichsanspruch soll nur die nach der Rechtslage tatsächliche Haftungsaufteilung zwischen den Gesamtschuldnern in Bezug auf den Regressanspruch des Regressgläubigers widerspiegeln. Würde im obigen Beispiel der auf den Regressgläubiger übergegangene Ersatzanspruch in Wirklichkeit 4.000 € betragen, wäre sein Regressanspruch durch Zahlung der TA-Quote von 5.000 € voll befriedigt. Bei einem internen Haftungsanteil des Zweitschädigers von 60 Prozent betrüge aber der Ausgleichsanspruch des TA-Schuldners gegen den Zweitschädiger: 60 % von 4.000 €, folglich 2.400 €, anstatt: 60 % von 5.000 €, also 3.000 €. Der Zweitschädiger darf sich also an den Mehraufwendungen des TA-Schuldners wegen der beschränkten Wirkung des TA nicht beteiligen, m. a. W. der Zweitschädiger darf im Rahmen des gegen ihn gerichteten Ausgleichsanspruchs nicht mehr aufbringen, als es seinem internen Haftungsanteil am Regressanspruch des Regressgläubigers entspricht; unabhängig davon, wie viel der TA-Schuldner abkommensgemäß geleistet hat.

b) Der Ausgleichsanspruch gemäß § 426 BGB zwischen mehreren TA-Schuldnern

aa) Die Annahme eines Gesamtschuldverhältnisses

Es wurde bereits oben[377] die Konstellation angesprochen, dass alle Haftpflicht-VR der Gesamtschuldner mit dem Gebäude-VR ein TA abgeschlossen haben. Dann haften auch sie diesem gegenüber als Gesamtschuldner, da die für die Annahme eines Gesamtschuldverhältnisses innere Zweckgemeinschaft gegeben ist und die Zahlung der TA-Quote an Stelle der Haftpflichtverbindlichkeiten der Unfallbeteiligten tritt, die als Gesamtschuldner haften.

Die Frage, ob ein Gesamtschuldverhältnis zwischen mehreren TA-Schuldnern zu bejahen ist, wenn zwischen ihren VN kein Gesamtschuldverhältnis besteht, beantwortet der BGH nicht einheitlich.

Die vorliegende Problematik lag dem BGH in einem Urteil[378] zugrunde, in dem es Ausgleichsansprüche zwischen mehreren Haftpflicht-VR behandelte, die mit zwei regressnehmenden SVT abkommensgebunden waren. Dem Sachverhalt

---

376 *Denck*, NJW 1982, 2048 (2054).

377 Siehe oben Kapitel 4: G.I.1.

378 BGH, VersR 1978, 843.

nach war es zu einem Zusammenstoß zwischen einem bei der Klägerin und einem bei der Beklagten haftpflichtversicherten Kraftfahrzeug gekommen, bei dem ein Insasse verletzt worden war. Einigkeit herrschte darüber, dass der Unfall vom Fahrer des bei der Beklagten versicherten Kraftwagens allein verschuldet worden, für den VN der Klägerin dagegen unabwendbar gewesen war. Zwei SVT (A und B), die für den Verletzten Versicherungsleistungen erbracht haben, nahmen Regress bei der Klägerin, mit der sie zwei unterschiedliche TA geschlossen hatten. Auch die Beklagte war demselben TA beigetreten, das zwischen der Klägerin und dem ersten SVT (A) bestand. Die Beklagte hatte aber mit dem zweiten SVT (B) ein eigenes TA vereinbart. Die Klägerin verlangte von der Beklagten Ausgleich ihrer Aufwendungen.

Nach der Auffassung des BGH hafteten beide Haftpflicht-VR auf Grund der mit dem SVT (A) abgeschlossenen TA für die abkommensmäßige Erstattung der Versicherungsleistungen als Gesamtschuldner, soweit sich die vereinbarten TA-Quoten deckten.[379] Durch ihren Beitritt zu den TA hatten sich beide Haftpflicht-VR gegenüber dem SVT (A) verpflichtet, ihm dessen Aufwendungen für seinen Versicherten zu erstatten, und zwar unabhängig von der Haftungsfrage.[380] Diese abkommensmäßigen Verpflichtungen gingen, soweit sich die übernommenen Quoten deckten, auf dieselbe Leistung.[381] Das vorliegende TA sah außerdem eine Regelung vor, nach der die Zahlung des einen TA-Partners die Verpflichtung des anderen in Höhe der erbrachten TA-Quote zum Erlöschen bringen sollte, so dass sich der Regressgläubiger gegenüber dem anderen TA-Schuldner die erhaltene TA-Quote nach § 422 Abs. 1 BGB anrechnen lassen musste. Nach der Auffassung des BGH ergab sich das Gesamtschuldverhältnis auch aus § 427 BGB (gemeinschaftliche vertragliche Verpflichtung).[382]

Ob ein Gesamtschuldverhältnis zwischen den TA-Schuldnern auch in Bezug auf die beiden TA bestehen würde, die jene mit dem zweiten SVT (B) abgeschlossen hatten, ließ der BGH im hier betrachteten Urteil offen. Nach dessen Meinung hätte sich der Ausgleichsanspruch zwischen den TA-Schuldnern ohnehin nach den Regeln der ungerechtfertigten Bereicherung (§ 812 BGB) vollzogen, so dass sich diese Frage erübrigt haben würde.[383] Hierbei lag die Besonderheit vor, dass die beiden TA nicht Bestandteil eines einheitlichen Regelwerks, sondern unverbunden nebeneinander eingegangen worden waren. Außerdem enthielten sie

379 BGH, VersR 1978, 843.
380 BGH, VersR 1978, 843 (844).
381 BGH, VersR 1978, 843 (844).
382 BGH, VersR 1978, 843 (844).
383 BGH, VersR 1978, 843 (844).

keine dem ersten TA entsprechende Regelung, nach der die Zahlung des einen TA-Schuldners die abkommensmäßige Verbindlichkeit auch des anderen TA-Schuldners zum Erlöschen bringen sollte.

Nach eigener Auffassung ist bei beiden soeben angeführten TA-Arten entgegen der Auffassung des BGH ein Gesamtschuldverhältnis abzulehnen. Solch eines ist zwischen mehreren TA-Schuldnern nur dann anzunehmen, wenn auch zwischen ihren VN ein echtes Gesamtschuldverhältnis besteht, denn nur so kann das Element der inneren Zweckgemeinschaft hergestellt werden.[384] Wollte man in der hier betrachteten Problematik jedoch ein Gesamtschuldverhältnis sehen, würde sich der Ausgleichsanspruch zwischen den TA-Schuldnern nach der Haftungslage vollziehen müssen, denn zwischen ihnen besteht kein TA. Es wäre aber ein Widerspruch in sich, wenn sich der Ausgleichsanspruch des § 426 BGB nach Maßgabe der Haftungslage bestimmen würde, obwohl zwischen den VN der TA-Schuldner unstreitig kein Gesamtschuldverhältnis entstanden ist. Einen Ausgleichsanspruch nach § 426 BGB hätte der VN des zahlenden TA-Schuldners und damit dieser nur dann, wenn sein VN für den Schaden mitverantwortlich wäre. Dies war aber er nach dem Sachverhalt unstreitig nicht.

Die Tatsache, dass das erste TA eine ausdrückliche Regelung enthielt, nach der der SVT mit der Erstattung der TA-Quote auch gegenüber jedem anderen TA-Schuldner abgefunden war, kann die Annahme eines Gesamtschuldverhältnisses zwischen den TA-Schuldnern nicht rechtfertigen. Solche Klauseln, die zahlreiche TA enthalten, sind nur ein Ausdruck des Bemühens, eine überquotale Belastung des zahlenden TA-Schuldners zu vermeiden. Sie zielen auf die Umgehung einer überquotalen Belastung des TA-Partners im Regresswege, indem eine Inanspruchnahme des Zweitschädigers von vornherein ausgeschlossen wird. Die Regelung des § 422 BGB berühren sie allerdings nicht.[385] Im betrachteten TA hieß es: „[…] die EK ist mit dieser Erstattung auch gegenüber den bei der H versicherten Personen abgefunden. Das gleiche gilt auch gegenüber jeder anderen H, die diesem Abkommen beigetreten ist.“ Wenn aber die Tilgungswirkung ebenso zu Gunsten sowohl des versicherten Schädigers als auch jedes anderen TA-Schuldners gelten soll, müsste der BGH konsequenterweise zum Ergebnis

---

384 Vgl. auch *M. Klimke*, VersR 1972, 414 (416); *Sieg*, VersR 1973, 194 (196); a. A. *Nickel*, VersR 1971, 503 f.

385 Bemerkenswert ist, dass der BGH selbst in einer früheren Entscheidung [BGH, VersR 1976, 923 (924)] eine ähnliche Klausel von § 423 BGB strikt trennen wollte. „Diese schuldrechtliche Wirkung [der genannten Klausel] hängt auch nicht davon ab, ob der Haftpflicht-VR des TA als echter Gesamtschuldner des SVT anzusehen und damit § 423 BGB anwendbar ist oder nicht.“

kommen, dass ein Gesamtschuldverhältnis auch zwischen dem zahlenden TA-Schuldner und dem alleinverantwortlichen Schädiger bestehe, wenn er aus dieser Klausel das Rechtsinstitut der Gesamtschuld (§ 422 BGB) herauslesen will. Ein Gesamtschuldverhältnis zwischen dem zahlenden TA-Schuldner und dem alleinverantwortlichen Schädiger lehnt aber der BGH selbst ausdrücklich ab.[386]

Auch die Anwendung des § 427 BGB ist bezüglich des ersten TA abzulehnen. Die Regelung setzt eine gemeinschaftliche vertragliche Verpflichtung der Gesamtschuldner voraus. Die Tatsache, dass die Beklagte dem zwischen der Klägerin und dem SVT bestehenden TA ebenfalls beigetreten ist, ändert nichts daran, dass es sich um zwei verschiedene und eigenständige Rechtsverhältnisse handelt. Die Beklagte hat sich dem TA nicht angeschlossen, um zusammen mit der Klägerin eine gemeinschaftliche Verpflichtung gegenüber dem SVT einzugehen, sondern um eigenständig die Haftpflichtverbindlichkeiten ihres VN gegenüber dem Regressgläubiger abkommensgemäß zu regulieren. Dass es überhaupt zu einem TA-Fall zwischen den versicherten Personen der konkreten TA-Schuldner kommen würde, war beim Eintritt ins TA nicht vorhersehbar, sondern beruhte auf dem Zufall. Von einer gemeinschaftlichen Verpflichtung kann also im vorliegenden Fall nicht die Rede sein.

bb) Der Ausgleichsanspruch der Höhe nach

Für die Bejahung eines Gesamtschuldverhältnisses bei mehreren TA-Schuldnern genügt die rein zufällige Mitgliedschaft beim selben TA nicht. Es muss vielmehr ein weiteres Element hinzutreten, das die innere Verbindung der Zahlungsverbindlichkeiten herstellt. Und das ist der Fall, wenn alle VN der TA-Schuldner für den Schaden an dem Geschädigten anteilig verantwortlich sind. Das Gleiche gilt für die hier betrachtete Konstellation, in der mehrere Schädiger die Wohnung des Vermieters beschädigt haben.

Es stellt sich aber die Frage, nach welchen Kriterien der Ausgleichsanspruch nach § 426 BGB zwischen den TA-Schuldnern vollzogen werden kann.

Auf Grund der beschränkten bzw. relativen Wirkung der TA bestimmt sich der Innenausgleich nach Maßgabe des gesetzlichen Haftungsverhältnisses.[387] Für den Innenausgleich zwischen den TA-Schuldnern muss also die quotenmäßige Verteilung der wirtschaftlichen Belastung außer Acht bleiben, denn hier besteht kein TA.[388] Da aber durch Zahlung der TA-Quote der Regressfall abgeschlossen

386 BGH, VersR 1969, 641 (642); VersR 1970, 1108 (1109).
387 BGH, VersR 1978, 843 (845); *M. Klimke*, VersR 1972, 414 (415).
388 BGH, VersR 1978, 843 (845).

ist, der Regressgläubiger also seinen restlichen Quotenanspruch auf Grund der Tilgungswirkung der TA-Zahlung zu Gunsten des anderen TA-Schuldners nicht mehr geltend machen kann, muss die erbrachte TA-Quote zugleich die Höchstgrenze für den Innenausgleich darstellen.[389]

Dies illustriert folgendes Beispiel: Zwei Personen verursachen als Gesamtschuldner (§ 421 BGB) am Gebäude des Vermieters einen Schaden von 10.000 €. Der Geschädigte wird von seinem Gebäude-VR voll entschädigt. Die Haftpflicht-VR der Gesamtschuldner (darunter auch des Mieters) sind mit dem GebäudeVR des Geschädigten abkommensgebunden. Alle TA sehen eine TA-Quote von 50 Prozent vor. Zahlt diese einer der TA-Schuldner, erlischt die TA-Forderung des Gebäude-VR auch gegenüber dem anderen TA-Schuldner (§ 422 Abs. 1 BGB). Angenommen, der Regressanspruch des Gebäude-VR war wegen eines Mitverschuldens (60 Prozent) des Geschädigten auf 4.000 € begrenzt. Der zahlende TA-Schuldner hat gegen den anderen gemäß § 426 BGB einen Ausgleichsanspruch, der sich nach Maßgabe der internen Haftungsaufteilung der zwei Schädiger vollzieht. Der VN des zahlenden TA-Schuldners trägt einen Haftungsanteil von 30 Prozent, der zweite Schädiger somit 70 Prozent. Die Tatsache, dass der zahlende TA-Schuldner mit der erbrachten TA-Quote (50 % von 10.000 € sind 5.000 €) in Wirklichkeit mehr gezahlt hat, als es dem Gebäude-VR nach der Rechtslage zustehen würde (4.000 €), kann dem zweiten TA-Schuldner nicht entgegengehalten werden.[390] Der zahlende TA-Schuldner hat also einen Ausgleichsanspruch gegen den Zweiten in Höhe von 70 Prozent von 4.000 €, demnach 2.800 €, anstatt 70 Prozent von 5.000 € (3.500 €).

Wäre der volle Regressanspruch von 10.000 € auf den Regressgläubiger übergegangen, müsste die erbrachte TA-Quote die Höchstgrenze des Ausgleichsanspruchs darstellen, denn der gesamte Regressanspruch von 10.000 € wurde nur mit dieser TA-Quote getilgt.[391] Hier soll man demnach so verfahren, als wäre der gesamte Regressanspruch des GebäudeVR auf diese 5.000 € begrenzt. Dann hat sich der in Anspruch genommene zweite TA-Schuldner mit seinem internen Haftungsanteil an diesen 5.000 € zu beteiligen. Der Ausgleichsanspruch des zahlenden TA-Schuldners betrüge also 70 Prozent von 5.000 €, was 3.500 € entspricht, anstatt der 70 Prozent von 10.000 € (7.000 €).

Hierbei versteht sich, dass der Ausgleichsanspruch des vorleistenden TA-Schuldners zunächst gegen den VN des zweiten TA-Schuldners gerichtet sein

389 *W. Wussow*, Teilungsabkommen, S. 121; *Denck*, NJW 1982, 2048 (2054).
390 BGH, VersR 1978, 843 (845).
391 *W. Wussow*, Teilungsabkommen, S. 121.

wird. Da aber der Haftpflicht-VR für die Verbindlichkeit seines VN einstehen muss, wird sich der Ausgleichsanspruch im Ergebnis zwischen den TA-Schuldnern abspielen. Aus dem Grunde kann auch auf die oben[392] gemachten Ausführungen in Bezug auf den Ausgleichsanspruch des zahlenden TA-Schuldners gegen den nicht bzw. den nicht beim TA-Partner haftpflichtversicherten Zweitschädiger hingewiesen werden. Allerdings besteht dort, wie ausgeführt, die Besonderheit, dass der Gebäude-VR seinen nicht gedeckten Restanspruch gegen den Zweitschädiger geltend machen kann, so dass der Ausgleichsanspruch des vorleistenden TA-Schuldners gegen den nicht haftpflichtversicherten Zweitschädiger zwangsläufig niedriger ausfallen wird. Für den vorleistenden TA-Schuldner ist es darum vorteilhafter, wenn der zweite Gesamtschuldner ebenfalls bei einem Haftpflicht-VR versichert ist, der mit dem Gebäude-VR ein TA abgeschlossen hat. Denn dann hat der zahlende TA-Schuldner die Möglichkeit, den zweiten Gesamtschuldner bzw. seinen Haftpflicht-VR für den vollen internen Haftungsanteil in Anspruch zu nehmen.

Für das soeben angeführte Beispiel bedeutet das: Der Gebäude-VR hätte gegen den nicht haftpflichtversicherten Zweitschädiger seinen ungedeckten Restanspruch von 5.000 € bei einem internen Haftungsanteil des Letzteren von 70 Prozent voll ausschöpfen können. Das aber heißt, dass sich der Ausgleichsanspruch des vorleistenden TA-Schuldners auf 2.000 € beschränken müsste [5000 – 3000 (TA-Quote abzüglich des internen Haftungsanteils)]. Wäre aber der Zweitschädiger wie in der hier betrachteten Konstellation bei einem Haftpflicht-VR versichert, der ebenfalls mit dem Regressgläubiger abkommensgebunden ist, betrüge der Ausgleichsanspruch des zahlenden TA-Schuldners, wie soeben dargelegt, 3.500 €.

c) Der Bereicherungsanspruch (§ 812 BGB) des vorleistenden TA-Schuldners gegen den alleinverantwortlichen Schädiger

aa) Die Auffassung des BGH

Nach der hier vertretenen Ansicht besteht zwischen dem vorleistenden TA-Schuldner und dem alleinverantwortlichen Schädiger kein Gesamtschuldverhältnis. Demnach muss sich der Ausgleichsanspruch nach den Regeln des Bereicherungsrechts vollziehen. Die Auffassung des BGH war in der hier betrachteten Problematik jedoch nicht einheitlich.

392 Siehe oben Kapitel 4: G.I.2.a).

Einmal stand er auf dem Standpunkt, dass dem vorleistenden TA-Schuldner der Bereicherungsanspruch des § 812 BGB gegen den alleinverantwortlichen Schädiger zustehe.[393]

Einen solchen Bereicherungsanspruch hat aber der BGH in einem späteren Urteil[394] für den Fall verneint, dass der Alleinschädiger bei einem Haftpflicht-VR versichert ist, der mit dem Regressgläubiger ebenfalls ein TA unterhält. Hier werde der alleinverantwortliche Schädiger auf Grund des TA seines Haftpflicht-VR von weiteren Verpflichtungen gegenüber dem Regressgläubiger befreit. Er werde deshalb nicht erst durch die Zahlung des Haftpflicht-VR des für den Unfall nicht Verantwortlichen von seiner Schuld entlastet und sei deshalb nicht auf dessen Kosten bereichert worden.[395] Der BGH räumte zwar selbst ein, auf den ersten Blick erscheine es ungereimt, dass der zahlende TA-Schuldner zwar bei einer Mitverantwortung seines VN Rückgriff gegen den ebenfalls aus Verschulden haftenden Mitschädiger nach § 426 BGB nehmen könnte, er aber leer ausginge, wenn seinen VN keinerlei Verantwortlichkeit für den Unfall treffe.[396] Diese Ungereimtheit müsse aber so hingenommen werden als Teil der abkommensmäßigen Risikoverteilung, nach der die TA-Schuldner auch dann in der Zahlungspflicht stünden, wenn ihre VN für den Unfall in keiner Weise mitverantwortlich seien.[397] Dagegen wurde aber zutreffend eingewandt, dass die Prinzipien der abkommensmäßigen Risikoverteilung nur die Verhältnisse zwischen den TA-Partnern beeinflussen, aber auf die Rechtsverhältnisse außenstehender Dritter nicht übertragen werden können.[398]

In einem späteren Urteil hat der BGH einen direkten Bereicherungsanspruch des zahlenden TA-Schuldners gegen den Haftpflicht-VR des alleinverantwortlichen Schädigers bejaht, dennoch weiterhin offengelassen, ob dieser ebenfalls gegen den Alleinschädiger durchgesetzt werden könnte.[399] Wenn der Bereicherungsanspruch aber gegen den Haftpflicht-VR des Alleinschädigers zugelassen wird, muss das Gleiche ceteris paribus umso mehr für den Alleinschädiger selbst gelten, denn der Haftpflicht-VR reguliert nur die Haftpflichtverbindlichkeiten seines VN.[400]

---

393 BGH, VersR 1969, 641 (643).
394 BGH, VersR 1970, 1108.
395 BGH, VersR 1970, 1108 (1110).
396 BGH, VersR 1970, 1108 (1109).
397 BGH, VersR 1970, 1108 (1109).
398 Vgl. *M. Klimke*, VersR 1972, 414 (417).
399 BGH, VersR 1978, 843 (846).
400 A. A. *Denck*, NJW 1982, 2048 (2055).

bb) Der Bereicherungsanspruch der Höhe nach

Die Berechnung der Höhe des Bereicherungsanspruchs kann anhand folgenden Beispiels verdeutlicht werden: Zwei Personen (darunter der Mieter) sind in einem Fall verwickelt, in dem die Wohnung des Vermieters einen Schaden von 10.000 € erleidet. Der Gebäude-VR des Geschädigten reguliert den Schaden und nimmt den Haftpflicht-VR des Mieters, mit dem er das TA-Mieterregress abgeschlossen hat, in Regress. Das TA sieht die bekannte TA-Quote von 50 Prozent vor. Es stellt sich heraus, dass der zweite Unfallbeteiligte für den Schaden alleinverantwortlich war und den VN/Mieter des vorleistenden TA-Schuldners keinerlei Schuld traf. Dem zahlenden TA-Schuldner steht gegen den Alleinschädiger also der Bereicherungsanspruch des § 812 BGB zu. Dieser vollzieht sich nach Maßgabe der Rechtslage ohne Rücksicht auf das TA, da zwischen dem TA-Schuldner und dem Alleinschädiger keines besteht.

1. Variante: Es soll angenommen werden, dass auf den Gebäude-VR anstatt des gesamten Regressanspruchs (10.000 €) einer von 4.000 € wegen Mitverschuldens des Geschädigten übergegangen ist. Durch Zahlung der TA-Quote (5.000 €) ist der volle Regressanspruch des Gebäude-VR befriedigt worden, eine Restforderung gegen den Alleinschädiger währt somit nicht fort. Wegen der Zahlung der TA-Quote ist der Alleinschädiger aber auf Kosten des TA-Schuldners ungerechtfertigt von seiner Schuld entlastet worden. Dieser kann gegen jenen den Bereicherungsanspruch von § 812 BGB geltend machen, der aber wegen der beschränkten Wirkung des TA auf 4.000 € anstatt 5.000 €beschränkt ist.[401] Die Tatsache, dass der TA-Schuldner mehr gezahlt hat, als dem Regressgläubiger nach der Rechtslage zustünde, ist für den Alleinschädiger ohne Belang. Seine Haftpflichtverbindlichkeit gegenüber dem Gebäude-VR beschränkte sich auf 4.000 €, so dass er durch Zahlung des TA-Schuldners nur insoweit rechtsgrundlos entlastet wurde.
2. Variante: Gesetzt den Fall, der volle Regressanspruch von 10.000 € wäre auf den Gebäude-VR übergegangen. Die Zahlung der TA-Quote (5.000 €) würde zwar die Schuld des Alleinschädigers in dieser Höhe mangels Gesamtschuldverhältnis nicht tilgen können. Der in Anspruch genommene Alleinschädiger könnte aber dem Gebäude-VR den Erhalt der TA-Quote auf Grund der bürgerlich-rechtlichen Vorteilsausgleichung entgegenhalten. Der Regressgläubiger könnte also nur den Spitzenbetrag von 5.000 € geltend machen. In

401 Vgl. BGH, VersR 1978, 843 (845).

diesem Fall dürfte der vorleistende TA-Schuldner vom Alleinschädiger die Herausgabe der gezahlten TA-Quote von 5.000 € nach § 812 BGB verlangen.

d) Der Bereicherungsanspruch (§ 812 BGB) des vorleistenden TA-Schuldners gegen den Haftpflicht-VR des alleinverantwortlichen Schädigers

Der BGH hat in seiner Grundsatzentscheidung[402], wie bereits ausgeführt, den Bereicherungsanspruch des zahlenden TA-Schuldners gegen den Haftpflicht-VR des Alleinschädigers zugelassen. Die Höhe des Bereicherungsanspruchs bestimmt sich insofern nach den gleichen Prinzipien wie beim direkten Bereicherungsanspruch gegen den Alleinschädiger. Das heißt, der Bereicherungsanspruch wird nach Maßgabe der Rechtslage ohne Rücksicht auf das bestehende TA berechnet.[403] Es sei also auf die obigen[404] Ausführungen hingewiesen.

II. Mehrheit von Gläubigern

1. Gesamtgläubigerschaft

Haben mehrere Gebäude-VR für einen Geschädigten Versicherungsleistungen erbracht und reicht der auf sie übergegangene Ersatzanspruch gegen den Schädiger der Höhe nach nicht aus, um allen VR vollen Ersatz zu geben, so sind die VR, soweit sie konkurrieren, Gesamtgläubiger (§ 428 BGB).[405] Für den Innenausgleich (§ 430 BGB) ist das Größenverhältnis der beiderseitigen Versicherungsleistungen maßgebend.[406] Der in Anspruch genommene Schuldner kann demnach an einen der Gesamtgläubiger die ganze Leistung bewirken. Der Ausgleich spielt sich sodann zwischen den Gesamtgläubigern nach Maßgabe ihrer internen Anteile an der Entschädigung des Geschädigten ab.

---

402 BGH, VersR 1978, 843 (845 f.).

403 Insofern ist der Auffassung von *Sieg*, VersR 1973, 194 (197), dass sich der Bereicherungsanspruch zwischen mehreren TA-Schuldnern nach dem Verhältnis der vereinbarten TA-Quoten vollziehe, nicht zuzustimmen. Mit Recht hat der BGH [VersR 1978, 843 (845)] gegen diese Auffassung eingewandt, dass allein die Ausrichtung des Innenausgleichs nach der Haftungslage eine richtige Lastenverteilung darstelle, insbesondere für die Fälle, in denen nicht die TA-Schuldner, sondern ein außenstehender Dritter oder der Geschädigte selbst für den Schaden allein oder überwiegend verantwortlich sei.

404 Siehe oben Kapitel 4: G.I.2.c)bb).

405 BGHZ 28, 68.

406 BGHZ 28, 68.

Das Gleiche muss aber auch dann gelten, wenn alle oder einige der Gesamtgläubiger mit dem Haftpflicht-VR des Schädigers ein TA abgeschlossen haben.[407]

Der BGH ist aber noch einen Schritt weitergegangen und bestätigte eine Gesamtgläubigerschaft zwischen zwei SVT, von denen nur einer ein TA mit dem Haftpflicht-VR des Schädigers geschlossen hat, auch für den Fall, dass der Schädiger nicht haftpflichtig war.[408] Dabei ging es um folgenden Sachverhalt: Eine bei der Klägerin SVT (A) versicherte Person stieß auf ihrem Moped mit einem Lkw zusammen, dessen Halter bei der Beklagten gegen Haftpflicht versichert war. Die Verletzte (Moped-Fahrerin) verstarb an den Folgen des Unfalls, den sie allein verschuldet hatte, und hinterließ eine minderjährige Tochter. Das Kind erhielt damals als Waisenrente monatlich 86,50 DM von der Klägerin und einen weiteren Betrag von monatlich 77,40 DM vom SVT (B), bei dem die verunglückte Mutter gesetzlich gegen Unfall versichert war. Die Parteien waren sich darüber einig, dass das Kind einen gemäß § 1542 RVO übergangsfähigen Unterhaltsanspruch von monatlich 52 DM hatte. Die Beklagte (Haftpflicht-VR des unschuldigen Lkw-Fahrers) zahlte der Klägerin auf Grund eines TA monatlich 16,46 DM, das sind 60 Prozent von 27,44 DM. Der letztgenannte Betrag stellt den Anteil der Klägerin dar, wenn man den Unterhaltsanspruch des Kindes von 52 DM zwischen der Klägerin SVT (A) und dem SVT (B) nach dem Verhältnis der beiderseitigen Versicherungsleistungen (52,8 und 47,2 Prozent) aufteilt. Die Klägerin war der Auffassung, sie hätte 60 Prozent von 52 DM, das heißt 31,20 DM monatlich, zu beanspruchen und klagte daher auf Zahlung der rückständigen Unterschiedsbeträge von monatlich 14,74 DM bis zur Vollendung des 18. Lebensjahres des Kindes.

Der BGH hat im vorliegenden Fall in Anlehnung an das Berufungsgericht, wie bereits erwähnt, eine Gesamtgläubigerschaft der beiden konkurrierenden SVT bejaht, obwohl der in Anspruch genommene Schädiger nicht haftpflichtig war. Der BGH führt aus, dass die Klägerin die vereinbarte TA-Quote von dem Betrag erhalten solle, der ihr bei voller Haftung des Schädigers zustehen würde. Erbringe sie allein kongruente Versicherungsleistungen, so bekäme sie 60 Prozent des auf sie übergegangenen gesamten Ersatzanspruchs. Da aber ein weiterer, am TA nicht beteiligter SVT ebenfalls eine kongruente Versicherungsleistung erbracht habe, müsse sich die Klägerin ohne TA mit dem Anteil begnügen, der nach dem Verhältnis der beiderseitigen Versicherungsleistungen auf sie entfalle. Nur von diesem Anteil könne sie die TA-Quote von 60 Prozent verlangen. Das

407 BGH, NJW 1963, 2223.
408 BGH, NJW 1963, 2223 (2224).

Gleiche gelte auch dann, wenn der zweite SVT zwar geleistet habe, jedoch wegen fehlender Haftung des Schädigers nicht regressberechtigt sei. Sonst erhielte die Klägerin mehr als bei voller Haftung des Schädigers, was nicht der Sinn des TA sein könne.[409]

Dem BGH ist nicht zuzustimmen. Eine Gesamtgläubigerschaft entsteht nach § 428 BGB nur dann, wenn jeder der Gesamtgläubiger die gesamte Leistung vom Schädiger fordern kann, also der Schädiger den Gesamtgläubigern gegenüber haftpflichtig war. Der BGH hat in der soeben dargelegten Entscheidung aus dem Grunde eine Gesamtgläubigerschaft bei fehlender Haftung des Schädigers bejaht, damit der TA-Gläubiger wegen des vorhandenen TA nicht mehr erhält als bei voller Haftung des Schädigers. Eben darin aber liegt die zentrale Funktion des TA – dass der TA-Gläubiger die TA-Quote jedes Mal unabhängig von der Haftungsfrage erhält, auch wenn der Schädiger nicht haftpflichtig war. Er muss also mehr als bei voller Haftung des Schädigers erhalten, weil er in diesem Fall der Alleingläubiger des Regressanspruchs ist. Der zweite SVT ist nämlich nicht regressberechtigt. Bei voller Haftung des Schädigers müsste sich dagegen der TA-Gläubiger wegen des Gläubigerausgleichs mit seinem internen Anteil begnügen, der zwangsweise niedriger ausfallen würde als beim Fehlen einer Gesamtgläubigerschaft. Solch ein Verhältnis ist also entgegen der Auffassung des BGH nur dann anzunehmen, wenn beide Gläubiger gegenüber dem Schädiger regressberechtigt sind. Denn der Sinn eines TA kann nicht sein, eine Gesamtgläubigerschaft zu fingieren, die nach der Rechtslage nicht vorhanden ist.

2. *Die Regressabwicklung beim Vorliegen einer Gesamtgläubigerschaft*

Ist eine Gesamtgläubigerschaft in einem konkreten Fall anzunehmen, stellt sich die Frage, wie die Aufteilung des Regressanspruchs zwischen den Gesamtgläubigern vorzunehmen ist. Da der BGH in der soeben dargelegten Entscheidung eine Gesamtgläubigerschaft bejaht hat, hat er auch den Weg gezeigt, wie die Regressabwicklung in diesem Fall aussehen müsste.

Der BGH führt aus, dass ohne TA die Klägerin und der zweite SVT bei voller Haftung des Schädigers die Gesamtgläubiger des nach § 1542 RVO auf beide SVT übergegangenen Anspruchs des Kindes von monatlich 52 DM darstellten, weil diese Forderung die beiderseitigen Versicherungsleistungen nicht decke.[410] Im Innenausgleich nach dem Verhältnis der beiderseitigen Leistungen entfiele vom Betrag von 52 DM auf die Klägerin somit ein Anteil von 27,44 DM. Allein darauf

409 BGH, NJW 1963, 2223 (2224).

410 BGH, NJW 1963, 2223 (2224); BGHZ 28, 68.

beziehe sich die im TA vereinbarte TA-Quote von 60 Prozent, also 16,46 DM. Für die restlichen 40 Prozent, 10,98 DM, nimmt der BGH einen Erlass der Ersatzforderung an, der sich aber in diesem Umfang auch gegen den zweiten, am TA nicht beteiligten SVT auswirke.[411] Dieser müsste nach Auffassung des BGH im Ergebnis weniger erhalten, als es ohne das TA seinem internen Gläubigerausgleich entsprechen würde.

Der Auffassung des BGH ist nicht zuzustimmen. Abgesehen davon, dass der im TA enthaltene Regressverzicht, wie bereits oben[412] ausgeführt, dogmatisch mit einem Erlass nicht gleichzustellen ist, so dass der Regressverzicht nach § 425 BGB i. V. m.§ 429 Abs. 3 BGB nur gegenüber dem am TA beteiligten TA-Partner gilt, müsste die Rechtsstellung des am TA nicht beteiligten SVT auch beim Bejahen eines Erlasses unberührt bleiben. Denn im Falle eines TA kann der nicht beteiligte VR bei Konkurrenz mit einem anderen VR nicht weniger erhalten, als er beim Fehlen eines TA auf Grund seines internen Anteils hätte erhalten müssen.

Andernfalls wäre das TA ein unzulässiger Vertrag zu Lasten Dritter. Der Regressverzicht, der im TA des anderen SVT enthalten war, darf also auf die Rechtsstellung des zweiten SVT keine Auswirkungen haben. Letzterer muss im Ergebnis den gleichen Anteil erhalten, wie er in Ermangelung eines TA bekäme.

Der BGH hat irreführenderweise angenommen, dass sich das Gesamtgläubigerverhältnis zwischen den beiden konkurrierenden SVT auf die gesamte übergegangene Ersatzforderung von 52 DM beziehe. Denn er berechnete 60 Prozent vom Anteil des TA-Gläubigers an der Gesamtforderung. Das sind 60 Prozent von 27,44 DM. Der BGH verkennt dabei, dass der eine SVT höchstens 60 Prozent des gesamten Ersatzanspruchs fordern kann, während der andere, am TA nicht beteiligte SVT die gesamte Forderung verlangen könnte, wenn der Schädiger haftpflichtig wäre. Ein Gesamtgläubigerverhältnis kann also entgegen der Auffassung des BGH nicht in Bezug auf den gesamten Ersatzanspruch entstehen. Der § 428 BGB setzt nämlich zwangsweise voraus, dass sich die Forderungen der Gesamtgläubiger gegenseitig der Höhe nach decken. Die Regelung besagt, dass jeder der Gläubiger die gesamte Leistung fordern kann, so dass in Bezug auf diese Leistung eine Gesamtgläubigerschaft entsteht. Im Falle eines TA kann aber der TA-Gläubiger nicht die gesamte Leistung, sondern nur einen Teil davon fordern, während ein anderer, am TA nicht beteiligter Gläubiger diese verlangen kann. Nur wenn kein TA bestehen würde, könnte eine Gesamtgläubigerschaft auf den gesamten Ersatzanspruch entstehen. Andernfalls muss sich die

411 BGH, NJW 1963, 2223 (2225).

412 Siehe oben Kapitel 4: E.I.1.

Gesamtgläubigerschaft stets auf den Betrag beschränken, der die beiderseitigen Forderungen wechselseitig deckt, und das ist in der Regel der kleinere Betrag der TA-Quote. Im vorliegenden Fall besteht also entgegen der Auffassung des BGH eine Gesamtgläubigerschaft nur in Bezug auf die 31,20 DM (60 Prozent von 52 DM), denn nur insoweit decken sich die beiderseitigen Forderungen.

Für den darüber hinausgehenden Betrag von 20,80 DM besteht keine Gesamtgläubigerschaft, so dass der zweite SVT der Alleingläubiger dieses Betrags ist.

Die Regressabwicklung verliefe im vorliegenden Fall der Zustimmung eines Gesamtgläubigerverhältnisses wie folgt: Der TA-Gläubiger könnte vom Haftpflicht-VR des Schädigers die abkommensgemäße Leistung fordern. Das sind 60 Prozent von 52 DM, also 31,20 DM. Da, wie soeben ausgeführt, ein Gesamtgläubigerverhältnis nur insoweit entstehen kann, würde sich der interne Gläubigerausgleich nach § 430 BGB auf diesen Betrag beschränken. Der zweite SVT könnte vom TA-Gläubiger 47,2 Prozent von 31,20 DM, demnach 14, 73 DM verlangen. Er wäre aber Alleingläubiger des überschießenden Teils der Ersatzforderung (52 – 31,2 = 20,8), die eigenständig gegen den Schädiger bzw. seinen Haftpflicht-VR geltend gemacht werden könnte. Aber auch von diesen 20,80 DM könnte der zweite SVT nur den Teil fordern, der seinem Anteil an der Versicherungsleistung entspricht (47,2 Prozent von 20,80 DM ergeben 9,82 DM). Denn ohne TA hätte er nur diesen Anteil fordern können. Der zweite SVT käme also zusammen mit seinem Gläubigerausgleich (14,73 + 9,82 = 24,55) demnach zur vollen Befriedigung seines internen Anteils am Gesamtanspruch nach Maßgabe der beiderseitigen Versicherungsleistungen (47,2 Prozent von 52 DM sind 24,55 DM).

Nach der Auffassung des BGH müsste er sich dagegen den am TA des TA-Gläubigers enthaltenen Regressverzicht von 40 Prozent (das sind 40 Prozent von 27,44 DM, also 10,98 DM) anrechnen lassen, obwohl er am TA nicht beteiligt war.

Wie ersichtlich liegt nach der hier vertretenen Auffassung die wirtschaftliche Belastung des in Anspruch genommenen Haftpflicht-VR (31,20 + 9,82 = 41,02) über seiner abkommensmäßigen Verpflichtung (60 Prozent von 52 DM, also 31,2 DM). Im Falle von mehreren Gläubigern, von denen einige am TA nicht beteiligt sind, lässt sich dies allerdings nicht vermeiden. Da aber der Haftpflicht-VR nach der hier vertretenen Berechnungsmethode jederzeit einen kleineren Betrag zu erbringen haben wird als den gesamten Ersatzanspruch (hier 52 DM), wird er nichtsdestotrotz bessergestellt sein als ohne TA, so dass die Geschäftsgrundlage des TA weitestgehend erhalten bleiben wird.[413]

3. *Gesamtgläubigerschaft und Erschöpfung der Versicherungssumme*

Wie bereits oben[414] dargelegt wurde, hat die im Haftpflicht-VV vorgesehene Deckungssumme anspruchsmindernde Wirkung auch auf das TA. Sind mehrere Geschädigte in einen Schadensfall verwickelt und übersteigen ihre Ansprüche die Versicherungssumme des Haftpflicht-VV, hat sie der Haftpflicht-VR gemäß § 109 VVG im Rahmen der vorgesehenen Versicherungssumme nach dem Verhältnis ihrer Beträge zu erfüllen.

Es stellt sich die Frage, wie die Verteilung der erschöpften Deckungssumme zwischen mehreren Gläubigern vorzunehmen ist, wenn einige der Gläubiger Ansprüche aus TA geltend machen. Nach der Auffassung des BGH[415], die zugleich die h. M.[416] darstellt, sei die Versicherungssumme erschöpft, wenn die Ansprüche der Gläubiger, mit denen kein TA besteht, und die Ansprüche aus dem TA zusammen die Versicherungssumme überstiegen. Die Kürzung der Ansprüche aus dem TA erfolge dann nach Maßgabe des § 109 VVG (§ 156 Abs. 3 VVG a. F.), wobei alle Forderungen zueinander ins Verhältnis zu setzen seien.[417] Dem ist im Ergebnis zuzustimmen.

---

413 Auch bei Beteiligung von mehr als zwei Gesamtgläubigern, von denen nicht alle am TA beteiligt wären, würde die wirtschaftliche Belastung des Haftpflicht-VR immer unter der Grenze des gesamten Haftpflichtanspruchs bleiben, weil wieder der gleiche Restbetrag (Spitze) zwischen den nicht beteiligten Gesamtgläubigern nach Maßgabe ihrer internen Anteile geteilt werden müsste.

414 Siehe oben Kapitel 4: F.I.2.b).

415 VersR, 1985, 1054 (1056).

416 *Kaiser*, Teilungsabkommen, S. 94 f.; *Plagemann/Schafhausen*, NZV 1991, 49 (52); *J.Prölss*, in: Prölss/Martin, § 86 VVG, Rdn. 83.

417 BGH, VersR 1985, 1054 (1056).

Kapitel 5: Die Regressabwicklung im Rahmen des RVA

A. Funktion von RVA

Der Regress des Gebäude-VR gegen den schädigenden Dritten kann auch anhand eines RVA ausgeschlossen werden. Dessen Ziel ist wie bei einem TA ebenfalls die rationale Schadensabwicklung zwischen den abkommensgebundenen Versicherungskollektiven.[418] Durch den Abschluss eines RVA sollen Prozessrisiken und der Verwaltungsaufwand für die beteiligten VR verringert werden.[419] Für diese ist der Beitritt in das RVA deswegen ökonomisch sinnvoll, weil sie damit rechnen können, in ebenso vielen Fällen auf der Passiv- wie auf der Aktivseite zu stehen, so dass der Regressverzicht auch ihnen zugutekommen wird.[420]

Strukturell betrachtet unterscheidet sich ein RVA von einem TA allerdings dadurch, dass der Regressgläubiger im Rahmen eines RVA auf seinen Regressanspruch gegen den Regressschuldner gänzlich verzichtet, während er bei einem TA einen quotalen Anspruch gegen den Abkommensschuldner besitzt, der die Regresskosten annähernd widerspiegelt.[421]

Für den hier betrachteten Fall des Regressverzichts des Gebäude-VR gegen den schädigenden Dritten ist das RVA der Feuer-VR für übergreifende Schäden, das oben[422] in Konturen aufgezeigt wurde, von Bedeutung (Fassung 2010).

B. Geltungsbereich des RVA

Der Geltungsbereich des hiesigen RVA sollte aber durch die geänderten Rahmenbedingungen noch mehr eingeschränkt sein.[423] Vor allem durch die Rechtsprechung des BGH zum Mieterregress und das Inkrafttreten des TA-Mieterregress ist er begrenzt worden.

---

418 *v. Koppenfels-Spies*, in: Looschelders/Pohlmann, § 86 VVG, Rdn. 84; *Wandt*, Versicherungsrecht, Rdn. 1004 f.

419 *v. Koppenfels-Spies*, in: Looschelders/Pohlmann, § 86 VVG, Rdn. 84; *Baumann*, in: BK, § 67 VVG, Rdn. 182.

420 *v. Koppenfels-Spies*, in: Looschelders/Pohlmann, § 86 VVG, Rdn. 84; *Wandt*, Versicherungsrecht, Rdn. 1004.

421 *v. Koppenfels-Spies*, in: Looschelders/Pohlmann, § 86 VVG, Rdn. 84.

422 Siehe oben Kapitel 3: B.IV.3.

423 *Siegel*, VersR 2009, 46 (49).

Praktisch sollte die Bedeutung des RVA für den schädigenden Mieter nach den neuen Rahmenbedingungen sehr gering sein. Zu Gunsten des leicht fahrlässigen Mieters nimmt der BGH ohnehin einen Regressverzicht an. Und für den grob fahrlässigen Mieter ist das TA-Mieterregress gegenüber dem RVA vorrangig (§ 3Nr. 1 b). Im Falle des grob fahrlässigen Mieters wäre aber das RVA ohnehin unanwendbar (Zif. 5 RVA). Bei einer vorsätzlichen Herbeiführung des Schadens findet es ebenfalls keine Anwendung (Zif. 5 RVA). In Bezug auf den leicht fahrlässigen Mieter ist das RVA allerdings für die Hausratversicherung von Bedeutung, denn der BGH hat, wie bereits dargelegt[424], die versicherungsrechtliche Lösung auf die Hausratversicherung nicht übertragen. Ansonsten findet es auf übergreifende Schadensereignisse Anwendung, die nicht von einem Mieter, sondern vom leicht fahrlässigen Eigentümer des Gebäudes selbst verursacht worden sind. Aber auch für den Fall des schädigenden Eigentümers wäre die praktische Bedeutung des RVA gering, wenn es sich um den leicht fahrlässigen Eigentümer einer WEG handelte, dessen Sachersatzinteresse nach dem BGH[425] in der Gebäudeversicherung der WEG ohnehin als mitversichert betrachtet wird, so dass eine Inanspruchnahme des schädigenden Miteigentümers von vornherein ausscheidet.

C. Rechtsnatur des RVA

Bei RVA verzichten die beteiligten VR darauf, die gemäß § 86 Abs. 1 VVG auf sie übergegangenen Regressansprüche geltend zu machen. Dabei handelt es sich um Verträge zu Gunsten Dritter (§ 328 BGB) zwischen dem VR des Regressschuldners (Schädigers) und dem VR des Geschädigten zu Gunsten des Schädigers.[426] Auf Grund des RVA ist der Schädiger berechtigt, die gegen ihn gerichtete Ersatzforderung zu verweigern (pactum de non petendo).[427] Ebenso wie beim TA wird die abkommensmäßige Regulierung im Rahmen eines RVA nur zwischen den Abkommenspartnern unter Ausschaltung des Schädigers abgewickelt.[428]

---

424 Siehe oben Kapitel 3: D.I.

425 BGH, ZMR 2001, 717.

426 *Clasen*, Teilungsabkommen, S. 34; *v. Koppenfels-Spies*, in: Looschelders/Pohlmann, § 86 VVG, Rdn. 85; *Essert*, VersR 1981, 1111; *Heyen*, Regressverzicht der Feuerversicherer, S. 43; *K. Bischoff*, VerBAV 1961, 31.

427 *Essert*, VersR 1981, 1111; *v. Koppenfels-Spies*, in: Looschelders/Pohlmann, § 86 VVG, Rdn. 85.

428 BGH, VersR 1981, 649 (650); *v. Koppenfels-Spies*, in: Looschelders/Pohlmann, § 86 VVG, Rdn. 85.

D. Anwendungsvoraussetzungen

Nach Zif. 3 RVA setzt die Anwendung des RVA voraus, dass sowohl der Feuer-VR des Schädigers als auch des Geschädigten dem RVA beigetreten sind. Außerdem muss der Schaden, auf dem der Regressanspruch beruht, durch ein Ereignis bewirkt sein, das für den Schädiger ebenfalls einen VF für seine Feuerversicherung darstellt (Zif. 2 Satz 1 RVA). Für diesen VF muss der Feuer-VR an den Schädiger eine Entschädigung gezahlt haben, es sei denn, die Entschädigung entfällt auf Grund eines vereinbarten Selbstbehalts (Zif. 2 Satz 2 RVA).

E. Reichweite des Regressverzichts

Wie bereits oben bei der Analyse des Einflusses des RVA auf den Ausgleichsanspruch des Gebäude-VR gegen den Haftpflicht-VR des schädigenden Mieters nach § 78 Abs. 2 VVG analog gesehen wurde[429], ist der Regressverzicht des Gebäudefeuer-VR nach Zif. 6 RVA je Schadensereignis nach unten und oben summenmäßig begrenzt. Die untere Schranke entfällt, wenn für den Schädiger keine Deckung in seiner Haftpflichtversicherung besteht (Zif. 6 b RVA). Nach dem Urteil[430] des BGH vom 27.1.2010, bei dem er die beiderseitigen Subsidiaritätsabreden der VR für unwirksam hält, sollte aber die untere Grenze verschwinden, so dass der Regressverzicht des Gebäudefeuer-VR bei allen Schadensereignissen unabhängig vom Bestehen einer Haftpflichtdeckung für den Schädiger bei null beginnt.[431]

F. Mehrheit von Regressgläubigern

Bei Mehrheit von Regressgläubigern wird der dem Schädiger nach Zif. 6 RVA zugutekommende Regressverzichtsbetrag auf die Abkommensunternehmen im Verhältnis der Höhe ihrer Ansprüche aufgeteilt (Zif. 7 RVA). Dies wird durch folgendes Beispiel illustriert[432]: Der Mieter verursacht in seiner Mietwohnung einen Brand, der auf das Gebäude und das Eigentum anderer Mieter übergreift. Der Gebäude-VR macht Regressansprüche in Höhe von 175.000 € geltend. Hiervon entfallen 40.000 € auf die Wohnung des Mieters und 135.000 € auf den nicht gemieteten Teil des Gebäudes. Der Hausrat-VR eines Nachbarn beansprucht

---

429 Siehe oben Kapitel 3: B.IV.3.

430 BGH, VersR 2010, 477 (478 f.).

431 Anders *Siegel*, VersR 2009, 46, allerdings vor der Veröffentlichung des Urteils des BGH vom 27.1.2010.

432 Beispiel von *Siegel*, VersR 2009, 46.

gegen den Mieter 60.000 €. Nach Zif. 6 a und b RVA beginnt der Regressverzicht für die Schäden an der Mietwohnung des Mieters bereits bei null, weil für Schäden an Mietsachen keine Haftpflichtdeckung besteht (Zif. 7.6 AHB 2014). Für die Schäden an seiner Mietwohnung (40.000 €) bräuchte also der Mieter nicht aufzukommen.[433] Für den restlichen Schaden in Höhe von 195.000 € wäre aber der schädigende Mieter bis zur unteren Regressverzichtsgrenze (150.000 €) ersatzpflichtig (Zif. 6 b RVA). Nach Zif. 7 RVA bedeutete dies, dass der zu zahlende Betrag in Höhe von 150.000 € zwischen den VR im Verhältnis der Höhe ihrer Ansprüche aufzuteilen wäre. Dem Gebäude-VR würden 69,23 Prozent von 150.000 €, also 103.845 €, und dem Hausrat-VR 30,77 Prozent von 150.000 €, demnach 46.155 € zustehen.[434] Nach dem Urteil des BGH vom 27.1.2010 entfällt aber die untere Grenze, so dass der Regressverzicht im Grunde bereits bei null beginnt. Nach obigem Beispiel fände eine Aufteilung des Regressanspruchs zwischen den VR nach Zif. 7 RVA nicht statt, denn beide VR müssten auf ihren gesamten Regressanspruch verzichten. Ziffer 7 RVA wird also in Zukunft nur für Schäden relevant sein, die die obere Grenze von 600.000 € übersteigen.

433 *Siegel*, VersR 2009, 46 (48).
434 *Siegel*, VersR 2009, 46 (48).

Kapitel 6: Zusammenfassung und Ausblick

Ausgangspunkt der vorliegenden Untersuchung war die Rechtsprechung des BGH zum Regress des Gebäude-VR gegen den Mieter, der einen Schaden an der gemieteten Wohnung schuldhaft herbeigeführt hat. Nach dieser Rechtsprechung verzichtet der Gebäude-VR auf die Geltendmachung seines Regressanspruchs gegen den Mieter, wenn der Schaden lediglich durch leichte Fahrlässigkeit verursacht wurde (Kapitel 3: B). Bei grobfahrlässiger Herbeiführung des VF ist der Gebäude-VR gegen den Mieter voll regressberechtigt. Im Zuge des Regressverzichts zu Gunsten des Mieters steht aber dem Gebäude-VR der Ausgleichsanspruch des § 78 Abs. 2 VVG analog gegen den Haftpflicht-VR des Mieters zu.

Da die Regressabwicklung im Rahmen des § 78 Abs. 2 VVG eine Reihe von Streitfragen hervorgebracht hat, initiierten die Gebäude- und die Haftpflicht-VR das TA-Mieterregress mit dem Zweck der Erleichterung des Vorgangs. Dieses TA-Mieterregress regelt sowohl die Ausgleichsansprüche nach § 78 Abs. 2 VVG als auch die normalen Regressansprüche des Gebäude-VR gegen den grob fahrlässig handelnden Mieter. Durch die geänderten Rahmenbedingungen wird dann auch die Regressabwicklung im Kontext des RVA der Feuer-VR sehr eingeschränkt.

Ob die Rechtsprechung des BGH zum Mieterregress zusammen mit dem Inkrafttreten des TA-Mieterregress die in Zukunft erhoffte Rechtsklarheit schaffen wird, bleibt nunmehr abzuwarten. Vor allem bleibt weiterhin klärungsbedürftig, in welchem Verhältnis die verschiedenen oben erläuterten Möglichkeiten der Regressabwicklung zueinander stehen. Insbesondere stellt sich die Frage, ob der regressberechtigte Gebäude-VR bei für ihn günstiger Rechtslage den schädigenden Mieter direkt in Anspruch nehmen darf, anstatt den Quotenanspruch gegen den Haftpflicht-VR des Mieters geltend zu machen. Dieser Punkt betrifft indessen lediglich den Fall des grob fahrlässigen Mieters, denn der leicht fahrlässige Mieter ist durch den konkludenten Regressverzicht ohnehin geschützt. Um diese Frage zufriedenstellend beantworten zu können, muss vorab geklärt werden, für welchen Grad der groben Fahrlässigkeit das TA-Mieterregress anwendbar ist. In der Präambel des Abkommens heißt es unter Nr. 1: „Diese Ansprüche [Regressansprüche nach § 86 VVG gegen den grob fahrlässigen Mieter] werden in das Abkommen einbezogen, weil die Abgrenzung zwischen einfacher und grober Fahrlässigkeit wegen der hiermit verbundenen Schwierigkeiten in der Praxis immer wieder zu Auseinandersetzungen führt.“ Aus dem Wortlaut der Vorschrift ergibt sich also, dass das TA-Mieterregress nur für den Fall der leichten groben Fahrlässigkeit einschlägig ist, denn Schwierigkeiten bei der Abgrenzung zwischen einfacher und grober Fahrlässigkeit können definitionsgemäß nur in Bezug auf die Schnittstelle zwischen den beiden Fahrlässigkeitsarten „leicht“ und „grob“ entstehen. Und dies betrifft auch ausschließlich die leichte grobe Fahrlässigkeit. Für die Dimensionen der mittleren und schweren groben Fahrlässigkeit ist das TA-Mieterregress unanwendbar, so dass der in den höheren Graden grob fahrlässig handelnde Mieter vom Gebäude-VR für den gesamten Schaden direkt in Regress genommen werden darf. Jener bzw. sein Haftpflicht-VR kann zu seiner Verteidigung sicherlich die höhere Stufe der groben Fahrlässigkeit abstreiten, um sich dem Regressanspruch des Gebäude-VR zu entziehen. Dabei ist fraglich, ob dieser im Falle des leicht grob fahrlässigen Mieters vom TA-Mieterregress absehen darf, um den normalen Regressanspruch gegen den Mieter zu realisieren. Das pactum de non petendo zu Gunsten des Mieters wäre hier nicht möglich, denn die Stillhalteverpflichtung des Gebäude-VR kommt nur dann in Betracht, wenn der Gebäude-VR im Rahmen des TA regressiert. Eine unmittelbare Inanspruchnahme des Mieters würde aber im vorliegenden Fall gegen § 242 BGB verstoßen, denn der Haftpflicht-VR müsste den schädigenden Mieter vom gesamten Regressanspruch des Gebäude-VR freistellen, obwohl das TA-Mieterregress anwendbar und somit ein quotenmäßiger Regressanspruch denkbar wäre.

Nach dem jetzigen Stand der Lage wird zukünftig der schädigende Mieter von einer Inanspruchnahme durch den Gebäude-VR weitestgehend verschont bleiben, wenn er höchstens leicht grob fahrlässig gehandelt hat. Dann wird sich die Regressabwicklung zwischen den Gebäude- und den Haftpflicht-VR in der Regel im Rahmen des TA-Mieterregress unter Ausschaltung des Mieters abspielen, vorausgesetzt, dass die Anwendungsvoraussetzungen des TA-Mieterregress (Kapitel 4: F) erfüllt sind. Auch die Regressabwicklung in Bezug auf die Ausgleichsansprüche nach § 78 Abs. 2 VVG wird in nächster Zeit überwiegend anhand des TA-Mieterregress zwischen den Versicherungsunternehmen vorgenommen werden. Für die abkommensmäßige Regressabwicklung zwischen Gebäude- und Haftpflicht-VR gelten dann die oben (Kapitel 4) dargelegten Ausführungen. Ist das TA-Mieterregress in einem konkreten Fall unanwendbar, wird der schädigende Mieter (bei grober Fahrlässigkeit) voll regresspflichtig sein, oder der Regressfall wird (bei leichter Fahrlässigkeit) zwischen den VR nach Maßgabe des § 78 Abs. 2 VVG abgewickelt werden (Kapitel 3: B.IV).

Literaturverzeichnis

Armbrüster, Christian, Der Schutz von Haftpflichtinteressen in der Sachversicherung, zugl. Diss. Freie Universität Berlin 1994. Zitiert: *Armbrüster*, Der Schutz von Haftpflichtinteressen.

Armbrüster, Christian, Zum vertraglichen und gesetzlichen Schutz des Haftpflichtigen vor einem Regress des Sachversicherers, zugl. Anmerkung zum Urteil des BGH vom 27.10.1993 (IV ZR 33/93) VersR 94, 85, VersR 1994, S. 893.

Armbrüster, Christian, Zur Haftung des Mieters für Sachschäden bei bestehender Sachversicherung des Vermieters, NJW 1997, S. 177.

Armbrüster, Christian, Rückgriff des Gebäudeversicherers gegen Wohnungseigentümer, ZWE 2000, S. 204.

Armbrüster, Christian, Anmerkung zum Urt. des BGH v. 28.3.2001 (IV ZR 163/99), ZMR 2001, S. 718.

Armbrüster, Christian, Regress des Gebäudeversicherers gegen Mieter, NJW 2006, S. 3683.

Armbrüster, Christian, Auswirkungen von Versicherungsschutz auf die Haftung, NJW 2009, S. 187.

Armbrüster, Christian, Regressschutz des Mieters- Rückkehr zur haftungsrechtlichen Lösung?, VersR 2010, S. 1016.

Armbrüster, Christian, Privatversicherungsrecht, Tübingen 2013. Zitiert: *Armbrüster*, PVR.

Bartosch-Koch, Jana, Regressschutz des Mieters- Ausgleichsansprüche der beteiligten Versicherungen, NJW 2011, S. 484.

Bayer, Walter, Die Zession von Ersatzansprüchen gegen den nach § 67 Abs. 2 VVG privilegierten Schädiger, VersR 1989, S. 1123.

Bayer, Walter, Haftung, Versicherung und Regress bei Beschädigung des Vermietereigentums durch den Mieter, in: Albrecht/Wandt (Hrsg.), Kontinuität und Wandel des Versicherungsrechts, FS für Egon Lorenz, Karlsruhe 2005, S. 129. Zitiert: *Bayer*, Haftung, Versicherung und Regress, in: Kontinuität und Wandel des Versicherungsrechts, FS für Egon Lorenz.

Beckmann, Roland Michael/Matusche-Beckmann, Annemarie (Hrsg.), Versicherungsrechts-Handbuch, 2. Auflage, München 2009. Zitiert: *Bearbeiter*, in: Beckmann/MatuscheBeckmann.

Bischoff, Harald, Das Teilungsabkommen als wechselseitige Rückversicherung, VersR 1974, S. 217.

Bischoff, K., Regreßverzicht der Feuerversicherer. Rechtliche und praktische Auswirkungen für Versicherungsnehmer und Versicherungsunternehmung, VerBAV 1961, S. 31.

Boin, Kai T., Die Versicherungsumlage und ihre Folgen für den Mieter, VersR 1997, S. 671.

Bost, Jan-Patrick, Das Quotenvorrecht des Versicherungsnehmers, VersR 2007, S. 1199.

Breideneichen, Ulf, Anmerkung zu den Urt. von BGH v. 3.11.2004 und OLG München v. 13.1.2005, VersR 2005, S. 501.

Bruck, Ernst (Begr.)/Möller, Hans, Kommentar zum Versicherungsvertragsgesetz und zu den Allgemeinen Versicherungsbedingungen unter Einschluss des Versicherungsvermittlerrechtes, 8. Auflage, Zweiter Band, §§ 49–80 VVG, Berlin 1980. Zitiert: *Bearbeiter*, in: Bruck/Möller[8].

Bruck, Ernst (Begr.)/Möller, Hans, Versicherungsvertragsgesetz Großkommentar: Herausgegeben von Baumann, Horst/Beckmann, Roland Michael/Johannsen, Katharina/Johannsen, Ralf, 9. Auflage, Dritter Band, §§ 74–99, Berlin 2009. Zitiert: *Bearbeiter*, in: Bruck/Möller[9].

Bühren, Hubert W. van (Hrsg.), Handbuch Versicherungsrecht, 6. Auflage, Bonn 2014. Zitiert: *Bearbeiter*, in: Handbuch Versicherungsrecht.

Chomse, Hans, Teilungsabkommen und Kraftfahrzeugpflichtversicherung, JRPV 1940, S. 169.

Clasen, Günther, Teilungs- und Regressverzichtsabkommen mit Haftpflichtversicherern, Karlsruhe 1958. Zitiert: *Clasen*, Teilungsabkommen.

Clauß, Karl, Teilungsabkommen mit Krankenkassen, VersR 1957, S. 557.

Denck, Johannes, Verdrängung des Haftungsrechts durch Teilungsabkommen? NJW 1982, S. 2048.

Ebel, Friedrich, Zur Dogmatik des Angehörigenprivilegs nach § 67 II VVG, VersR 1978, S. 1083.

Ebert, Christoph/Segger, Stefan, Abschied vom Quotenvorrecht. Ein Privileg des VN auf dem Prüfstand, VersR 2001, S. 143.

Essert, Hartwig, Regressverzichtabkommen der Feuerversicherer, VersR 1981, S. 1111.

Felsch, Joachim, Die neuere Rechtsprechung des IV. Zivilsenats des Bundesgerichtshofs zur Haftpflichtversicherung, r + s 2008, S. 265.

Fleckenstein, Volker, Der Einfluß der Änderung des § 7 Abs. 5 AKB auf Teilungsabkommen, VersR 1978, S. 13.

Gaul, Rudolf E./Pletsch, Hans-Joachim, Neueste Rechtsprechung des BGH zum Regress des Sachversicherers gegen den schädigenden Mieter, NVersZ 2001, S. 490.

Geigel, Der Haftpflichtprozess, 26. Auflage, München 2011. Zitiert: *Bearbeiter*, in: Geigel.

Giese, Günter, Regress in der Schadensversicherung, VW 2009, S. 1105.

Goedelt, Uwe, Zur Auswirkung eines Teilungsabkommens auf den Ersatzanspruch nach § 19 Abs. 2 Bundesversorgungsgesetz, zfs 1979, S. 161.

Grommelt, Carl Rudolf, Ausgleichsanspruch gem. § 59 II 1 VVG analog und Regressverzichtsabkommen der Feuerversicherer bei übergreifenden Schadensereignissen, r + s 2007, S. 230.

Grommelt, Carl Rudolf, Die „Sphärentheorie" in der Ausgleichspflicht zwischen dem Gebäudeversicherer des Vermieters und dem Haftpflichtversicherer des Mieters, r + s 2009, S. 240.

Groß, Werner, Forderungsübergang im Schadensfall, DAR 1999, S. 337.

Günther, Dirk-Carsten, Anmerkung zu den Urt. des OLG Stuttgart v. 30.12.2003 und des OLG Köln v. 23.12.2003, VersR 2004, S. 595.

Günther, Dirk-Carsten, Anmerkung zu den Urteilen des BGH v. 13.9.2006, VersR 2006, S. 1539.

Günther, Dirk-Carsten, Anmerkung zum Urt. des OLG Bamberg v. 11.10.2007, VersR 2007, S. 1652.

Günther, Dirk-Carsten, Anmerkung zum Beschluss des BGH v. 4.3.2009 (XII ZR 198/08), VersR 2010, S. 536.

Günther, Dirk-Carsten, Der Regreß des Sachversicherers, 5. Auflage, Karlsruhe 2013. Zitiert: *Günther*, Regreß.

Hager, Johannes, Regressverzicht des Versicherers, JA 2007, S. 60.

Haidinger, Oskar, Schadenteilungsabkommen mit Haftpflichtversicherern, VersR 1951, S. 57.

Halm, Wolfgang E./Engelbrecht, Andreas/Krahe, Frank (Hrsg.), Handbuch des Fachanwalts Versicherungsrecht, 4. Auflage, Köln 2011. Zitiert: *Bearbeiter*, in: Halm/Engelbrecht/Krahe, Handbuch FA.

Harsdorf-Gebhardt, Marion, Die Rechtsprechung des BGH zum Versicherungsrecht. Regress in der Sachversicherung, r + s 2010, S. 309.

Heinicke, Corina, Sachversicherung und fremde Interessen- Zum konkludenten Schutz eines sachbesitzenden Dritten bei der Eigentümerversicherung-, Karlsruhe 2002. Zitiert: *Heinicke*, Sachversicherung und fremde Interessen.

Heß, Rainer, Kaskoversicherung und Quotenvorrecht des Geschädigten, NJW-Spezial 2007, S. 63.

Heyen, Edgar, Der Regressverzicht der Feuerversicherer. Wesen und Bedeutung dieser Absprache bei übergreifenden Schadensereignissen, 2. Auflage, Karlsruhe 1967. Zitiert: *Heyen*, Regressverzicht der Feuerversicherer.

Hoffmann, Wolfgang, „Das Quotenvorrecht in der Kaskoversicherung" (zfs 5/98). 40 Jahre höchstrichterliche Rechtsprechung zur Differenztheorie und kein Ende! zfs 1999, S. 45.

Hofmann, Edgar, Privatversicherungsrecht, 4. Auflage, München 1998. Zitiert: *Hofmann*, PVR.

Honsell, Heinrich, Der Regress des Sachversicherers nach § 67 VVG bei Gebrauchsüberlassung an Dritte im österreichischen Recht, VersR 1985, S. 301.

Honsell, Heinrich (Hrsg.), Berliner Kommentar zum Versicherungsvertragsgesetz: Kommentar zum deutschen und österreichischen VVG, Berlin 1999. Zitiert: *Bearbeiter*, in: BK.

Huber, Christian, Rechtsfolgen der Überwälzung von Prämien einer Sachversicherung beim Mietvertrag, VersR 1998, S. 265.

Ihne, Manfred, Zum Mieterregress in der Gebäudeversicherung. Korrektur des haftungsrechtlichen Lösungsansatzes des BGH, r + s 1999, S. 89.

Ihne, Manfred, Anmerkung zum Urt. des OLG München v. 13.1.2005 - 19 U 3792/04, r + s 2005, S. 109.

Kaiser, Heinrich, Risikozuweisung durch Teilungsabkommen, Köln 1981. Zitiert: *Kaiser*, Teilungsabkommen.

Kamps, Hans, Das sog. Quotenvorrecht des Versicherungsnehmers in der Privatversicherung, Jura 1981, S. 410.

Klimke, Manfred, Ausgleichsansprüche bei Abrechnung nach Teilungsabkommen im Falle der Beteiligung von Kraftfahrzeugen, VersR 1972, S. 414.

Koch, Peter, Rechtsgeschäftliche Versicherungspflichten bei der Miete beweglicher Sachen und ihr Einfluss auf die gesetzliche Haftung, VersR 1967, 306.

Kohleick, Dorothee, Die Doppelversicherung im deutschen Versicherungsvertragsrecht - gesetzliche und vertragliche Regelungen, zugl. Univ. Diss. Münster, Karlsruhe 1999. Zitiert: *Kohleick*, Doppelversicherung.

Koppenfels-Spies, Katharina von, Die cessio legis, Tübingen 2006. Zitiert: *v. Koppenfels-Spies*, cessio legis.

Lachner, Jürgen, Das Quotenvorrecht in der Kaskoversicherung, das unbekannte Wesen, zfs 1998, S. 161.

Langheid, Theo/Wandt, Manfred (Hrsg.), Münchener Kommentar zum Versicherungsvertragsgesetz, Band 1, §§ 1–99 VVG, München 2010. Zitiert: *Bearbeiter*, in: Langheid/Wandt.

Larenz, Karl (Begr.)/Wolf, Manfred, Allgemeiner Teil des Bürgerlichen Rechts, 9. Auflage, München 2004. Zitiert: *Larenz/Wolf*, Bürgerliches Recht AT, § 28.

Looschelders, Dirk, Anmerkung zum Urt. des BGH v. 13.9.2006, JR 2007, S. 424.

Looschelders, Dirk/Pohlmann, Petra (Hrsg.), Versicherungsvertragsgesetz-Kommentar, 2. Auflage, Köln 2011. Zitiert: *Bearbeiter*, in: Looschelders/Pohlmann.

Loppuch, Die Rechtsnatur des Teilungsabkommens, NZ 1937, S. 1231.

Lorenz, Egon, Anmerkung zum Urt. des BGH v. 8.11.2000 (IV ZR 298/99), VersR 2001, S. 96.

Maas, Konrad, Der Rückgriff in der deutschen privaten Schadensversicherung nach Wesen und Abgrenzung, Berlin 1931. Zitiert: *Maas*, Rückgriff.

Maier, Karl/Stadler, Martin, AKB 2008 und VVG-Reform. Auswirkungen auf die Kraftfahrtversicherung, München 2008. Zitiert: *Maier/Stadler*, AKB 2008.

Martin, Anton, Schadenteilung zwischen Versicherer und Garant? Zugl. Anmerkung zu LG Heilbronn VersR 75, 30 (Urteil v. 18.7.1974), VersR 1975, S. 101.

Martin, Anton, Sachversicherungsrecht. Kommentar zu den AVB und Klauseln, 3. Auflage, München 1992. Zitiert: *Martin*, Sachversicherungsrecht.

Matz, Christoph, Gehen Ansprüche, die nicht nur versicherte Schäden decken, nach § 86 VVG 2008 über? Kritik am sogenannten Kongruenz-vor-Differenz-Grundsatz, VersR 2008, S. 1451.

Mölich, Heinrich, Verzicht auf Versicherungsschutz und Teilungsabkommen, NZ 1938, S. 331.

Müller, Klaus, Forderungsübergang in der Schadensversicherung: Zur Anwendung des § 67 VVG auf vertragliche Ansprüche, DB 1981, S. 2589.

Müller, Klaus, Das Quotenvorrecht in der Kaskoversicherung, VersR 1989, S. 317.

Naumann, Malin, Schutz des Mieters infolge der Gebäudeversicherung des Vermieters, Karlsruhe 2004. Zitiert: *Naumann*, Schutz des Mieters.

Neeße, Gottfried, Übergang der Schadensersatzforderung, die der Versicherungsnehmer gegen seinen Schädiger hat, auf den Versicherer in der privaten Krankenversicherung, VersR 1976, S. 704.

Neugebauer, Michael, Direkter Ausgleichsanspruch des Gebäudeversicherers des Vermieters gegen den Haftpflichtversicherer des Mieters bei von diesem einfach fahrlässig herbeigeführten Gebäudeschaden? VersR 2006, S. 1339.

Neugebauer, Michael, Zum Ausgleich zwischen dem Gebäudeversicherer des Vermieters und dem Haftpflichtversicherer des für Sachschäden verantwortlichen Mieters, zugl. Stellungnahme zur Anmerkung von Günther VersR 2006, 1539, VersR 2007, S. 623.

Nickel, H. J., Zum Ausgleich unter mehreren Schuldnern aus Teilungsabkommen mit einem Sozialversicherer, zugl. kritische Anmerkung zu BGH VersR 70, 1108, VersR 1971, S. 503.

Oehlmann, Jan Henrik/Stille, Anna-Luise, Das geteilte Familienprivileg. Der Ausschluss des Versicherungsregresses nach § 116 SGB X und § 67 VVG auch bei nichtehelichen Lebensgemeinschaften? FPR 2003, S. 457.

Palandt, Bürgerliches Gesetzbuch, 73. Auflage, München 2014. Zitiert: *Bearbeiter*, in: Palandt.

Piepenbrock, Michael, Regress des Gebäudeversicherers gegen den Mieter vor dem Aus? VersR 2008, S. 319.

Plagemann, Hermann/Schafhausen, Martin, Teilungsabkommen mit Sozialversicherungsträgern und ihre Auswirkung auf Dritte, NZV 1991, S. 49.

Prölss,Erich R.,Wesenund Wirkung von Schadenteilungsabkommen in der Haftpflichtversicherung, JRPV 1939, S. 113.

Prölss, Erich R., Anmerkung zu BGH, v. 11.7.1960- II ZR 254/58, NJW 1960, S. 1903.

Prölss, Erich R. (Begr.)/Martin, Anton, Versicherungsvertragsgesetz: Kommentar zu VVG, EGVVG mit Rom I-VO, VVG-InfoV und Vermittlerrecht sowie Kommentierung wichtiger Versicherungsbedingungen, 28. Auflage, Band 14, München 2010. Zitiert: *Bearbeiter*, in: Prölss/Martin.

Prölss, Jürgen, Stille Teilhabe an fremden Versicherungsverträgen. Zur konkludenten Einbeziehung von Drittinteressen in der Sachversicherung, r + s 1997, S. 221.

Prölss, Jürgen, Der Schutz des Mieters vor einem Regress des Gebäudeversicherers nach § 67 VVG, ZMR 2001, S. 157.

Prölss, Jürgen, Der Schutz des Mieters vor einem Regress des Hausratversicherers des Vermieters (§ 67 VVG), zugl. Anmerkung zum Urteil des OLG Stuttgart v. 30.12.2003 (7 U 165/03), ZMR 2004, S. 389.

Raiser, Rolf, Die Kulanzleistung des Versicherers, VersR 1967, S. 312.

Reimold, Joachim, Teilungsabkommen und der Ersatzanspruch nach § 1542 RVO unter Berücksichtigung des Lohnfortzahlungsgesetzes v. 27.7.1969 und des Quotenvorrechts, zugl. Univ. Diss. Tübingen 1971. Zitiert: *Reimold*, Teilungsabkommen.

Reinicke, D., Zum Quotenvorrecht der Versicherungs- und Versorgungsträger, NJW 1954, S. 1103.*Rischar, Hans*, Steht das Familienprivileg zur Disposition der Rechtsprechung?, VersR 1998, S. 27.

Römer, Wolfgang/Langheid, Theo/Rixecker, Roland, Kommentar: Versicherungsvertragsgesetz mit VVG-Informationspflichtenverordnung, 4. Auflage, München 2014. Zitiert: *Bearbeiter*, in: Römer/Langheid/Rixecker.

Rüffer, Wilfried/Halbach, Dirk/Schimikowski, Peter (Hrsg.), Versicherungsvertragsgesetz Handkommentar, 2. Auflage, Baden-Baden 2011. Zitiert: *Bearbeiter*, in: HK-VVG.

Sblowski, Wolfgang, Zur Anwendung der Differenztheorie in der Sachversicherung – § 67 Abs. 1 VVG, r + s 1985, S. 313.

Schimikowski, Peter/Höra, Knut, Das neue Versicherungsvertragsgesetz, Köln 2008. Zitiert: *Schimikowski/Höra*, Das neue VVG.

Schimikowski, Peter, Versicherungsvertragsrecht, 5. Auflage, München 2014.

Schirmer, Helmut, Die Vertretungsmacht des Haftpflichtversicherers im Haftpflichtverhältnis, Karlsruhe 1969. Zitiert: *Schirmer*, Vertretungsmacht.

Schirmer, Helmut, Zur Versicherbarkeit des Sachersatzinteresses in der Sachversicherung, ZVersWiss 1981, S. 637.

Schirmer, Helmut, Anmerkung zum Urt. des OLG Düsseldorf v. 28.10.1997 - 4 U 95/96, r + s 1999, S. 335.

Schirmer, Helmut, Offene Fragen nach dem Ende des Alles-oder-nichts-Prinzips. Ausstrahlungen der Quotierung, VersR 2011, S. 289.

Schütz, Eckhard, Einige Gedanken zur Differenz-Theorie, VersR 1980, S. 121.

Schwarzer, Eckhard, Zur Haftung des Wohnungsmieters für Gebäude-Brandschäden, zugl. Anmerkung zum Urt. des BGH v. 13.12.1995 - VIII ZR 41/95, r + s 96, 98, r + s 1996, S. 86.

Schwickert, Olaf, Mieterregresse in der Sach- und Haftpflichtversicherung. Ist jetzt alles geklärt? VersR 2007, S. 773.

Schwintowski, Hans-Peter, Sachversicherung und Schadensersatzpflicht des Mieters, WuM 2007, S. 305.

Schwintowski, Hans-Peter/Brömmelmeyer, Christoph, Praxiskommentar zum Versicherungsvertragsrecht, 2. Auflage, Münster 2011. Zitiert: *Bearbeiter*, in: Schwintowski/Brömmelmeyer, PK-Versicherungsrecht.

Segger, Stefan, Der unmittelbare Ausgleich zwischen Sach- und Haftpflichtversicherer in der Industrieversicherung, VersR 2006, S. 38.

Seitz, Herbert, Die Ersatzansprüche des Sozialversicherungsträgers nach §§ 640 und 1542 RVO, 2. Auflage, Berlin 1964. Zitiert: *Seitz*, Ersatzansprüche.

Sexauer, Jan-Philipp, Anmerkung zum Urt. des OLG Naumburg v. 19.5.2005, 4 U 182/04 (LG Magdeburg), VuR 2005, S. 473.

Sieg, Karl, Ausstrahlungen der Haftpflichtversicherung, Hamburg 1952. Zitiert: *Sieg*, Ausstrahlungen.

Sieg, Karl, Kritische Betrachtung zur Regressverdrängung, VersR 1973, S. 194.

Sieg, Karl, Kumul der Leistungen, Regress und Subrogation in der privaten und in der staatlichen Versicherung, ZVersWiss 1973, S. 319.

Siegel, Thomas, Zur Bedeutung des Regressverzichtsabkommens der Feuerversicherer für den analogen Ausgleichsanspruch des Gebäude-Feuerversicherers gegen den Haftpflichtversicherer des Mieters, zugl. Anmerkung zum Urteil des OLG Bamberg v. 11.10.2007, r + s 2007, S. 498.

Siegel, Thomas, Das Regressverzichtsabkommen der Feuerversicherer, VersR 2009, S. 46.

Siegel, Thomas, Anmerkung: Urteil v. 5.12.2008 OLG Koblenz, VersR 2009, S. 678.

Siegel, Thomas, Anmerkung: Urteil v. 30.4.2010 OLG Koblenz (10 U 827/09), VersR 2010, S. 1494.

Staudinger, Ansgar/Kassing, Daniel, Der Regress des Gebäudeversicherers gegen den Mieter im Lichte der VVG-Reform, VersR 2007, S. 10.

Staudinger, Ansgar/Halm, Wolfgang/Wendt, Dominik Henning (Hrsg.), Fachanwaltskommentar Versicherungsrecht, Köln 2013. Zitiert: *Bearbeiter,* in: Staudinger/Halm/Wendt, FA-Kommentar.

Stoll, Erich, Teilungsquotenbei Teilungsabkommen zwischen Krankenkassen und Haftpflichtversicherern, SozVers 1965, S. 44.

Terbille, Michael (Begr.)/Höra, Knut (Hrsg.), Münchener Anwaltshandbuch Versicherungsrecht, 3. Auflage, München 2013. Zitiert: *Bearbeiter,* in: MAH Versicherungsrecht.

Theda, Werner, Fragen zum Forderungsübergang nach § 67 VVG, DAR 1984, S. 201.

Tribess, Hans-Eckhard, Die Leistungsfreiheit des Versicherers aus § 67 Abs. 1 Satz 3 VVG im Falle des Vorausverzichtes, zugl. Univ. Diss. Hamburg, Frankfurt am Main/New York 1991. Zitiert: *Tribess,* Leistungsfreiheit.

Voß, Georg, Die Stellung der Gesamtschuldner bei Haftpflichtschadenteilungsabkommen, VersR 1954, S. 109.

Wälder, Johannes, Anmerkung zu den Urteilen: OLG Koblenz v. 9.3.2007; OLG Köln v. 3.7.2007; LG Kassel v. 25.1.2007; LG Karlsruhe v. 29.6.2007, r + s 2007, S. 381.

Wandt, Manfred, Versicherungsrecht, 5. Auflage, Köln 2010. Zitiert: *Wandt,* Versicherungsrecht.

Wilmes, Jan/Müller-Frank, Christoph, Die Rechtsprechung zur Krankentagegeldversicherung seit 1984, VersR 1990, S. 345.

Wolter, Stefan, Anmerkung zum Urt. des BGH v. 8.11.2000, VersR 2001, S. 98.

Wolter, Stefan, Anmerkung zum Urteil des LG Kassel v. 25.1.2007, VersR 2007, S. 987.

Wussow, Hansjoachim, Der Zusammenhang zwischen Schadenfall und versichertem Haftpflicht gefahrenbereich, VersR 1960, S. 392.

Wussow, Hansjoachim, Die Nichtanwendung eines Teilungsabkommens und ihre Folgen, VersR 1960, S. 968.

Wussow, Werner, Zur Rechtsnatur des Teilungsabkommens, VersR 1968, S. 811.

Wussow, Werner, Teilungsabkommen zwischen Sozialversicherern und Haftpflichtversicherern, 4. Auflage, Frankfurt am Main 1975. Zitiert: *W. Wussow*, Teilungsabkommen.

www.ingramcontent.com/pod-product-compliance
Ingram Content Group UK Ltd.
Pitfield, Milton Keynes, MK11 3LW, UK
UKHW021902290926
8980IPUK00015B/1013

9 783631 724859